Johannes Czwalina

»Wenn ich nochmal anfangen könnte ...«

Menschen erzählen

Brendow
VERLAG + MEDIEN

Bibliografische Information Der Deutschen Bibliothek
Die Deutsche Bibliothek verzeichnet diese Publikation in der Deutschen Nationalbibliografie; detaillierte bibliografische Daten sind im Internet über http://dnb.ddb.de abrufbar.

2., überarbeitete und erweiterte Auflage 2006
ISBN-10: 3-86506-097-8
ISBN-13: 978-3-86506-097-6

Einband- und Innengestaltung: Georg Design, Münster
Titelfoto: Ingram
Druck und Bindung: Clausen & Bosse, Leck
Printed in Germany

www.brendow-verlag.de

DAHIN GINGE ICH,
wenn ich gehen könnte,
der dort wäre ich,
wenn ich sein könnte.

Samuel Beckett
1906–1989

ICH WÜRDE SICHER vieles anders machen, aber ob es besser wäre, vermag ich nicht zu sagen. Ob ich etwas gemacht habe, auf das ich mich berufen könnte, dass es nützlich für Dritte war, können nur die anderen Menschen beurteilen. Sicher weiß ich nur, dass ich mich viel zu wenig um meine Familie gekümmert habe. Dies ist etwas, das ich mit Sicherheit anders machen würde.

Dr. Ignatz Bubis
geb. 1927, gestorben am 13. August 1999, ehemaliger Vorsitzender des Zentralrates der Juden in Deutschland, Frankfurt am Main. In einem Brief an den Autor vom 5. Oktober 1998.

Inhalt

Vorwort

Vor einigen Jahren begegnete ich im Foyer eines Berliner Hotels dem Geschäftsführer eines weltweiten Elektronikkonzerns. Als ich ihn beiläufig fragte, welche Träume er als Kind hatte und welche er davon in seinem Leben erfüllen konnte und welche Träume er noch heute habe, wurde er plötzlich schweigsam und fing zunächst leise, dann ganz laut an zu schluchzen, sodass Gäste des Hotels sich verwundert umdrehten. Nachdem er seine Fassung wiedergefunden hatte, sagte er: »Als Sie diese Frage stellten, lief vor meinen Augen wie ein Film mein Leben ab und ich realisierte, wie wenige von meinen Träumen und Hoffnungen in Erfüllung gegangen waren, wie viel ich versäumt habe, was ich alles nicht mehr nachholen kann und wie viel ich unterlassen habe.« – Ich ging an diesem Abend betroffen nach Hause. Die Verletzbarkeit dieses Mannes hatte mich beeindruckt. Wir verloren uns nach dieser Begegnung aus den Augen. Vergessen habe ich ihn aber nie. Dann läutete noch einmal das Telefon: »Erinnern Sie sich noch an Berlin, als Sie mir die Frage im Hotel stellten?« Auch er hatte diese Begegnung nicht vergessen.

In Gesprächen mit Menschen begegnet uns manchmal ein Anflug von Wehmut, wenn diese von ihrer Vergangenheit sprechen und dabei plötzlich realisieren, dass sie gelebte Jahre nicht mehr zurückholen können – wenn sie erkennen, dass sie zu viel Kraft in ihr berufliches Vorwärtskommen gesteckt oder zu wenig Zeit ihren Kindern gewidmet haben (die längst alle aus dem Blickfeld sind und sich nur noch selten melden), wenn ihnen bewusst wird, wie wenig sie ihre Freiheit ausgekostet oder wie wenig sie in entscheidenden Momenten Zivilcourage und Mut bewiesen haben. Es ist selten, dass man durch derart geöffnete Fenster in die Seele eines Menschen für einen Augenblick hineinschauen kann. Manchmal geschieht das durch ein schamvolles Erröten oder durch einen »Freudschen« Versprecher oder durch eine schnell weggewischte Träne. Diese geöffneten Fenster lassen uns bisweilen mehr pures Leben erkennen als so viel Gescheites, Intelligentes und scheinbar Nützliches unserer modernen Gesellschaft, das manchmal nur dazu geeignet ist, die Knochen jeglicher Spontaneität und lebensfroher Unbefangenheit so lange zu brechen, bis sie in den tristen Sarg von organisierten Prozessen passen, die alles nur auf eine utilitaristische Daseinsberechtigung reduzieren.

Auf der Suche nach »geöffneten Fenstern« habe ich meine Frage im Foyer des Berliner Hotels auch anderen Menschen in etwas abgewandelter Form gestellt: »Was würden Sie (anders) machen, wenn Sie noch einmal von vorne anfangen könnten?«

Ich war erstaunt, dass ein Teil der Befragten verblüfft reagierte, weil sie mit dieser Frage nicht gerechnet hatten, ein anderer Teil aber bereitwillig ganz offen Auskunft gab. Die Antworten fielen in ihrer Summe anders aus, als ich es erwartet hatte, und widersprachen letztlich in vielem dem, was meiner Generation in jungen Jahren als erstrebenswerte Ziele für ein glückliches Leben anerzogen worden war. Macht, berufliche Karriere, Reichtum als Ziele verblassten rückblickend und stellten sich als Enttäuschung heraus, als unbeständig und nicht als erstrebenswert. In der Retrospektive bedauerten viele sogar, dass sie sich Lebensfreude, Begeisterungsfähigkeit, Fühlen und Mitfühlenkönnen hatten rauben lassen, weil ihr Erfolg Unsensibilität und Robustheit erforderte.

Ich habe aber auch einige glückliche Menschen getroffen. Unter ihnen gab es Behinderte oder solche, die ein schweres Schiksal zu tragen hatten oder denen geschäftlicher Erfolg zeitlebens nicht vergönnt war. Ich wollte herausfinden, warum sie sich trotzdem als glücklich bezeichneten. Ich habe junge Menschen angesprochen, die mich beeindruckt haben. Ich fragte einen jungen sehr begabten Banker, den ich für die Eignung einer Führungsaufgabe testen musste: »Was sind Ihre wichtigsten Ziele?« Er überlegte ziemlich lange und sagte dann: »Ich sitze eines Tages als alter Mann auf der Bank vor meinem Haus und ein kleines Mädchen kommt vorbei und fragt mich: ›Alter Mann, warum hast du gelebt?‹ Ich möchte ihm so antworten können, dass es nach der Begegnung weiterläuft und denkt: ›Es war für andere Menschen nicht egal, dass dieser Mensch gelebt hat.‹«

So will dieses Buch zum Nachdenken anregen, dem nachzuspüren, was unser Leben lebenswert macht. Gerade die sehr unterschiedlichen Antworten auf die Frage »Was würde ich anders machen, wenn ich noch einmal anfangen könnte?« geben uns die Chance, in dem Geschriebenen irgendwo uns selbst wiederzufinden. Diese Antworten und einige Kommentare dazu sind mit der Absicht zusammengestellt, dass man sich diese Frage »Was würde ich anders machen, wenn ich noch einmal von vorne anfangen könnte?« nicht erst stellen sollte, wenn man alt ist.

Dieses Buch ist für jedermann geschrieben: für Junge und Alte, für Erfolglose und für Erfolgreiche (für die ganz besonders). Es will den harten Boden auflockern und Mut machen, die eigene Identität nicht loszulassen oder diese wiederzufinden, damit wir auf unsere persönliche Zukunft, eine Zukunft des Älterwerdens, mit Zuversicht blicken können.

Johannes Czwalina

Leben

Leben

Mehr Genießen

Wenn ich mein Leben noch einmal leben dürfte,
würde ich viel mehr Fehler machen.
Ich würde mehr entspannen.
Ich würde viel verrückter sein als in diesem Leben.
Ich würde mehr Risiken eingehen.
Ich wüsste nur sehr wenige Dinge,
die ich wirklich sehr ernst nehmen würde.
Ich würde mehr reisen, Berge besteigen,
Flüsse durchschwimmen
und mehr Sonnenuntergänge betrachten.
Ich würde mehr Eis und weniger Salat essen.
Ich hätte mehr echte Probleme und weniger eingebildete.
Sehen Sie, ich bin einer dieser Menschen,
die immer vorausschauend und vernünftig leben,
Stunde um Stunde, Tag für Tag.
O ja, es gab schöne Momente, und wenn ich noch einmal
leben dürfte, hätte ich mehr davon.
Ich würde eigentlich nur noch welche haben.
Nur schöne, einen nach dem andern.
Wenn ich mein Leben noch einmal leben dürfte,
würde ich bei der ersten Frühlingssonne barfuß gehen
und vor dem Spätherbst nicht damit aufhören.
Ich würde vieles einfach schwänzen.
Ich würde mehr Achterbahn fahren.
Ich würde öfter in der Sonne liegen.

Nadine Stair
geb. 1905. Aus dem Englischen übersetzt unter dem Titel: »If I had to life my life over«.

MEIN BESTER FREUND öffnete die Kommodenschublade seiner Ehefrau und holte ein in Seidenpapier verpacktes Päckchen heraus. Es war nicht irgendein Päckchen, sondern ein Päckchen mit Unterwäsche darin. Er warf das Papier weg und betrachtete die Seide und die Spitze. »Dies kaufte ich, als wir zum ersten Mal in New York waren. Das ist jetzt acht oder neun Jahre her. Sie trug es nie. Sie wollte es für eine besondere Gelegenheit aufbewahren. Und jetzt, glaube ich, ist der richtige Moment gekommen!«

Er näherte sich dem Bett und legte die Unterwäsche zu den anderen Sachen, die von dem Bestattungsinstitut mitgenommen wurden. Seine Frau war gestorben.

Als er sich zu mir umdrehte, sagte er: »Bewahre nichts für einen besonderen Anlass auf! Jeder Tag, den du lebst, ist ein besonderer Anlass.« Ich denke immer noch an diese Worte – sie haben mein Leben verändert.

Heute lese ich viel mehr als früher und putze weniger. Ich setze mich auf meine Terrasse und genieße die Landschaft, ohne auf das Unkraut im Garten zu achten.

Ich verbringe mehr Zeit mit meiner Familie und meinen Freunden und weniger Zeit bei der Arbeit. Ich habe begriffen, dass das Leben eine Sammlung von Erfahrungen ist, die es zu schätzen gilt.

Von jetzt an bewahre ich nichts mehr auf. Ich benutze täglich meine Kristallgläser. Wenn mir danach ist, trage ich meine neue Jacke, um in den Supermarkt zu gehen. Auch meine Lieblingsdüfte trage ich dann auf, wenn ich Lust habe.

Sätze wie »Eines Tages ...« oder »An einem dieser Tage ...« sind dabei, aus meinem Vokabular verbannt zu werden. Wenn es sich lohnt, will ich die Dinge hier und jetzt sehen, hören und machen. Ich bin mir nicht ganz sicher, was die Frau meines Freundes gemacht hätte, wenn sie gewusst hätte, dass sie morgen nicht mehr sein wird.

Ich glaube, dass sie noch ihre Familie und engen Freunde angerufen hätte. Vielleicht hätte sie auch ein paar alte Freunde angerufen, um sich für alte Streitigkeiten zu entschuldigen. Der Gedanke, dass sie vielleicht noch Chinesisch essen gegangen wäre (ihre Lieblingsküche), gefällt mir sehr.

Genervt wäre ich, gewisse Freunde nicht mehr gesehen zu haben, mit denen ich mich »an einem dieser Tage« in Verbindung hätte setzen sollen. Genervt, nicht die Briefe geschrieben zu haben, die ich »an einem dieser Tage« schreiben wollte. Genervt, meinen Nächsten nicht oft genug gesagt zu haben, wie sehr ich sie liebe. Jetzt verpasse, verschiebe und bewahre ich nichts mehr, was uns Freude und Lächeln in unser Leben bringen könnte. Ich sage mir, dass jeder Tag etwas Besonderes ist. Jeder Tag, jede Stunde sowie jede Minute ist etwas Besonderes.

N.N.

Wenn ich noch einmal von vorne anfangen könnte, würde ich jederzeit Freunde zu mir einladen, egal, ob der Teppich Flecken hätte oder das Sofa vergilbt wäre; würde ich das Popcorn im guten Wohnzimmer essen und mich weniger um den Dreck sorgen, wenn jemand im Kamin ein Feuer machen wollte; würde ich mir mehr Zeit nehmen, meinem Großvater bei den Erzählungen über seine Jugend zuzuhören; würde ich nicht mehr darauf bestehen, dass die Autofenster geschlossen bleiben, nur weil ich gerade meine Haare kunstvoll frisiert habe; würde ich die schöne rosa Kerzenrose anzünden, bevor sie im Schrank geschmolzen wäre; würde ich mit meinen Kindern auf dem Rasen sitzen und mich nicht um Grasflecken kümmern; würde ich weniger laut weinen und lachen beim Fernsehen und dafür mehr beim richtigen Leben; würde ich ins Bett gehen, wenn ich krank bin, und nicht glauben, dass die Welt still steht, wenn ich einen Tag lang mal nicht auf der Matte stünde; ich würde nichts mehr nur deshalb kaufen, weil es angeblich praktisch, schmutzabweisend oder ein Leben lang haltbar sein würde; anstatt neun Monate Schwangerschaft wegzuwünschen, würde ich jeden Moment genießen in der Achtung, dass ein Wunder in mir geschieht. Dies ist die einzige Chance im Leben, Gott bei einem Wunder zu assistieren! Wenn meine Kinder mich stürmisch küssten, würde ich niemals mehr sagen: »Später. Jetzt wascht euch erst mal vor dem Essen!« Es würde mehr »Ich liebe dich!« geben und mehr »Es tut mir leid« und ich würde jeden Augenblick, jede Minute des Lebens auskosten, sie wahrnehmen, wirklich erleben und niemals zurückgeben wollen.

Erma Bombeck
1927–1996, amerikanische Schriftstellerin.

Mehr Träume?

Wenn junge Menschen gegenüber Erwachsenen von ihren Träumen schwärmen, aber die Erwachsenen sich in einem solchen Moment eingestehen müssen, selbst keine Träume mehr zu haben, fühlen sie sich bisweilen unwohl. Sie sehen als so genannte Realisten ja an ihrem eigenen Beispiel gewissermaßen schon voraus, welche Bedeutung diese jungen Menschen ihren Träumen später einmal noch zugestehen werden. Unwohl fühlen sich die Erwachsenen, weil sie die Jungen durch ihren Realismus nicht entmutigen möchten, weil sie sie aber auch nicht ermutigen können. Meistens wird schnell ein anderes Thema angeschnitten.

Wenn andererseits junge Menschen gegenüber denselben Erwachsenen schon in frühen Jahren ganz desillusioniert und ausgeträumt, erwartungslos und begeisterungsunfähig auftreten, wenn man ihren Gesichtern gewissermaßen schon ansehen kann, welche Zukunft sie dereinst einmal gehabt haben werden, dann fühlen sich dieselben Erwachsenen auch nicht wohl, dann reagieren sie bisweilen sogar empört, und sie beginnen tatsächlich als positives Gegenbeispiel ihre eigenen längst vergangenen Kindheitsträume ins Feld zu führen, als gehörten diese selbstverständlich eine kurze Zeit zum Pubertätsprozess, der dann aber auch bald einmal aufhören muss.

Weil viele so denken, kennen wir alle nur sehr wenige ältere Menschen, denen man ansieht, dass ihnen der Glanz guter Träume noch nicht aus den Augen gewichen ist.

Keinem – ob jung oder alt – sind Träume und Sehnsüchte unbekannt. Jeder hat seine Erfahrungen mit ihnen! Entweder man hat sie noch, oder man hat sie nicht mehr.

Darum reagieren wir auch – je nach eigener Erfahrung – irgendwie stimuliert oder gereizt auf Menschen, die noch träumen. Bei den einen löst das Stichwort Traum Gefühle des Glücks oder Fernwehs aus, bei den anderen Gefühle des Schmerzes, der Enttäuschung, Wehmut, Desillusion oder Rache.

Wie sollen wir uns denn nun verhalten gegenüber jungen Menschen, die noch träumen?

Auf jeden Fall sollten wir uns durch sie beunruhigen lassen!

Sollen wir mit Jens Peter Jakobsen sprechen, der sagt:

»Wir schließen die Augen vor dem wirklichen Leben, wir wollen das Nein nicht hören, welches es unseren Wünschen entgegenruft; wir wollen den tiefen Abgrund vergessen, den es uns zeigt, den Abgrund, der zwischen unserer Sehnsucht und dem liegt, wonach wir uns sehnen.« Oder sollen wir Bettina von Arnim beipflichten, die sagt: »Sehnsucht ist der Beweis, dass der Geist eine höhere Seligkeit sucht.« Wenn diese Dame in einem Brief an Goethe Recht hat, haben wir Erwachsene dann nicht viel zu leichtfertig unsere Träume weggeworfen?

Gute Träume haben immer etwas mit einem bleibenden Ziel zu tun, einem Ziel, das uns nicht mehr weggenommen werden kann, an dem man sich dann wirklich festhalten kann.

Wir sollten uns in jedem Fall über die Qualität unserer Träume und Ziele Gedanken machen. Gibt es überhaupt Ziele, die nicht durch zunehmendes Alter, mögliche Krankheit, verlorene Arbeit zerstört werden können?

Die noch träumenden Jugendlichen jedenfalls brauchen bessere Antworten als nur Hinweise auf die rechte Berufswahl im Sinne der materiellen Absicherung. Wie viel haben wir schon verloren, wenn wir nicht mehr zu bieten haben als Hinweise auf die Erfüllung materieller Bedürfnisse? Die noch träumenden Jugendlichen lassen uns Erwachsene merken, wie verarmt wir geworden sind. Und das berührt uns unangenehm. Wie viele Gedanken machen wir uns darüber, dass wir gerade dabei sind, eine Welt zu schaffen ohne geborgene Plätze, ohne Ruheorte, ohne Inseln, wo noch Träume entstehen können.

Ich kenne einige Väter und Mütter, die sehr unglücklich sind, dass sie es nicht geschafft haben, ihre Kinder in dieser schnelllebigen Zeit auf Erfolg zu trimmen. Ich möchte diesen Eltern den Satz eines Vaters entgegenhalten: »Der einzige, eindeutige Erfolg, den wir bei der Erziehung unserer Kinder in dieser unersättlichen Konsumgesellschaft verbuchen konnten, bestand darin, dass wir es nicht geschafft hatten, sie zum Erfolg zu erziehen.«

Und nun treffe ich auf junge Menschen, die sich dem Frust dieser Einseitigkeit, der sie schon als Kinder ausgesetzt waren, entschieden widersetzen. Ihre Lebensauffassung, ihre Träume, ihre Hoffnung und ihr Glaube in Werte beeindrucken und beschämen mich. Sie haben keine Lust mehr, sich nach dem Muster ihrer Eltern durch Arbeit allein Anerkennung zu verschaffen, und setzen ganz bewusst das Thema Lebensqualität auf die Prioritätenliste ihrer Träume. Eine junge Frau sagte z. B.: »Arbeit ist mir wichtig, und ich möchte wirklich mein Bestes geben. Aber Arbeit ist nicht das, wofür ich arbeite. Ich arbeite, um mir die anderen Werte im Leben leisten zu können, um meinen Träumen näher zu kommen.« Wer immer diese junge Frau einstellt, wird ihre Werte und ihre Träume mit einstellen. Jene Menschen und jene Eltern, die nachhaltige, ehrliche, aber wirklich zukunftsweisende hoffnungsvolle Antworten zu geben vermögen, werden profitieren. Nachhaltige Antworten sind nötig, denn schöne Träume beziehen sich immer auf Ziele, die bleiben und die man festhalten kann.

SEIT ICH MIT zwölf Jahren Pfadfinder wurde, ist mein Leben sehr facettenreich, interessant und lebhaft gewesen. Ich habe viel »im Dienst des Nächsten« getan. Alles, was ich unternommen habe, Geschäfte, Organisation, Hobbys, Beruf, Malerei, ist immer mit viel Kreativität verbunden gewesen. Ich habe oft aus dem Nichts etwas aufgebaut.

Jedes Mal, wenn ich mein Ziel erreicht hatte, habe ich das Resultat verschenkt.

Auf diese Weise war ich immer sehr zufrieden. Das Wichtigste für mich – was mich vorwärts treibt – ist etwas Neues zu unternehmen, aufzubauen, zu konkretisieren und mit Erfolg abzuschließen. Mit diesem System habe ich leider praktische Probleme, sagen wir Geldprobleme bekommen. Heutzutage vom Malen zu leben, ist unmöglich. Die Menschen haben andere Sorgen. Mein Sohn hat das Hotel übernommen, meine Frau hat ihre Wohnung und keine Sorgen, ich lebe in meiner kleinen Wohnung mit traumhaftem, malerischem Blick auf das Meer, mit meiner kleinen Rente und einigen Extras von Zeit zu Zeit. Ich versuche nicht, reich zu werden, denn ich bin in meiner jetzigen Situation glücklicher. Mit der Staffelei am Meer zu malen, erfüllt mich, und ich genieße die Ruhe. Soll ich aufhören zu träumen, weil ich schon 83 Jahre alt bin? Soll ich verzichten – warum denn? Ich bin so ein Mensch, der einen Hügel sieht, ihn besteigt und wenn er oben ist, sieht er noch einen Hügel und geht los, um diesen zu besteigen, dort oben angekommen, fällt sein Blick auf den nächsten, noch höheren Berg und so geht er immer weiter. So lebe ich immer noch mit Hoffnungen, Träumen, Realisierung von Träumen und mit Freude. Es ist wichtig, wirklich das Leben zu leben, bevor man stirbt. Ich hoffe sehr, dass ich in meinem kreativen Leben eine Spur für andere hinterlassen kann.

Luigi Marchioni
geb. 1920, Maler in Finale Ligure, Italien.
In einem Brief an den Autor im Jahr 2002.
Der Autor erwarb drei Bilder vom Maler.
Seine Bilder erinnern zum Teil an William Turner.

Mehr Wachheit

Nur selten erleben wir noch, dass uns eine Melodie ergreift, ein Gesicht bewegt, der Flug der Wolken berührt, dass es Erfahrungen anderer Art gibt, welche die Höhepunkte unseres Lebens ausmachen. Wir müssen diese Kultur wiedergewinnen und wieder zu singen anfangen, das mehr als Musizieren ist, ja Sinndeutungen des Lebens aus tiefen Quellen meint, die bis zum Glauben reichen.

Ich würde dem jeweiligen Augenblick mehr Aufmerksamkeit widmen.
Ich würde einen festen Glauben an Fügungen zu entwickeln suchen.
Ich würde konsequenter als bisher meine religiösen Überzeugungen öffentlich vertreten.
Ich würde meinen Willen deutlicher artikulieren.
Ich würde mich und meine eigenen Gaben kräftiger bejahen.
Ich würde meinem Schönheitssinn erkennbarer nachkommen.
Ich würde mehr als bisher meinem Instinkt folgen.
Ich würde Leiden und Sterben sowie der Minderung meines Ansehens nicht aus dem Wege zu gehen suchen.

Erich Kock
geb. 1925, Schriftsteller, in einem Brief an den Autor vom 15. September 1998.

»Wenn ich noch mal anfangen könnte«: Hat sich das nicht jeder schon einmal gewünscht, ein zweites Leben, eine zweite Chance zu bekommen? Und sich vorzunehmen: Dann werde ich alles anders machen!

Am 26. Dezember 2004 habe ich diese Chance bekommen.

Etwa um 9.45 Uhr erreichen wir den Strand und suchen uns wie jeden Tag einen guten Platz. »Hallo, guten Morgen.« Fröhlich winkend begrüßen wir Bekannte, die auch ihren Tag am Strand verbringen wollen.

»Schau dir das an! Ein Naturereignis, das Wasser hat sich mindestens zweihundert Meter ins Meer zurückgezogen. Fantastisch! Schau nur, wie die See uns eine ganz neue Variante bietet. Wir können eine Wattwanderung machen. Wie viele Leute schon draußen sind!«

Noch während mein Partner mir dies zuruft, beginnt er mit seiner Kamera dieses »Naturschauspiel« zu filmen. Er zoomt sich das Wasser heran. Immer mehr Leute gehen hinaus ins Watt, hinaus ins Meer.

»Seltsam, dass das Wasser sich heute so weit zurückgezogen hat. Das haben wir nie zuvor erlebt.«

»Vielleicht hat der Vollmond sich das ausgedacht, vielleicht treibt er sein Spielchen mit Wellen.«

Während ich das Handtuch auf der Liege ausbreite, merke ich plötzlich, dass meine Füße von Wasser umspült werden. Das gab es nie zuvor! Wasser bis hier zu den Liegen. Nein, das hat es nie gegeben.

Ich nehme das Handtuch, das ich gerade ausgebreitet habe, und packe es wieder in den Rucksack. Im gleichen Augenblick schwimmen schon die Liegen neben mir, stoßen gegen meine Oberschenkel. Ich verstehe das alles nicht!

Adi ruft: »Komm, wir müssen hier weg, hier geschieht etwas Schlimmes!« Dann verliere ich den Kontakt zu ihm.

Ich versuche, durch das Wasser, das nun meine Hüften umspült, hindurchzulaufen. Ich will zur Straße, weg vom Strand. Neben mir ruft eine Dame den Namen ihres Mannes, der noch draußen ist. Für Sekunden denke ich, wenn wir uns doch an den Händen halten könnten. Adi ist weg, ich weiß nicht, wohin das Wasser ihn gespült hat. Hinter mir sehe ich eine riesig hohe, graue Wasserwand, blicke in das »aufgesperrte Maul dieses riesigen Tieres, das aus dem Meer zu steigen scheint«.

Dann bin ich mitten drin in diesem »Wassertier«.

Das alles geht sehr, sehr schnell. Ich sehe nur noch graue Wassermassen, die mich wegreißen, stoßen, wegtragen ...

Noch bevor ich erkennen kann, was geschieht, geschieht ES mit mir. Augenblicklich werde ich von drei oder vier Meter hohen Wellen überspült, weggerissen und landeinwärts geschleudert. Ich habe keinen Boden mehr unter meinen Füßen. Ich versuche, durch das Wasser hindurchzusehen. Aber es ist eine undurchsichtige, graue Wassermasse, über mir, unter mir, neben mir, nur Wasser, überall Wasser, und ich bin mittendrin ...

Wasser schlucken, Augen auf, wo ist oben? Das Wasser drückt mich nach unten. Ich schlucke tapfer Wasser. Nur nicht atmen. Es darf kein Wasser in die Lungen kommen.

»Ich kann nicht atmen. Ich muss hier raus. Ich will leben. Oh, Gott, hilf mir!«

Der Mensch ist zum Spielball der Wellen geworden, wir alle sind es geworden, ausgeliefert, hin und her geschleudert, wie es der Natur gefällt. Und die Wellen treiben ein gefährliches Spiel. Es scheint sie zu erfreuen, dieses Spiel, dessen Spielregeln sie allein bestimmen, dessen Ausgang und Ende sie allein kennen. Oder handeln auch sie nach Urgesetzen, festgelegt von einer höheren Instanz?

Was bist du, Mensch, in der Gewalt der Naturmächte? Ein hilfloses Etwas, das klammert und kämpft und sich zu befreien sucht. Und ist doch nur ein winziges Geschöpf, ausgeliefert der Laune einer Naturgewalt ...

Und doch so wichtig, dass der da oben seine Hand reichte ...

Es ist wie das Berühren der Unendlichkeit, nur wenige Millimeter entfernt vom Tod.

Zwischen der Astgabelung eines Baumes auf einem Friedhof, das Wasser einen halben Meter unter uns, formen sich die Worte aus dem tiefsten Innern: »Oh Gott, danke, danke, dass wir leben.«

Adi nimmt meine Hand. Wie reich bin ich doch, hier zwischen, ja, über den Wassermassen eingeschlossen, zu leben, mit ihm zusammen überlebt zu haben. Obwohl die Gefahr immer noch sehr groß ist. Denn wir stehen nicht hoch genug im Baum und die nächste Welle kann uns wegreißen. Doch das Gefühl, zu leben, ist überwältigend. Es gibt mir Energie für den Kampf, der uns noch bevorsteht.

Während ich in den Fluten ums Überleben kämpfe, unter großer Atemnot leide, viel Wasser schlucke und weiter kämpfe, sehe ich die Gesichter der Menschen, die mir in meinem Leben sehr nahe waren. Die ich geliebt habe, durch deren Nähe mein Leben reich und beglückend war. Sie, die in diese andere Dimension mir vorausgegangen sind ...

Dann bin ich aus dem Wasser gestiegen, um weiterzuleben.

Ich denke an die Menschen, die wenige Minuten, bevor die Welle hereinbrach, noch neben mir am Strand standen, mit denen ich geredet habe. Ich habe niemanden von ihnen wiedergesehen. Sie waren ins Meer gelaufen, dem Wasser entgegen ...

Diese aufwühlenden Erlebnisse haben ein ambivalentes Gefühl in meinem Innern ausgelöst. Es ist ein Gefühlstaumel zwischen Dankbarkeit, Freude, Wehmut und irgendwie auch Abschiedsschmerz, vielleicht auch Trauer.

Ist es meine Bestimmung zu leben? Es ist eine Chance. Mit Sicherheit ein Geschenk, das Geschenk, das Leben heißt. Ganz bewusst empfinde ich es.

Nun birgt jeder neue Tag einen Zauber, den ich erleben will.

Was soll ich nun lernen? Habe ich noch eine Aufgabe?

Eine von vielleicht mehreren Aufgaben sehe ich darin, zu schreiben. Ich möchte von dem Reichtum berichten, den ich empfinde, jeden Tag neu gestalten zu können, mit den Erfahrungen der vorherigen Jahre, »nun noch einmal anfangen zu können«.

Das Erlebnis, dem Tod so nahe gewesen zu sein, in sein nasses Gesicht geschaut zu haben, hat meine Empfindungen verändert.

Beim ersten Besuch bei der Hausärztin wurde mir klar, dass alles nicht mehr so klar ist, wie ich es vorher zu sehen glaubte ... Ich versuche, das neue Empfinden zu erklären.

Die Ärztin schaut etwas überrascht wegen meines Aussehens. Arme, Hände, Beine und Füße sind mit Hämatomen übersät, die inzwischen eine Rotblaugrüngelbverfärbung angenommen haben. Die vorher offenen Wunden sind von einer Kruste überdeckt. Alles Sichtbare scheint mit Medikamenten unter Kontrolle zu sein.

Aber die Augen – die Fenster zum Innern, zur Seele ...

Waren die Augen auch verletzt? Nein, keine Sehbehinderung.

»Ich würde gerne mal in Ihr Inneres schauen.«

»Sie meinen wohl, ich sei traumatisiert?«

»Sind Sie das nicht?«

»Ich lebe ... Viele andere sind ertrunken.«

»Ja, ich weiß. Ich verordne Ihnen ein Medikament gegen die Schmerzen und zur Prophylaxe gegen Thrombose.«

»Kann ich etwas bekommen gegen diese ... diese Träume?«

»Man kann nichts ungeschehen machen, denken Sie daran. Sie werden lernen, damit zu leben. Vielleicht hatten Sie einen Schutzengel?«

»Vielleicht, ja – aber ich habe mich lange nicht um ihn gekümmert. Er müsste eigentlich verärgert sein.«

»Es kann auch ein Geschenk sein, diese Erfahrungen in Ihr neues Leben einbringen zu dürfen.«

»Ein Geschenk zum Weiterleben?«

Am Abend des 26. Dezember wurde in der Kirche unserer kleinen Gemeinde für uns gebetet. Das hat uns sehr berührt.

Eine Freundin fragte mich: »Wenn du gewusst hättest, dass dieses alles geschehen würde in Phuket, wärest du dann nicht nach Thailand gefahren?«

»Alles hat seine Bedeutung, hat einen Sinn im Leben. Ich bin dankbar für alles, was ich erleben durfte, auch dieses schreckliche Erlebnis wurde letztlich zu einer bereichernden Erfahrung. Und es wäre ein großer Verlust, auch nur eine Minute meines Lebens nicht gelebt zu haben. Ähnlich wie beim Edelstein: Das Geräusch des Schleifsteins mag für das Gehör schmerzhaft empfunden werden und doch wird der Diamant erst durch das Schleifen zum glitzernden Brillanten. So erlangt der Mensch die innere Schönheit oft erst durch schmerzhafte Erfahrungen.

Dazu gehört das Erlebnis Tsunami. Reife erlangen wir oft durch schmerzliche Erlebnisse. Immer habe ich mir sehr gewünscht, weise zu werden ...«

Mit dem Wissen um die Vergänglichkeit des irdischen Lebens, der Liebe und des Glück erhielt das bei dem Tsunami Erlebte einen unschätzbaren Wert. Heute erfüllt es mich mit einer großen Dankbarkeit, überlebt zu haben und zu erkennen, dass es keine Garantie gibt, wohl aber ein Geschenk, das Leben heißt ...

Gerti Rossbach
geb. 1940.
In einem Brief an den Autor vom 17. Februar 2006.

Ich würde selbstkritischer sowie ziel- und verantwortungsbewusster als bisher leben und mich noch mehr den Mitmenschen zuwenden. Das heißt: Ich würde mich öfter als bisher fragen: Wer bin ich, wo stehe ich, und wohin geht die Reise? Hin und wieder würde ich versuchen, mich mit den Augen der Mitmenschen zu sehen, wichtige Entscheidungen im persönlichen und beruflichen Leben würde ich sorgfältiger vorbereiten und tiefsinniger bedenken, aber auch eher bereit sein, Fehler zu korrigieren.

Ich würde versuchen, offener und umfassender zu kommunizieren. Im persönlichen Umfeld würde ich Wünsche, Sorgen und Schwächen frei aussprechen, aber auch ernsthaft entgegennehmen. Im beruflichen Umfeld würde ich mehr anregen und motivieren als dozieren und vorschreiben.

Hans Rudolf Striebel
geb. 1930, Physikprofessor an der Universität Basel, Regierungsrat, Erziehungsdepartement a.D., in einem Brief an den Autor vom 14. November 1998.

Ein kluger Mensch sollte zweimal
auf die Welt kommen:
ein Mal, um Erfahrungen zu sammeln,
beim zweiten Mal,
um diese anzuwenden.

Nossrat Peseschkian

Wenn ich über mein Leben nachdenke, sehe ich einen Film. Die Realitäten auf der Leinwand sind im Abstand zu mir, zu meiner Vergangenheit. Das Drehbuch zu meinem Leben, eine spannende Dramaturgie. Aus den vielen Szenen und Schnitten mein Resümee: Leben ist Erlebnis. Ohne Minus kein Plus.

Weil ich tiefstes Minus durchlitten habe, schätzte ich das Plus doppelt. Eltern, Familie, Freunde, ein Beruf als Berufung, Menschen, die mir geholfen haben – Dankbarkeit für dieses Glück. Noch einmal leben? – Würde es sich lohnen?

Wolfgang Heine
geb. 1925, Kameramann der ARD. Er begleitete als Kameramann die deutschen Bundeskanzler von Konrad Adenauer bis Helmut Schmidt. In einem Brief an den Autor vom 20. Oktober 1998.

Wenn ich noch einmal von vorne anfangen könnte, würde ich mich mehr auf meine Intuition verlassen und dem Verstand weniger Bedeutung in meinen Entscheidungen einräumen als bisher. Es braucht Souveränität und Mut, um zu seinem Gefühl zu stehen und es dabei nicht erklären zu müssen. Persönliche Krisen haben mir bewusst gemacht, dass bereits die Abwesenheit von Unglück sehr großes Glück bedeutet. Aus dieser Erkenntnis heraus würde ich schöne Momente, den inneren Frieden und einfach anspruchslos mit anderen Menschen verbrachte Zeit mit mehr Dankbarkeit würdigen, ohne mich vom Gedanken an das Nächste treiben zu lassen.

Katharina Starley
geb. 1966, Unternehmensberaterin in Basel, in einem Brief an den Autor vom März 2001.

Er hat mich angerufen und mir gesagt, dass es im Turm gegenüber eine Explosion gab. Er wusste nicht, ob es ein Flugzeug oder eine Bombe war. Er sagte zu mir: »Es herrscht gegenüber das totale Chaos. Ich sehe, wie Leute aus dem Gebäude springen. Es ist furchtbar.« Dann hat er aufgelegt. Zwei Minuten nach unserem Gespräch ist das zweite Flugzeug in den Südtower gerast. Ich habe versucht, ihn anzurufen. Doch die Leitung war tot. Jeden Morgen suchte ich die Krankenhäuser nach ihm ab. Wenn ich durch die Straßen laufe, glaube ich manchmal, ihn zu sehen. Wir hatten unser Leben bereits zusammen geplant. Und jetzt hatte ich noch nicht einmal die Chance, ihm goodbye zu sagen.

Rachel Uchitel
geb. 1975, Angestellte bei Bloomberg New York. In einem persönlichen Gespräch mit dem Autor am 23. September 2001.
Ihr Foto ging um die ganze Welt: Das Gesicht der 26-jährigen Rachel Uchitel, die verzweifelt tagelang vor den Trümmern des World Trade Center von New York nach ihrem Verlobten Andrew O'Grady, Manager des Investmenthauses Sander O'Neill, Ausschau hält.

Mehr Zufriedenheit

In meiner früheren Tätigkeit als Pfarrer begegnete ich immer wieder Menschen, die durch und durch unzufrieden waren. Sie meinten, nicht glücklich sein zu können, weil ihnen dieses und jenes fehlte. Ich versuchte dann immer, ihren Blick auf das zu wenden, was sie bereits alles hatten, statt immer auf die zu schielen, die mehr haben. Ich sagte ihnen: »Realisieren Sie doch mal alles, was Sie so selbstverständlich nehmen: z. B. genügend Nahrungsmittel, gesunder Schlaf, gesunde Kinder, Freunde etc.«

Wie weit würde ich als Geschäftsmann in unserem vertriebsorientierten Alltag mit diesen Ratschlägen kommen? Ist Zufriedenheit nicht geradezu schädlich für das Funktionieren unseres marktwirtschaftlichen Prinzips? Ist nicht in einer Zeit, wo es um Gewinnmaximierung, um persönlichen Erfolg, um Konkurrenz geht, das Wort Zufriedenheit geradezu eine Bezeichnung für das Gegenteil von all dem und somit eher ein Negativwort? Wer Frieden für sein Unternehmen beansprucht, könnte für seine Konkurrenten damit ausdrücken, sich aus dem Wettbewerb ausgeklinkt zu haben.

Als ich in die Unternehmenswelt einstieg, riet man mir dringend, einen ganz anderen Weg einzuschlagen als früher, wenn unser Dienstleistungsangebot überhaupt eine Chance auf dem Markt haben wollte. Ich sollte die Kunden von ihrer Unzufriedenheit und ihrer verbesserungsbedürftigen Situation überzeugen, ich sollte Unruhe schaffen, wo Ruhe existierte, Unfrieden säen, wo Frieden herrschte. Nur so werden sie schlussendlich gewillt sein, unsere Dienstleistung zu kaufen. Man sagte es mir natürlich nicht ganz so plump, aber das war die Richtung etlicher Ratschläge. So ist auch der Büchermarkt voll von Themen wie »Wie überzeuge ich erfolgreich?« Das Ziel besteht nicht darin, die Zufriedenheit des Gegenübers zu sichern, sondern den Verkauf der Ware. Als kluger Verkäufer sage ich: »Mit dieser Kleidung kannst du dich nicht sehen lassen, in diesem Haus kannst du keine Gäste empfangen, mit diesen Mitarbeitern kannst du nur scheitern, mit diesem Computer kannst du nicht konstruktiv arbeiten, mit diesem Auto kannst du dich wirklich nicht mehr unter zivilisierten Menschen bewegen, mit diesem Kochherd kannst du keine wohlschmeckenden Speisen mehr kreieren etc.« Ich kenne diverse Unternehmensberater, die systematisch Unruhe, Unzufriedenheit und damit Streit und Unglück stiften, Scherben und zerbrochene Beziehungen hinterlassen. Die Hilfsmittel, mit denen die Ware schmackhaft gemacht wird, sind nur nahe an der Wahrheit, jedoch meistens nicht die ganze Wahrheit. Ein Blick hinter die Kulissen der Fernsehwerbung mag das noch verdeutlichen: Wenn ein Staubsauger Superleistung demonstriert, werden wir vom im Hintergrund angeschlossenen monströsen Industriesauger getäuscht. Bei der lecker fließenden Schokolade handelt es sich um eingefärbtes Motorenöl. Frisch gezapftes Bier wird mit Zucker versetzt, um den Schaum zu treiben. Schnellgerichte aus der Tiefkühltruhe werden mit frischen Farben aufgepeppt, damit dem Zuschauer nicht der Appetit verdorben wird. Kartoffeln werden geschminkt, um das ideale Aussehen zu erhalten, etc.

Das Erleben von Mangel begegnet uns nach mosaischem Schöpfungsbericht das erste Mal nach dem Rauswurf von Adam und Eva aus dem Paradies, als sie sich unerwartet in der rauen, außerparadiesischen Welt gleichsam als Asylanten mit vielen Entbehrungen zurechtfinden müssen.

Das Bedürfnis, Mangel zu beheben, ist seither der Motor, der unsere Welt und unsere Marktwirtschaft am Laufen hält. Stockt der Motor, muss in Form der Schaffung neuer Bedürfnisse schnell Benzin und Öl nachgegossen werden. Heute, wo mindestens im reichen Teil der Welt viele Mängel behoben sind, sind die Menschen nicht etwa zufriedener geworden, weil sie Mängel behoben haben, nein: lieber schaffen wir uns künstlich neue Bedürfnisse, als dass wir uns dem Leidensdruck jener Langeweile aussetzen, welche erfüllte Wünsche nach sich ziehen. Wenn es bisher an Medizin für Kranke mangelte, so mangelt es jetzt an Medizin für Gesunde. Die medizinische Wissenschaft arbeitet an Mitteln zur Verlangsamung des Alterungsprozesses und zur Steigerung der Leistungskraft, die jedem Überdruss ein Ende zu setzen verspricht.

So sehr der Mangel anfangs dem Menschen das Leben schwer machte, so wichtig ist dieser heute für seinen Antrieb und für sein Glück geworden. Der Mensch kann zu seinem Wohlergehen noch weniger auf die Mängel verzichten als auf deren Erfüllung, jedenfalls in unserer modernen westlichen Welt. Die Perversion des westlichen Menschen ist, dass es ihm also weniger auf die Stillung seiner Mängel ankommt als auf das Kreieren neuer Mängel. Das macht die Mängel in unserer Welt unentbehrlich. Der Mangel ist für das Glück des Menschen wichtiger als die Erfüllung. Das Dasein legitimiert sich gewissermaßen aus dem Vorhandensein des Mangels. Den Menschen macht zum Menschen, dass ihm etwas fehlt. Was die Menschheit am dringendsten braucht, sind deshalb Mängel, denn aller Fortschritt beruht auf deren Aufhebung. Sie allein sorgen dafür, dass die Weltwirtschaft, von der aller Wohlstand abhängt, wächst, blüht und gedeiht.

Und das Merkwürdige schließlich: Je mehr Mängel erfolgreich beseitigt werden, desto mehr weitere Mängel entdecken wir allerorten. Je mehr wir uns erfüllen können, desto größer wird die Sucht.

Mit der Zahl wünschenswerter Güter, an denen es dem Menschen mangelt, nimmt auch die Zahl der unerfüllten Wünsche zu, sodass sich der Mensch immer ärmer vorkommt. Aus dieser Sicht leiden Reiche sogar unter mehr Mängeln als Arme, weil das, was sie zu vermissen meinen, entsprechend größer ausfällt als das Ärmerer.

Der römische Philosoph Seneca (1. Jh. n. Chr.) formulierte: »Et maiora cupimus, quo maiora venerunt.« »Wir begehren umso mehr, je mehr uns zufällt.«

Die Zahl derer, die weniger besitzen als andere, wird mit jeder neuen Erfindung, mit jeder technischen Innovation größer. Mit dem ersten Auto und dem ersten Computer gab es auf einen Schlag Abermillionen von Menschen ohne Autos und ohne Computer. Jahrtausende hindurch hatte der Mensch weder die Autos noch die Computer vermisst, weil es sie nicht gegeben hatte.

Gibt es kein Entrinnen aus der Diktatur des so Getriebenwerdens?

Wie der Maurer heute noch mit dem Bleilot arbeitet, gibt es auch Bleilote für unser Leben. Unser Gewissen, unsere Werte, die Verpflichtung zur Wahrhaftigkeit, das Ratsuchen beim Partner etc. sind solche Bleilote, durch die Ruhe einkehren kann. In der Antike galt Temperament als sittliche Norm der Lebensgestaltung; Temperament bedeutet Mäßigung und Selbstbeherrschung. Homer benutzte hierfür das Wort »Sophrosyne« (Besonnenheit). Für Platon zählten Maßhalten, Weisheit und Gerechtigkeit zu den vier Kardinaltugenden. Aristoteles setzte tugendhaftes Handeln mit der vernünftigen Mitte zwischen zwei Extremen menschlichen Verhaltens gleich (mesotes): »Der tugendhafte Mensch wählt die Mitte und entfernt sich von beiden Extremen, dem Zuviel und dem Zuwenig.« Jesus redet in seinen Gleichnissen von Maßstäben des Lebens. Seine Maßstäbe richten sich nach der Großzügigkeit Gottes. Diese Großzügigkeit ist der Maßstab, den auch wir im Alltag anlegen sollten, aber wir sind nur Verwalter dieser Großzügigkeit.

Sollten wir nicht den Mut haben, darüber nachzudenken, dass Maßhalten und Wahrhaftigkeit langfristig eine ungeheuer kreative, innovative Kraft haben? Manipulation ist in Wirklichkeit langweilig, farblos und flach. Sie hat keine Lebensenergie in sich. Ein Mensch dagegen, der um wahre Freiheiten kämpft, erlebt, wie er immer mehr in einen Raum der Zufriedenheit und zugleich innerer Vitalität vorstößt.

Was können wir aus der Antike lernen? Zum Beispiel dies: Man sollte sich nichts aus Statusgründen kaufen, sondern nur aus Notwendigkeit. Oder: Wir sollten alles ablehnen, was uns zur Sucht werden kann. Wir müssen unterscheiden lernen zwischen den echten Bedürfnissen und einer Abhängigkeit. Sucht kann Dinge bedeuten, die wir konsumieren. Sucht kann auch Geld bedeuten. Wenn Sie merken, dass das Geld Ihr Herz besitzt, verschenken Sie einen Teil davon, Sie werden sich leichter fühlen. Geld ist ein guter Knecht, aber ein schlechter Herr. Gewöhnen wir uns überhaupt daran, Dinge zu verschenken, wenn wir entdecken, dass wir an irgendetwas hängen. Zu viele Dinge, die nicht gebraucht werden, machen das Leben kompliziert. Sie müssen versorgt, verstaut, umgeräumt und untergebracht werden. Die meisten Menschen könnten sich von mehr als der Hälfte ihres Besitzes trennen, ohne an Lebensqualität einzubüßen.

Die Mäßigung eines seine Entscheidungen bewusst treffenden Menschen ist aktueller denn je zuvor. Weder die Habgierigen noch die Geizigen kennen die Freiheit der Einfachheit. Viele haben die Erfolgsideologie unserer Zeit verinnerlicht und wollen alles Erdenkliche leisten: Glück ohne Ende in der Liebe, tollen Sex, beruflichen Aufstieg, wohlgeratene Kinder, Schlankheit, Kreativität, Intelligenz etc. Das sind Erwartungen einer Gesellschaft, die Leistung, Fitness und Erfolg zu ihren Götzen gemacht hat. Das Nichtereignis von den Dingen, die man erhofft, ist ja im Grunde genommen kein Drama, aber für viele eine sehr große Tragödie. Sie fühlen sich minderwertig und haben nicht die Kraft, wirklich nachzufragen, ob diese Ziele für sie erstrebenswert sind. Diese Menschen haben das Gefühl, Wesentliches versäumt zu haben. Sie wissen, dass ihr Ansehen in der Gesellschaft in hohem Maße von ihrem beruflichen Erfolg abhängt. Umso traumatischer wirken sich dann unerfüllte berufliche Erwartungen aus wie fehlende Anerkennung und ausbleibende Beförderungen. Obwohl bei den heutigen Arbeitsmarktbedingungen diese Nichtereignisse vorprogrammiert sind und obwohl die Traumkarriere immer eine Ausnahme bleibt, obwohl die Aufstiegschancen immer begrenzt sind, obwohl es schon ein Glücksfall ist, einen Job zu finden, und eine gute Ausbildung längst keine Karrieregarantie mehr darstellt, obwohl auch bei guten Leistungen der Aufstieg nicht programmierbar ist, vergleichen sich solche Menschen ständig mit Idealvorstellungen, unterliegen diesen und ziehen eine defizitäre Bilanz.

Es ist wichtig, sich selbst als wertvoll anzuerkennen, und zwar unabhängig von Leistungskraft, momentaner Nützlichkeit, akademischem Grad, Gesundheitszustand, Aussehen oder unserem Marktwert, den ein Lohnausweis beglaubigt. In dieser Erkenntnis liegt ein entscheidender Schlüssel. Lernen wir, uns an Dingen zu erfreuen, auch wenn wir sie nicht selbst besitzen. Die schönsten Dinge im Leben sind ohnehin umsonst.

In meinen Schuljahren hat man mir eine Politikerlaufbahn verheißen, andere sahen in mir einen Pastor oder Heilsarmee-Major. Das alles bin ich nicht geworden. Mein Schulsack war zu gering, die familiären Verhältnisse waren zu ärmlich. Eine Berufslehre gab es für mich nicht. An meine Arbeitsstellen wurde ich einfach beordert: Erdarbeiten in Drainage-Gräben, Rossknecht-Stellen, Gartenarbeiter. Erst 1958 konnte ich eine Stellung antreten als Packer-Magaziner, erst 1961 konnte ich an eine Ehe denken und heiratete meine Frau, die damals Witwe mit vier Kindern war. Jetzt habe ich schon zwanzig Jahre »Feierabend«. Unterdessen bin ich sogar Urgroßvater geworden. Ich bin mit meinem Leben zufrieden, freue mich, mit 86

Jahren noch da zu sein, denken, lesen, rechnen und schreiben zu können, Besuche zu machen und Frieden und Freude zu verbreiten und nach meinen Möglichkeiten Fürsorge zu geben.

Wenn ich heute auf meinen Lebensweg zurücksehe, kann ich trotz Armut, Zurücksetzungen und Benachteiligungen dennoch dankbar sein, sodass ich immer noch einen Lebenszweck und -inhalt vor mir sehen kann.

Hans Wollensack
Romanshorn, geb. 1915. In einem Brief vom 2. Juli 2001.

Was ich anders machen würde ...

Ich finde sie schwierig, diese Frage. Fast ärgert es mich: dieses »Was wäre wenn ...« oder besser »... wenn nicht«.

Klar – das kenne ich: Hin- und Hergerissensein zwischen verschiedenen Möglichkeiten. Und später: Hättest du doch ... Schon als Schülerin: Hättest du doch das andere Aufsatzthema gewählt – dir wäre mehr eingefallen! Oder: Hättest du das andere T-Shirt gekauft – es ist wohl doch schicker! Also: zurück in den Laden – und umtauschen. Leute, die mich gut kennen, spotten zuweilen über meinen Umtausch-Tick.

Aber: Das Leben kann man eben nicht umtauschen. Und das ist gut so.

Ich würde verrückt werden, könnte ich mein Leben umtauschen. Ein anderer Beruf? Später heiraten? Weniger Kinder? Natürlich gibt's Dinge, die würde ich vielleicht anders machen im Rückblick. Fehler, die hätte ich gern vermieden. Aber hätte ich sie nicht eingetauscht gegen andere? Was wäre, wenn ... Das Leben kennt keinen Konjunktiv. Nur den Indikativ.

Und den Imperativ: Lebe! Mit ganzem Risiko!

Ich finde, die eigentlich wichtigen Dinge entziehen sich einer ausgeklügelten »Pro- und Contra-Liste«. Sie kommen auf uns zu. Als Geschenk oder als Herausforderung. Über die Frage zum Beispiel, ob ich meinen Mann heiraten soll, habe ich erheblich weniger lange nachgedacht als über den Kauf manch eines T-Shirts. Es ist ein Geschenk, dass ich meine Entscheidung auch nach über 25 Jahren noch nicht bereut habe.

Oder: Die Diagnose »Multiple Sklerose«, die mir vor knapp zwei Jahren gestellt wurde, ist eine Herausforderung für meinen Körper, meine Seele und meinen Glauben. Ich muss lernen, mit dieser Krankheit zu leben und mit der Unvorhersehbarkeit ihres Verlaufs. Und ich entdecke überrascht, wie die Dankbarkeit größer wird für früher ach so Selbstverständliches wie gehen, schreiben, sich bewegen. Das Leben wird tiefer und der Glaube an Gott – trotz aller Fragen – stärker.

Darum geht's mir: zuversichtlich mein Leben leben. Und versöhnt. Versöhnt auch mit den eigenen Fehlern in der Vergangenheit. Mit dem Schuldigwerden gerade an Menschen, die mir viel bedeuten, an meinen Kindern zum Beispiel.

Darauf hoffen, dass die Liebe doch stärker war als die Versäumnisse. Hoffen, dass sie ihren eigenen Weg finden und dass Gott ihn begleitet.

Das wünsche ich mir: dankbar zu sein für einen »roten Faden« in meinem Leben, den ich nicht zurückspulen kann und will. Sondern weiterspinnen. Mit Gottes Hilfe.

Andrea Schneider
geb. 1955, Fernsehpastorin.

Ich habe meine Mutter nie klagend erlebt. Sie sagte uns oft: »Gott hat mir meine drei Kinder erhalten, auch wenn ich alles andere verloren habe.« Ihre tiefe Grundhaltung war Dankbarkeit. Als sie drei Jahre alt war, starb ihr Vater im 1. Weltkrieg. Als Kind konnte sie die Schule nur unregelmäßig besuchen. Sie hatte auf dem Bauernhof zu helfen. Schon als Kind musste sie pflügen und konnte den Pflug am Ende eines Feldes nicht allein herumdrehen. Gelegentlich kam der Nachbar und half ihr. Als sie 28 Jahre alt war, fiel ihr Mann, mein Vater, im 2. Weltkrieg. Es war das Jahr 1943. Ich war fünf Monate alt. Meine Eltern hatten einen Hof in Ostpreußen. Von nun an hatte sie ihn allein zu bewirtschaften. Der Hof lag einsam. Mit 30 Jahren musste sie – auf sich allein gestellt – aus Ostpreußen mit ihren drei Kindern fliehen. Eine Nacht stand sie in Mohrungen auf dem Bahnhof bei extremer Kälte, so um die 25 Minusgrade, und wartete auf den letzen Zug. Meine Schwester hatte sie mit hohem Fieber und Lungenentzündung aus dem Bett geholt. Sie überlebte. Der Zug war ein Viehtransporter. Es war der allerletzte Zug. Das Rennen und Drängeln war unerträglich. Die lebensentscheidende Frage war: Wer bekommt noch einen Platz in den rettenden Westen? Dann hatte sie eine neue Existenz aufgebaut. Als Kriegswitwe bekam sie eine bescheidene Rente. Mit diesem Geld musste sie drei Kinder durchbringen. Sie hat es möglich gemacht, aber ich weiß bis heute nicht, wie sie das finanziell gelöst hat, dass ich das Abitur machen konnte. Doch, ich weiß es: Ein tiefes Vertrauen, geführt zu werden, und eine innere Haltung der Dankbarkeit waren ihr Geheimnis und ihre Botschaft an uns Kinder.

Wenn ich heute zurückblicke und mir Zeit zum Nachdenken nehme, dann glaube ich, dass mein beruflicher Erfolg eine Folge davon war, dass die Saat aufgegangen ist, die meine Mutter in unser Leben gepflanzt hatte: die Haltung der Dankbarkeit!

Ich stelle mir auch heute immer wieder die Frage:

Bin ich ein dankbarer Mensch? Bin ich dankbar für die Menschen, mit denen ich das Leben teile? Dankbar für meine Arbeit, auch wenn ich kritische Phasen durchlebe? Für mein persönliches Wohlergehen? Sieht man mir vielleicht sogar meine dankbare Grundhaltung an? Was würde ich hören, wenn ich andere Menschen in meiner Umgebung befragen würde, meinen Partner, Freunde, meine Kinder, die Nachbarn, den Chef, meine Mitarbeiterinnen und Mitarbeiter, den Arzt? Den Hotelier, bei dem ich Urlaub mache?

Das Thema wird wenig reflektiert. Kein Mensch kommt heute auf die Idee, bei einem Einstellungsgespräch nach der Dankbarkeit zu fragen. Es ist kein Kriterium bei der Auswahl neuer Mitarbeiter. In keinem aller Beurteilungssysteme, die ich kenne, kommt Dankbarkeit vor. Sie wird nicht bewertet. Wir fragen nach dem Kommunikationsverhalten, der Kritikfähigkeit, aber nicht nach einer Haltung der Dankbarkeit.

Wenn ich heute zurückschaue, stelle ich fest: Dankbarkeit war die wichtigste Grundhaltung für meine persönliche Zufriedenheit und den Erfolg.

Danken kommt von »denken«. Nur wer denkt, kann dankbar sein. Im Herkunftswörterbuch wird vermerkt, dass Danken ursprünglich das »Denken, Gedenken« meint. Es bedeutete also »Denken, Gedenken« und bezeichnete dann das mit dem (Ge)Denken verbundene Gefühl und die Äußerung dankbarer Gesinnung.

Dankbarkeit entsteht im Kopf. Thomas Mann hat es so ausgedrückt: »Denken und danken sind verwandte Wörter; wir danken dem Leben, indem wir es bedenken.« Es gibt also viel Sinn, unser Leben zu bedenken. Darüber nachzudenken, wo wir stehen, was uns geprägt hat, welche Erziehung wir erlebt haben, was sich beruflich entwickelt hat, welchen Menschen wir begegnet sind. Danken kann auch seinen Ursprung in der Welt der Gefühle haben. Jemand bezeichnete die Dankbarkeit als »das Gedächtnis des Herzens«. Das Herz verarbeitet Erlebnisse und drückt sie in dankbaren Gefühlen aus. Und: Dank äußert sich. Eine dankbare Gesinnung wird erkennbar, erlebbar, hörbar. Besonders gut ausgedrückt wird dies in den Psalmen: »... dir zu danken mit lauter Stimme (Psalm 26,7).« Oder: »Danket dem Herrn mit Harfen (Psalm 33,2).« Also: Danken tut mir gut.

Wenn wir uns umschauen, dann merken wir, dass andere Grundhaltungen vorherrschen und offenbar zunehmen: Nörgeln, Meckern, Jammern und Fordern sind zur Grundhaltung unserer Gesellschaft geworden. Undankbarkeit ist zu einem Kennzeichen unserer Gesellschaft geworden. Die Dankbaren passen da nicht rein und werden belächelt. Ihnen fehle der aggressive »Biss«, den man heute verlangt.

Tatsache aber ist, dass dem Undankbaren eine wesentliche Quelle der Lebenskraft und Lebensfreude verloren geht. Der Undankbare denkt nicht, sondern er vergisst, was ihm täglich geschenkt wird. Daher hat der römische Philosoph Cicero die Undankbarkeit als Vergessen bezeichnet.

Der undankbare, neidische, klagende Mensch lähmt sich selbst. Er ist konzentriert auf das, was er nicht hat, besonders auf das, was ein bestimmter anderer Mensch hat – oder scheinbar hat –, und damit vergiftet er seine Umwelt.

Psychologen sagen uns, dass es dankbaren Menschen gelingt, negative Ereignisse positiv umzudeuten. So sehen sie in solchen schwierigen Ereignissen die Chance für einen Neuanfang. Wer mit dankbarer Haltung durchs Leben geht, erkennt sogar noch im Desaster etwas Gutes. So berichten Vertriebene aus den ehemals deutschen Ostgebieten, Hurrikanopfer oder Opfer von anderen Naturkatastrophen, die ihr gesamtes Hab und Gut verloren hatten, über Gefühle der Dankbarkeit, dass sie noch am Leben sind. Sie konzentrierten sich nicht ausschließlich auf den Verlust, sondern konnten sehen, was ihnen geblieben war: ihre Gesundheit, ihr Leben, ihre Kinder, die Unterstützung durch Nachbarn. »Dankbarkeit schafft ein Kontrasterleben. Ganz so, wie man sich nach einem harten Winter über den beginnenden Frühling freut«, so die Psychologen Emmons und Shelton aus den USA.

Dankbare Menschen finden immer etwas zum Staunen. Es ist wohltuend und erfrischend, mit dankbaren Menschen zusammen zu sein. Von denen geht etwas Fröhliches, Mutmachendes aus. Dankbare Leute sind auch angenehme Leute.

Danken schützt auch. »Danken schützt vor Wanken«, sagten unsere Vorfahren. Aber – nicht nur davor.

Danken schützt auch vor Anspruchsdenken und Neid.

Danken schützt vor Unzufriedenheit und dem Bitterwerden.

Dankbarkeit öffnet mir die Augen für meinen eigenen Wert.

Wo Danken zu einer Grundhaltung wird, verändern sich Dinge. Das Leben wird neu, weil es eine neue Dimension erhält. Wer anfängt zu danken, beginnt, das Leben mit neuen Augen zu sehen. Albert Schweitzer gibt den Rat: »Wenn du dich schwach und matt und unglücklich fühlst, fang an zu danken, damit es besser mit dir werde.«

Im Rahmen einer Forschungsarbeit stießen amerikanische Psychologen auf die schützende und stabilisierende Funktion der Dankbarkeit. Dankbarkeit, so die Erkenntnis der Forscher, ist eine wichtige Ressource, die einem das Leben unendlich erleichtern kann. Dieses Gefühl, tief empfunden, schützt vor Enttäuschungen und Verbitterungen. Wie diese Untersuchungen zeigen, sind dankbare Menschen zufriedener, glücklicher und sozialer als Personen, die sorgfältig alles Negative in ihrem Leben registrieren, das Positive aber übersehen.

»Dankbar«, so die Forscher Emmons und Shelton, Professoren an der Universität von Kalifornien in Davis, »kann der Mensch für vieles sein. Für ein Geschenk, eine Hilfeleistung, für eine freundliche Geste, für die Schönheit der Natur, für die Stille nach dem Lärm, für die Wiedererlangung von Gesundheit, für das Sonnenlicht ebenso wie für das Lachen der Kinder. Dankbarkeit kann man anderen Menschen, aber auch sich selbst gegenüber empfinden oder auch einer übergeordneten Macht.«

Dankbare Menschen sind insgesamt zufriedener mit ihrem Leben. Dichter und Denker haben die Dankbarkeit immer wieder als Schlüssel zum glücklichen Leben gepriesen. So sagt der englische Schriftsteller Gilbert Keith Chesterton: »Der Prüfstein allen Glückes ist Dankbarkeit.« Ida Friederike Görres stellt die Frage: »Wer nicht dankt, wie kann der glücklich sein?« Für sie ist die Dankbarkeit die Voraussetzung wirklichen Glücks. Wer nicht dankbar ist für das, was er empfängt, wird nie glücklich sein.

Dankbare Menschen blicken hoffnungsvoller in die Zukunft. Psychologen belegen: Wer aufgefordert wurde, alles zu notieren, für das er Dankbarkeit empfand, verwirklichte in einem Zeitraum von zwei Monaten mehr Lebensziele als Menschen, die sich nicht in dieser Achtsamkeitsübung schulten.

Dankbare Menschen stärken soziale Beziehungen und fördern Freundschaften. Dankbare Menschen legen weniger Wert auf materielle Güter. Sie messen ihren eigenen Wert und den Wert anderer nicht an Besitz, Status und Erfolg. Sie sind nicht neidisch und teilen selbstverständlicher mit anderen Menschen, denen Dankbarkeitsgefühle eher fremd sind. Mit dankbaren Menschen hat man gerne zu tun. Sie versprühen Lebenslust und Fröhlichkeit. Sie jammern nicht und nörgeln nicht, was auf die Dauer nicht zu ertragen wäre.

In der Nähe von undankbaren Menschen fühlt man sich unwohl. Man hat das Gefühl, dass man es ihnen nie recht machen kann. So hält man sich von ihnen fern. Denn von ihnen geht eine negative und destruktive Stimmung aus. Der Undankbare vermag nicht zu feiern und ist letztlich unfähig zur Freude.

Dankbare Menschen haben andere Grundwerte als undankbare Menschen. Meine persönliche Wahrnehmung ist, dass sie beruflich erfolgreicher sind als die Undankbaren. Sie gestalten den Tag anders, gehen an die Arbeit anders ran, führen die Telefongespräche anders, reden anders mit Menschen. Goethe sagte es so: »Der Undank ist immer eine Art Schwäche. Ich habe nie gesehen, dass tüchtige Menschen undankbar gewesen wären.«

Stellen Sie sich ein Unternehmen mit dankbaren Führungskräften vor. Dankbare Führungskräfte sind ein besseres Vorbild als undankbare. Dankbare Führungskräfte freuen sich an der Leistung der Mitarbeiter. Dankbare Führungskräfte zeigen ein pro-soziales Verhalten. Sie helfen anderen mehr bei persönlichen Problemen und bieten Unterstützung an.

Dankbare Menschen leben körperlich und seelisch gesünder. Dankbare Menschen leiden seltener unter depressiven Verstimmungen und Stresssymptomen. Sie entwickeln viel weniger negative Gefühle als andere, undankbare Menschen.

Menschen, die bewusst auf dankbarkeitsfördernde Erlebnisse achten, berichten über größeres psychisches Wohlbefinden. Dankbare Menschen steigern ihre Fähigkeit, negative Ereignisse zu bewältigen. Bei ihnen wächst ihre Immunität gegen Neid, Ärger und Ressentiments.

Eine Erkenntnis hat sich mir noch eingebrannt: Dankbarkeit nicht von anderen zu erwarten. Kennen Sie das Klagelied mancher Eltern? Es lautet so: Was habe ich nicht alles für meine Kinder geleistet und was tun sie heute für mich? Wie habe ich ihnen finanziell gedient und selbst dabei spartanisch gelebt, und heute, wo es mir finanziell schlecht geht, haben sie nicht einmal ein paar Cent für mich übrig. Theodor Heuss, der erste Bundespräsident, lehrt uns: »Nie vom andern Dank erwarten, aber immer selbst dankbar sein können – das ist das Privileg einer recht gebauten Seele.«

Ja, das mit der Dankbarkeit ist eine wichtige Angelegenheit. Ich wünsche mir, dass meine Kinder mich einmal so sehen, wie ich meine Mutter gesehen habe: als Mutmacher zu einer Grundhaltung der Dankbarkeit. Durch Worte kann man es nicht weitergeben. Darum zitiere ich noch einmal Goethe: »Leider lässt sich eine wahrhafte Dankbarkeit mit Worten nicht ausdrücken.« Genauso ist es. Wie lässt sie sich denn ausdrücken? Mit meinem Leben, mit meiner Haltung, die ich dem Leben entgegenbringe.

Prof. Günter Sauder
geb. 1942, Berater, Coach für Führungskräfte.
In einem Brief an den Autor vom Januar 2006.

Mehr Kindsein

In den vergangenen Jahren bin ich einigen Menschen begegnet, die im Druck des Berufslebens leichtfertig ursprünglich auf Langfristigkeit ausgelegte Träume gegen kurzfristigen Erfolg eintauschen. Sie handeln genau so, wie Erich Kästner es formuliert hat: »Die meisten Menschen legen ihre Kindheit ab wie einen alten Hut. Sie vergessen sie wie eine Telefonnummer, die nicht mehr gilt. Früher waren sie Kinder, dann wurden sie Erwachsene, aber was sind sie nun?«

Während in unserem Arbeitsumfeld die Suche nach dem Sinn immer auf die Frage nach dem kurzfristigen, materiellen Nutzen reduziert wird, sehen Kinder das Ganze aus einem anderen Blickwinkel. Es lohnt sich, dies einmal genauer zu betrachten.

Wenn Kinder nach dem Sinn fragen, gehen sie immer auf das Woher, das Wohin, das Wofür und das Warum ein. Welchem Reduktionismus sind wir Erwachsenen zum Opfer gefallen? Die Fragen: Woher?, Wohin?, Wofür? und Warum? greifen weiter als die Frage nach der Nützlichkeit.

Denken wir nur an die vielen Fragen unserer eigenen Kinder, die mit »Wozu?« und »Warum?« beginnen. Wie viele stellten eines Tages ihre Fragen ein, nicht weil die Fragen beantwortet wurden, sondern weil sie gelernt haben, dass die Erwachsenen diese Fragen meistens nur beantworten, wenn sich das »Wozu?« auf überschaubare Grundbedürfnisse bezieht. Beispiel: »Wozu muss ich denn in die Schule gehen?« Antwort: »Damit du später einen Beruf hast und Geld verdienen kannst!«

Eines Abends stellte mir mein Sohn bei einem Spaziergang unvermittelt die Frage: »Papa, warum ist unser Leben so kurz, und warum geht es so schnell vorbei? Wozu sind wir auf dieser Welt? Was ist der Sinn, geboren zu werden, wenn wir wieder sterben müssen?« Was hätte ich bei meinem Sohn bewirkt, wenn ich seine Frage im reduzierten Verständnis der Erwachsenen beantwortet hätte – nur im Sinne der überschaubaren Grundbedürfnisse? Ich hätte bei ihm bewirkt, dass er langsam aufgehört hätte, seine Fragen, die ihn wirklich bewegen, zu stellen.

WAS WÜNSCHE ICH meinen Kindern?

Meinen Kindern wünsche ich, dass sie immer wissen, wie eine frisch gemähte Sommerwiese riecht. Auf einem Berg stehen und in die Weite schauen, über ein Weizenfeld streicheln oder am Meer die Brandung einsaugen ...

Gabi Elsner
geb. 1968,
Tiefenpsychologin.[2]

ICH MÖCHTE MEINEM Kind einen Stern mit auf den Weg geben, den es ansehen kann, wann immer es ihn braucht. Als Bild für einen Punkt, auf den man sich stets besinnen kann. Als etwas, das man nicht immer sieht, von dem man aber weiß, dass es ständig da ist – auch bei schlechtem Wetter. Einen festen Wert. Etwas, das einem Kraft geben soll, wenn man daran denkt.

Nadia Loosli
28, Grafikerin.[3]

JEDER TAG IST ein kleiner Schritt von einem großen, und es ist spannend, dass man oft nicht weiß, wohin er einen führt. Darum sollst du die Feinheiten spüren lernen. Gerade die kleinen Dinge ermöglichen es dir letztlich, auch die Schönheiten des Lebens zu sehen. Das ist viel wichtiger als all die anderen Werte, von denen du meinst, du müsstest ihnen im Leben nachrennen: Liebe gegen Geld.

Wahrheit und Ehrlichkeit beschränken sich immer auf einen kleinen, einfachen Punkt: auf den Moment, wo das Herz offen ist für das Schöne, Kleine, Einfache.

Kurt Weidmann
50, Berufsfischer, drei Kinder.[4]

Was für Batterien haben meine Kinder in sich? Reichen sie, um aufzubrechen zu dem, was sie noch nicht kennen? Sie brauchen volle Batterien, die für Lebenslust und Abenteuerlust sorgen. Die schlimmste aller Welten wäre eine, in der keiner mehr dem anderen etwas erzählt und niemand mehr da wäre, der zuhört.

Iso Camartin
56, Schriftsteller und Kulturchef beim Schweizer Fernsehen.[5]

Glaub an dich. Probier's! Denn sonst kann es dir passieren, dass du irgendwann an Sätzen hängen bleibst wie: »Hätte ich doch nur ...« Oder: »Wie wäre es wohl gekommen, wenn ich gewagt hätte.« Und: »Was hätte ich nicht alles erreichen können?« Resigniert wirst du dich dann von dir abwenden. Manchmal ist vielleicht sogar etwas Sturheit nützlich. Macht aber nichts! Weil du es sonst kaum schaffen wirst, jemals zu dir und damit zu deinem ganz persönlichen Weg Ja sagen zu können. Entscheide dich. Sei klar und eindeutig. Für dich und alle anderen. Natürlich wirst du dafür geradestehen müssen. Aber das darf dich nicht stören.

Martin von Aesch
50, freier Texter.[6]

Ich wünsche dir viele Erfahrungen von Liebe, Vertrauen, Geborgenheit und jemanden, der auf dich wartet, wenn du heimkommst. Jeder Mensch braucht das Wissen, dass jemand an ihn glaubt. Das bedeutet: die Dinge ehrlich sagen, zuhören, unterstützen und seine Fehler zugeben.

Hedwig Fischer
84, acht Kinder, Großmutter von 15 Enkeln und vier Urenkeln.[7]

Träume nicht vom Leben, lebe deinen Traum. Klar braucht man einen Job und ein Einkommen. Aber es ist so schade, dass man dabei oft am Leben vorbeilebt, und so gehen Freundschaften und Beziehungen kaputt. Es ist so wichtig, zueinander zu stehen und nicht ständig zu denken, vielleicht kommt noch etwas Besseres um die Ecke.

Du musst dir gegen den Zeittrend immer bewusst machen, wie gut es uns geht. Zum Genießen gehören auch alle Rituale und die Freude an allem, was periodisch wiederkehrt, zum Beispiel der erste Sprung in den kalten See im Frühling. Die ganz schlimmen Menschen sind die Frustrierten. Vor denen musst du dich in Acht nehmen. Egal, was du machst, mach es mit Freude. Ja, und letztlich gehört zu einem guten Leben auch die Auseinandersetzung mit dem Tod.

Luca Stefano Papini alias Tara la Trash
31[8]

Erdgeschichtlich sind wir Menschen noch nicht lange auf diesem Planeten. Benimm dich also wie ein Gast und treibe keinen Raubbau an der Natur. Vergiss die Liebe nicht, sie ist das Wichtigste überhaupt, nur für sie lohnt es sich zu kämpfen.

Joe Schuler
45, Taxiunternehmer.[9]

Freiheit ist kein Naturgesetz, es ist eine zarte, zerbrechliche Pflanze, die unserer Pflege bedarf. Eine Bedrohung von Freiheit erwächst aus der Sturzflut von Informationen, die wir geistig nicht mehr bewältigen können. Schaffe dir Oasen der Zeitlosigkeit für die Erholung von Gehirn und Gemüt. Nimm dir Zeit, sonst nimmt sie dich.

Andre Lambert
53, Geologe und Beauftragter für Endlagerprojekte der Nasa.[10]

DER GLAUBE AN Gott sei dein Fundament. Halte dich an die Gebote. Bildung sei dir wichtig, dabei sind Kopf, Herz und Hand aber gleichwertig. Familie und Freunde mögen dein Sicherheitsnetz bilden. Sei stolz auf den Bauernstand. Wirf kein Brot weg, und wenn du traurig bist, ist die Musik eine gute Trösterin.

Marie-Louise Gantenbein
36, Bäuerin, vier Kinder.[11]

BESTEHEN KÖNNEN? ODER doch eher glücklich sein, sich entfalten können? Zum Bestehenkönnen gehören vielleicht Selbstvertrauen, Selbstbehauptung, Ausdauer und Wille. Zum Glücklichsein braucht es schon mehr: Respekt gegenüber dem Leben und den Lebewesen, Redlichkeit mit sich und anderen. Aber letztlich geht nichts ohne Zuneigung, eben Liebe.

Walter Ruegg
53, Direktor SR DRS, ein Kind.[12]

DU SELBST, DEINE Erkenntnisse, deine Werte und Haltungen sind in Bewegung. Darum lebe, lerne dich kennen, betrachte deine Vergangenheit als Teil deines Lebensweges und werte nichts ab. So kannst du mit dir und mit anderen großzügig werden.

Dein Leben findet in Beziehungen statt. Sei sorgsam zu deiner Familie und deinen Freunden. Teile dich mit. Hüte dich aber vor Abhängigkeiten und verdammenden Gottesbildern.

Und frage dich ab und zu, was ist heute wichtig, wenn ich morgen sterbe.

Susanna Lüthi
Dipl.-Erwachsenenbildnerin.[13]

KINDERN WÜNSCHT MAN meist Dinge, die man selber nicht erreicht hat oder als Kind selber nicht hatte. Darum wünsche ich meinen Kindern die drei Nüsse von Aschenputtel – damit könnten sie sich selber was wünschen.

Kornelia Naraks
28, Studentin.[14]

ICH HABE MIR in meinem Leben zu wenig Zeit für das Spielen genommen. Es ist mein Wunsch, dass mir meine Enkelkinder helfen, auch im Alltag »spielende« Erfahrungen zu machen.

Albrecht Fürst zu Castell-Castell
geb. 1925, Privatbankier, in einem Brief an den Autor vom 24. November 1998.

JULIAN, DU KANNST schon heute etwas, was kaum einer der »lebenstauglichen« Erwachsenen noch wirklich kann: spielen. Nur wer spielen kann, kann auch Neues erfinden. Verlier darum nie diese wunderbare Fähigkeit und die Freude daran. Bleib ein Spieler, so lange es geht.

Ursula Wyss
27, Nationalrätin und WWF-Projektleiterin.[15]

Wärme

Wärme

Mehr Zuwendungsfähigkeit

Unser System strahlt Gleichgültigkeit aus. Für Menschen, die ihr Leben lang der Spur des Egoismus gefolgt sind, gilt nur: Der Stärkere ist der Bessere. Ich glaube nicht an diese »Wahrheit«. Der Liebesfähigere ist der Bessere, und er erwirtschaftet die langfristig besseren Resultate. Am Egoismus und nicht an der fehlenden Intelligenz scheitern die meisten Vorhaben. Nur Liebe kann die Abhängigkeit, in welche uns Egoismus führt, durchbrechen.

Menschen, deren »emotionaler Tank« gefüllt ist, die sich selbst als wertvoll betrachten können und die in ihrem Leben Solidarität und Gemeinschaftssinn schon in ihrer Kindheit erfahren haben, sind besonders geeignet, anderen Wertschätzung zu vermitteln und in diesem Sinne Liebe weiterzugeben. Diese Menschen können andere führen, und sie sind widerstandsfähig. Nur wer sich selbst geliebt weiß, kann Liebe weitergeben, nur wer sich selbst geführt weiß, kann andere führen, nur wessen eigenes Maß gefüllt wurde, kann maßvoll leben. In diesem Sinne ist Liebe das einzig begrenzende Prinzip gegenüber Habgier und Maßlosigkeit.

Für viele, die sich von ihren Umständen her definieren, ist Liebe ein Gefühl. Die Gefühle kontrollieren ihre Handlungen. Sie haben die eigene Verantwortung abgegeben und geben den Gefühlen die Macht, sie zu kontrollieren. Oft warten sie aber vergeblich auf das gute Gefühl. Wir müssen lernen, die Betrachtung umzudrehen: Gefühl ist keine Voraussetzung, sondern im Grunde genommen eine Konsequenz aus Liebe, die sich als Handlung versteht. Unsere Sprache ist an dieser Stelle eindeutig: »Lieben« ist ein Verb, d.h. ein Tätigkeitswort. Reaktive Menschen machen daraus ein Gefühl. Sie lassen sich von Gefühlen antreiben. Liebe ist aber nicht ein Gefühl, sondern vielmehr eine

Haltung, welche einen Menschen über gute Vorsätze hinaus motiviert, das Anliegen eines anderen Menschen ohne Gleichgültigkeit zu bemerken und mit innerer Anteilnahme anzugehen. Dennoch ist Liebe etwas, was sich jenseits des Kosten-Nutzen-Denkens abspielt. Liebe hat nichts mit Bedingungen zu tun. Liebe hat etwas zu tun mit Annahme ohne Leistung. Liebe kann man nur umschreiben.

Liebe ist zwar im Geschäftsleben tabu, aber wo man sie dort dennoch findet, wo sie im Verborgenen wirkt, da hat sie immer einen positiven Einfluss. Zuwendung kann Wunder bewirken und ist eine ganz einfache, natürliche Art, viel zu erreichen.

Viele könnten auf Privilegien verzichten und wären vielmehr bereit, Opfer zu bringen, wenn der Chef ihnen einmal mitteilen würde, dass ihr Leben und Schicksal, ihr persönliches Wohlergehen ihm nicht egal sind.

Zuwendung erhält man, indem man sie gibt, aber man möchte sie nicht immer geben, weil man trotz des Gefühls des Mangels an Zuwendung auch bisweilen Angst vor Zuwendung hat. Man traut ihr nicht, man hat das Misstrauen, dass damit versteckte Hintergedanken verbunden sind. Viele gestehen in den Beratungsgesprächen ein großes Vakuum an Anerkennung ein. Das einzige Lob, von dem sie oft leben, ist das Ausbleiben von Tadel.

Macht, große Autos, exotische Urlaube, Sex, Haus, Wohlstand, Altersversorgung etc. stellen Wege und Mittel dar, aber keine Ziele. Welches Ziel aber haben wir, und welche Bedeutung haben unsere Ziele, wenn wir beispielsweise wüssten, dass wir nur noch einen Monat zu leben hätten? Jemand, der großen Erfolg im Leben hatte, aber keine Liebe lernte, hat versagt. Der Sinn unseres Lebens besteht letztlich nicht darin, große Industriekomplexe oder Handelszentren aufzubauen, Naturwissenschaften, Geschichte, Philosophie oder Theologie zu erlernen, große Veranstaltungen durchzuführen oder Bücher zu veröffentlichen. Der Sinn des Lebens besteht darin, Liebe zu erlernen.

Jemand, der Erfolg hat, das andere aber nicht gelernt hat, ist in meinen Augen wirklich gescheitert. Und wenn jemand in seinem Leben durch viele Niederlagen gegangen ist, aber Liebe gelernt hat, so war sein Leben trotzdem kein gescheitertes Leben.

Ein alter Mann fragte mich einmal vor Jahren, ob ich wüsste, was auf einem Grabstein steht. Ich antwortete: »Der Name, das Datum der Geburt und das Datum des Todes.« Er sagte dann, ich hätte noch etwas vergessen. Zwischen dem Geburts- und Todesdatum sei nämlich meistens ein Strich. Und er fuhr fort: »Wenn wir in unserem Leben keine Liebe gelernt haben, dann ist unser Leben nicht mehr als dieser Strich zwischen zwei Daten gewesen.« Solche Leute würde er nicht beneiden.

In meinem Leben habe ich mich darüber gefreut, was mir andere Menschen an Liebe entgegengebracht haben. Gelegentlich habe ich auch mehr erwartet und erhofft an Liebe und Zuneigung, als mir tatsächlich entgegengebracht worden ist.

Rückblickend habe ich erkannt, dass ich selber den Menschen, die mit mir in Kontakt gekommen sind, oft zu wenig Anteilnahme und Liebe geschenkt habe und dass ich diesbezüglich mein Leben anders hätte führen müssen.

Das Tröstliche an dieser Erkenntnis liegt darin, dass es immer noch Möglichkeiten gibt, die begangenen Unterlassungen nachzuholen, soweit die betroffenen Personen nicht zwischenzeitlich verstorben sind.

Dr. Bernhard Gelzer
geb. 1928, Anwalt und Notar in Basel, in einem Brief an den Autor vom 15. September 1998.

Es kann sein, dass ich dich nicht mehr wiedersehe. Ich möchte nur, dass du weißt, dass ich dich liebe.

Frank Naples
gestorben 11. September 2001, Börsenmakler, meldete sich aus dem 105. Stock des nördlichen Towers. Er telefonierte mit seiner Frau, unmittelbar nachdem am 11. September 2001 um 8.45 Uhr die AA-Maschine Flug 011 in den nördlichen der über 400 Meter hohen Bürotürme des World Trade Center in New York stürzte und ein Loch in das Gebäude riss. Einsturz des Gebäudes um 10.27 Uhr. (Bunte Nr. 39, 20.9.2001, S. 31)

Ich wünschte mir kein anderes Schicksal. Ich wünschte mir aber mehr Kraft zum Lieben und zum Mitleiden.

Das ist es, was der Mangel in meinem Leben war, das ist es, was ich bereue, nicht radikaler praktiziert zu haben, wenn ich auf mein Leben zurückblicke. Ich denke oft darüber nach, dass in unserer Welt eine Hungersnot nach Liebe herrscht. Würde dieser Hunger gestillt, dann würde kein ungeborenes Kind abgelehnt, keine Kinder würden missachtet und missbraucht werden. Stattdessen würden Kinder wieder in Hoffnung erwartet, aufgenommen und zum Guten geleitet werden.

Am Tisch der Eltern würden Kinder Liebe erfahren und empfangen als die Kraft, die bleibt und aus welcher Weisheit und Freude kommt. Nie würde das Geld an erster Stelle stehen, keine Machtkämpfe würden mehr Menschen manipulieren, nirgendwo würden Bomben gebaut oder gar abgeworfen werden. Die Reichtümer der Erde würde man zum Wohl der Schwächsten verwenden. Liebe würde den Kreislauf der Familien und Völker bestimmen.

So wünsche ich mir, »im Lieben« besser zu werden und mich darin zu bewähren.

Ursula Toaspern
geb. 1928, Mutter von sieben Kindern, Pfarrfrau, Hohenneuendorf bei Berlin, in einem Brief an den Autor vom November 1998.

MICH DÜNKT ALLES Schwierige, Dunkle, jeder Verzicht, jedes Opfer, manch Ungutes und uns zugefügter Schmerz, aber auch alles, was uns an Liebe, an Verständnis, an Güte begegnete und jeden Tag aufs Neue begegnet und geschenkt wird, ist doch dieses einmalige Leben, ist unser ganz persönlicher Weg.

Wenn ich noch einmal leben könnte, würde ich meinen Mitmenschen noch viel mehr Liebe, Vertrauen, Geduld und verzeihendes Verständnis entgegenbringen. Aber dieser Wunsch und diese Sicht ist ja gewachsen in langen Jahren zur Reife hin.

Vera Binz
geb. 1919, Kindergärtnerin in Basel, in einem Gespräch mit dem Autor im Dezember 1998.

DIE TIEFSTE ANGST, die eine Frau hat, ist, nicht geliebt zu werden. Wenn ich meinen Söhnen nur eine einzige Sache sagen könnte, würde ich dies sagen: Der liebende Mann ist der, der seiner Frau die Gewissheit schenken kann, dass sie geliebt ist, und der ihr jeden Tag neu zeigen kann, wie viel sie ihm bedeutet!

Dann kam dein letzter Morgen. Du warst wie gewöhnlich früh aufgestanden, hattest deinen Morgenlauf gemacht, dich rasiert und gebadet. Dann hast du die Tür zu unserem Schlafzimmer aufgemacht und kamst mit dem Teetablett zu mir. Es war deine letzte Tat auf dieser Welt – meine leere Tasse mit Tee zu füllen.

Ingrid Trobisch
geb. 1927, in Walter Trobisch: »Der missverstandene Mann«, Editions Trobisch 1983, S. 70.

Mehr Wertschätzung

Vor ein paar Tagen sprach mich ein junger Mann an und erzählte mir, dass er aus der Konkursmasse der Swissair meinen alten Schreibtisch gekauft habe. Und in diesem Schreibtisch, ganz hinten drin verklemmt, habe er noch ein paar Unterlagen gefunden, die ich dort beim Ausräumen wohl übersehen hatte, und die wolle er mir gerne zurückgeben. Vorgestern habe ich ihn und meinen alten Schreibtisch in seiner Firma besucht und habe mir dann ganz gespannt die vergessenen Unterlagen angesehen. Neben ein paar anderen Dokumenten fand ich darunter auch einen Brief an mich von der Frau eines Swissair-Angestellten, der im September 1998 beim Absturz der Swissair MD11 vor Halifax ums Leben gekommen war. Als ich den handgeschriebenen Brief las, war ich wieder mitten- drin in den Ereignissen von damals, als wir die Angehörigen unserer verstorbenen Passagiere und Besatzungsmitglieder betreut haben.

Heute, mehr als sieben Jahre später, stellt sich die Frage, was wir menschlich aus dieser Tragödie gelernt haben. Technisch wurden der Flugzeugabsturz und seine Ursachen bis ins kleinstmögliche Detail analysiert und die Lehren daraus unmittelbar in technische Maßnahmen umgesetzt. Und menschlich? Gehen wir heute anders miteinander um? Ich habe damals an ungefähr zehn Abdankungsgottesdiensten persönlich teilgenommen und dabei erlebt, dass uns der Wert eines Menschen offenbar erst dann so richtig bewusst wird, wenn er nicht mehr bei uns ist. Es ist eigenartig, aber ich erlebe auch heute immer wieder, dass wir uns gar nicht bewusst sind, wie wertvoll die Menschen sind, die uns täglich nahe sind.

Alarmierend hoch erscheint mir zum Beispiel die Zahl der Firmenchefs, der CEOs, die schon nach kurzer Zeit wieder entlassen werden. Liegt das an den Verwaltungsräten, die nicht in der Lage sind, den richtigen Kandidaten auszuwählen, und dann ihren Irrtum korrigieren? Oder liegt es daran, dass zu viel übereinander statt miteinander geredet wird, dass die neuen Chefs gar keine reelle Chance haben, sich gründlich einzuarbeiten, und dabei von ihren Vorgesetzten nachhaltig unterstützt werden? Vielleicht muss man die Ursache auch in der heutigen Zahlengläubigkeit sehen. Wir glauben leichter an die Zahlen des Controllings als an das Potenzial und den Wert der Menschen. Bei den Zahlen ergibt die Summe aus eins und eins immer genau zwei, bei den Menschen kann eins plus eins manchmal zwei Komma fünf, manchmal aber auch nur eins Komma fünf ergeben. Um das bessere dieser beiden Ergebnisse zu realisieren, müssen wir uns aber mit den Menschen beschäftigen, die uns in irgendeiner Weise anvertraut sind, und zwar heute und nicht erst, wenn sie nicht mehr da sind.

Der Buchhalter sieht in einem Mitarbeiter zunächst einmal die Personalkosten, die er für das Unternehmen auslöst, der Vorgesetzte die Fähigkeiten, seine Ziele zu erreichen, und die Kunden die Kompetenz, ihre Probleme zu lösen. Aber erst in der Todesanzeige wird erwähnt, was für ein wertvoller Mensch er war. Antoine de Saint-Exupéry hat den Fuchs in der Geschichte vom kleinen Prinzen sagen lassen, dass man nur mit dem Herzen gut sehen kann, weil das Wesentliche den Augen verborgen bleibt. Leider gibt es noch keine »Herz-Optiker«, die die Sehfähigkeit unserer Herzen verbessern könnten, aber wir können sie selber trainieren. Vielleicht schaffen wir es dann auch, in einem Feedback an Mitarbeiter nicht nur zu kritisieren und zu loben, was sie geleistet haben, sondern ihnen auch deutlich zu machen, für wie wertvoll wir sie als Menschen halten. Motivation kann nur entstehen, wenn neben der Beurteilung der Leistung auch die persönliche Wertschätzung steht.

Vielleicht ist es gut, dass mein alter Schreibtisch nicht reden und mir sagen kann, wie oft er damals beobachtet hat, dass ich die Menschen zu viel mit den Augen und zu wenig mit dem Herzen angeschaut habe. Niemand darf hierzulande ein Auto fahren, ohne vorher bewiesen zu haben, dass er mit seinen Augen scharf genug sehen kann. Wann werden wir auch die Sehfähigkeit unserer Herzen überprüfen lassen? Ich glaube fest daran, dass mir irgendwann einmal die Frage gestellt werden wird, was ich alles mit meinem Herzen gesehen und was ich daraus gemacht habe. Hoffentlich erinnert mich mein Schreibtisch immer wieder daran.

Matthias Mölleney
Ehemaliger Personalchef von Swissair, Centerpulse und Unaxis, Inhaber der Beratungsfirma peopleXpert gmbh in Uster, Schweiz. In einem Brief an den Autor vom 6. Februar 2006.

Mehr Familie

Im Verbundsystem von Ehe, Partnerschaft und Familie gibt es Lernprozesse, die sonst nirgendwo auf der Welt in dieser tief greifenden Form ablaufen: Wo lernen Kinder sonst Dinge wie soziales Verhalten, Verantwortungsübernahme, Verzicht, Rücksichtnahme, Nächstenliebe, Arbeitsteilung, Teamarbeit, Sorgfalt und Gewissensbildung?

Wann immer ein Unternehmer in seinem Betrieb junge Leute einstellt, greift er auf Fähigkeiten, innere Einstellungen und Charaktereigenschaften zurück, die diese jungen Leute aus ihrer Familie mitbringen. Die Qualität unserer Familien bestimmt die Qualität unserer Berufswelt. Die Frage lautet: Was soll eine Elite, die sich selbst nicht mehr reproduziert? Auch wenn eine erfolgreiche Karriere nach Verzicht auf Familie schreit, schaffen wir so mit der Lösung des einen Problems ein neues.

Sind Familie und Beruf heute nicht mehr zu vereinen? Immer häufiger stellen sich Menschen auf diesen Trend so ein, dass sie entweder zugunsten der Karriereentwicklung auf familiäres Glück verzichten oder zugunsten familiärer Prioritäten auf einen Karriereschritt. Die Mehrheit nimmt familiäre Zerrüttung, Scheidung etc. in Kauf, weil sie sich für die Karriere entschieden hat. Die Minderheit hingegen nimmt berufliche Stagnation, mangelnden Respekt, belächelt zu werden, ja sogar Arbeitslosigkeit hin, weil sie sich der Verantwortung ihrer Familie gegenüber nicht entziehen will.

Familie und Partnerschaft liegen auf einer anderen Daseinsstufe als die Arbeitswelt, nicht nur gleichwertig, sondern höher. Sie bilden die Grundlage und Voraussetzung für all das, was uns erfolgreich macht. Denn nicht wenige sind nur deswegen erfolgreich, weil ihre Eltern sich nicht gegen die Familie entschieden haben. Wenn wir aber meinen, die Freiheit dazu in

Anspruch nehmen zu können oder durch den Arbeitsdruck dazu genötigt zu werden, greifen wir da nicht zerstörend in einen Lebensprozess ein, der die Voraussetzung für die Zukunft unserer eigenen Kinder darstellt? Geht es in unserer Haltung zur Familie nicht um unsere Verantwortung für die Zukunft der folgenden Generationen? Geht es nicht um einen Bereich, der eigentlich nicht allein nur der jeweils eigenen Entscheidungsfreiheit zugeordnet sein darf, sondern der in der Kette der Generationen zu erhalten und zu pflegen ist? Arbeit ist unsere Schaffenskraft. Es ist die Welt des Erfolges oder auch des Misserfolges, es ist die Welt der Macht, der organisierten Prozesse, der Machbarkeit und der Kalkulierbarkeit. Produktivität kann gesteigert werden, bis Zufriedenheit darin besteht, menschliche Beziehungen als erledigt im Terminkalender abzuhaken. Familie repräsentiert nicht unsere Schaffenskraft, sondern die Kraft, woraus wir geschaffen sind, woraus wir geworden sind. Das aber ist nicht eine Sache, sondern Leben, und Leben ist letztlich ein Geheimnis. Genau das ist es, was den modernen Manager unsicher macht.

Es liegt an uns, in unseren Beziehungen Lebensqualität anzustreben. In der Familie und Partnerschaft bedeutet Lebensqualität das Bemühen und Streben nach einer Kultur des Herzens. Lebensqualität beginnt mit Zufriedenheit und Dankbarkeit.

Nehmen wir uns einen Augenblick Zeit und Ruhe, um unser momentanes Leben einer Betrachtung aus gewisser Ferne zu unterziehen. Beruf, Freunde, Hobbys, Familie – worin investieren wir die meisten Stunden an gewöhnlichen Tagen? Mit wem teilen wir die meisten Momente eines Tages? Welchen Stellenwert nehmen unsere Familie, unsere Partnerin/unser Partner und unsere Kinder auf unserer Prioritätenliste ein? Welche gemeinsamen Aufgaben und Ziele haben wir? Jeden Tag haben wir die Gelegenheit, mit einer Veränderung – mag sie auch noch so klein sein – unserem Leben einen neuen Touch von Fantasie, Lebensfreude oder Liebe zu geben. Seinen wahren

Wert offenbart es nur, wenn es auch unser Leben wird – mit unserer persönlichen Note, komponiert von unserem Kopf, gestaltet von unseren Händen und durchdrungen von unserem Herzen.

ICH WÜRDE SICHER vieles anders machen, aber ob es besser wäre, vermag ich nicht zu sagen. Ob ich etwas gemacht habe, auf das ich mich berufen könnte, dass es nützlich für Dritte war, können nur die anderen Menschen beurteilen. Sicher weiß ich nur, dass ich mich viel zu wenig um meine Familie gekümmert habe. Dies ist etwas, das ich mit Sicherheit anders machen würde.

Dr. Ignatz Bubis
geb. 1927, gestorben am 13. August 1999, ehemaliger Vorsitzender des Zentralrates der Juden in Deutschland, Frankfurt am Main. In einem Brief an den Autor vom 5. Oktober 1998.

Ignatz Bubis kam 1927 im heute polnischen Breslau als siebtes Kind eines Schifffahrtsbeamten zur Welt. Einen Teil seiner Jugend verbrachte er im Ghetto und in einem Arbeitslager. Dem Abtransport in ein Vernichtungslager entkam er durch Zufall. Seinen Vater verlor er im KZ. Nach dem Krieg kehrte Bubis nach Deutschland zurück. Seit 1982 war er Mitglied des Zentralrates der Juden in Deutschland.
Der Europäische Jüdische Kongress meinte, das Leben von Bubis habe die Tragödie des europäischen Judentums zur Zeit der Shoa sowie die Wiedergeburt des jüdischen Lebens nach dem Zweiten Weltkrieg widergespiegelt. »Ignatz Bubis hat mit nie versiegender Kraft dazu beigetragen, die Schatten der Vergangenheit kleiner werden zu lassen«(Regierungssprecher Heye).

ICH BIN SEIT mehr als 25 Jahren verheiratet, Mutter dreier junger Erwachsener und nach 16 Jahren 100% Mutter-/Hausfrauensein wieder außer Haus berufstätig. Ich kenne das Leben von hart arbeitenden Männern privat von meinem Ehemann und beruflich von meinem Chef. Für mich waren die Jahre des Verzichts auf den Beruf nicht extrem schwer, da ich das Familienleben als ausgesprochen innerlich bereichernd empfand und daher nicht aufbegehrte. Seit mein Mann aber den Sprung in die oberste Etage geschafft hat, sieht das ganz anders aus. Ich habe zunehmend mit depressiven Verstimmungen zu kämpfen und leide extrem unter der Tatsache, dass er, der früher so sehr dafür eintrat, dass Väter verdienen und Mütter Kinder erziehen, sich nun in seinem Umfeld speziell für die berufliche Förderung junger Akademikerinnen einsetzt. Er macht auch gute Erfahrungen damit, denn diese Frauen, denen er bei der Gestaltung ihrer Arbeit viel Freiraum lässt, sind äußerst motiviert. So ist an seiner Seite nicht ein Vizedirektor tätig (mehrere Männer haben sich darum beworben), sondern eine jüngere Frau (verheiratet, Mutter eines Kindes) wurde von ihm für diesen Posten angesprochen und gewählt.

Nun ist so etwas Ähnliches wie ein Bruch in meinem Lebenskonzept entstanden. Das Wichtigste seit bald 30 Jahren war mir die Partnerschaft mit meinem Mann und das gemeinsame Projekt »Kinder aufziehen«, welches zwar vorwiegend bei mir lag. Ich hatte keine andere Wahl, mein Mann hat immer zu 100% gearbeitet. Und nun finde ich mich in der Situation vor, dass ich beruflich zwar zum Glück wieder Arbeit fand, aber oft in recht repetitiver, oft einfach stressiger Form, daneben das leer gewordene Haus pflege. Derweil reist mein Mann mit seiner Vizedirektorin zu allen möglichen Arten von Sitzungen und Konferenzen im In- und Ausland, verlässt frühmorgens das Haus und kommt spätabends müde heim. Können Sie mir nachfühlen, dass ich oft nicht mehr viel sagen mag, wenn mein Tag ohnehin »nur« aus Putzarbeit, Bügeln, Einkaufen bestand – er sich aber, zusammen mit Vizedirektorin

Frau Dr. XY, zu Businesslunches, Empfängen und intensiven Verhandlungen trifft? Verstehen Sie mich richtig, ich sehe die Kehrseite der Medaille nur allzu oft – die Hetze, den Druck, die Forderungen von oben und unten. Ich möchte nicht tauschen mit ihm. Aber wenn ich eine zweite Chance hätte, würde ich ab Schulalter der Kinder schrittweise wieder in den Beruf einsteigen. Vielleicht wäre dann mein Mann selber nicht so hoch aufgestiegen. Aber die Entwicklung in der Ehe wäre ausgewogener verlaufen. Ich habe den Eindruck, unsere Ehe habe Schlagseite gekriegt. Mein Mann sieht das nicht so, aber er hat ja alles, was er sich wünschte: Berufserfolg, Ehe, Kinder. Ich habe Bildung und Beruf zugunsten von Mann und Kindern zurückgestellt und muss nun darum kämpfen, dass mein Selbstwertgefühl nicht total kaputtgeht, wenn ich meinen Mann und seine Vizedirektorin chic herausgeputzt, beide mit Aktenkoffer und lebhaft diskutierend, in den Erste-Klasse-Zug einsteigen sehe, während ich in abgenutzten Jeans und verwaschenem Pullover den schweren Einkaufskorb aufs Fahrrad klemme und heimstrampele.

Ich habe nun lange geschrieben und möchte damit nur das eine: Wenn Sie das nächste Buch schreiben, so denken Sie doch bitte auch an die Frauen, machen Sie den Männern und Frauen, die eine halbe oder ganze Generation jünger sind als ich, bitte Mut zum Teilen der Erwerbs- und Familienarbeit! Aufs Ganze gesehen profitieren alle mehr davon, Männer, Frauen, Kinder, die Gesellschaft! Nur die Psychiater, Eheberater und Scheidungsrichter werden dann weniger Arbeit haben!

Aus dem Brief einer Arztgattin an den Autor vom September 1998.

»Nicht nur hübsch – auch klug« – das war die Bildunterschrift unter meinem Promotionsfoto in der Tageszeitung. Also nicht etwa in umgekehrter Reihenfolge ...

Hübsch zuerst und dann auch noch klug sollte sie sein, die Karrierefrau, und dem Bild der Stewardess prominenter internationaler Airlines entsprechen, um ihrer Begabung gemäß entlohnt werden zu können. Anders als beim männlichen Konkurrenten, der darf auch schon mal ungepflegt aussehen oder sich unkorrekt benehmen. Dieser Eindruck bestätigte sich mir auf internationalen Foren der Fachgesellschaften, zumindest soweit es uns, den aufstrebenden wissenschaftlichen Nachwuchs, betraf.

Was mir zu denken gab, war die zunehmend gemachte Beobachtung, dass auf der internationalen Wissenschaftsbühne junge weibliche post-doctoral Fellows langhaarig und raffiniert »up-gemaked« zwischen den Herren Professoren posierten, tapfer ihre Kurzvorträge präsentierten und abends ihre »Pflichten« an der Seite der Dinner Jackets ihrer Lehrer beim Bankett zu absolvieren verstanden. Der Kampf auf der Karriereleiter war nicht selten ein Drahtseilakt und wurde mit unterschiedlichen Waffen geführt. Dazu gehörten Härten, Disziplin und Visionen, gepaart mit einer Risikobereitschaft gegenüber seinem eigenen Konzept im Sozialverhalten. Leidtragende waren in der Regel die Eltern, Freunde und Partner.

Frauen, die zweifelsohne zu »Höherem berufen« waren, ihren akademischen Titel anstrebten, und dies unbekümmert in »Salamitretern« und in zweckmäßigen Kittelkleidern, brachten ihre mit Fleiß und mühevoll erarbeiteten Daten häufig doch nicht so »an den Mann«, wie sie es verdient hätten. Ihren Chefs wurde nachgesagt, sie seien frauenfeindlich. Manche Frauen blieben völlig zu Unrecht auf der Strecke bis auf jene, die ihre äußere Nüchternheit mit so brillanter Intelligenz verbanden, dass ihre Chefs gut daran taten, sich mit ihnen zu verbünden, um von dem stolzen Erfolg ihrer Schülerinnen profitieren zu können.

Schmerzlich ist es für mich heute, wenn mir nach Vortragsveranstaltungen Mütter, Ehefrauen, Witwen und unverheiratete Frauen aller sozialer Ebenen, Einblick in ihre Welt vermitteln und mir dabei klar wird, dass die Anerkennung für ihre selbstlosen, nie enden wollenden Dienste oft allzu spärlich ist. Dabei ist doch sonnenklar, dass Frauen jedweder Kultur und Bildung diesseits und jenseits des Atlantiks über ausgeklügelte Strategien verfügen müssen, die ihnen das Überleben in der auch heute noch einseitig vom männlichen Sozialverhalten geprägten Gesellschaft ermöglichen.

Die Frau hat Kröten zu schlucken, und zwar sehr viel mehr als die Männer, um sich selbst und ihr soziales Umfeld, ihre Familie, ihre Freunde, ihre Dienstwelt zu erhalten. Sie wird immer noch anders als ihr männlicher Kollege gewertet. Einige eher triviale Beispiele bereiten mir besonderen Spaß: Wenn im Gemeindeblatt einer Kirche die männlichen Universitätsprofessoren zu Vorträgen mit ihrem vollen Titel, die weiblichen einfach mit ihrem bloßen Namen angekündigt werden. (Das ist kein Scherz.) Oder das telefonische unsichtbare Gegenüber bittet die Professorin um eine Verbindung mit dem Herrn Professor, da eine weibliche Stimme doch allenfalls die einer Sekretärin sein konnte; oder dass sie an der Rezeption eines internationalen Kongress-Hotels angesichts ihrer männlichen Kollegen nachrangig bedient wird, auch wenn die Reihe längst an ihr ist.

Ich erlaube mir bei allem die Frage: Ist nach Bebels »Die Frau und der Sozialismus« noch immer heimlich oder sogar offensichtlich etwas faul im Vaterland, und zwar diesseits und jenseits des Atlantiks? Warum meinen junge begabte Frauen, Evas Methoden einsetzen zu müssen, um einen attraktiven Job zu finden? Warum bleibt ein begabtes Wesen auf Position 2 hängen, weil es Äußerlichkeiten unehrlich findet?

Die fachlich qualifizierte Frau hat sich längst vom Blaustrumpf wie von der Abhängigkeit eigennütziger männlicher Promotoren befreit und ist sich zunehmend ihrer dem männlichen Machtanspruch überlegenen emotionalen Intelligenz sicher. Dennoch bleibt reichlich zu tun, aber was sollte man als Frau anders machen? Männliches Verhalten einüben? Oder sich mit Bebel darüber aufregen, »dass sich jeder Pinsel von Mann für besser halten kann als die ausgezeichnetste Frau«, und Bebel ergänzte: »Und in der Praxis ist es bis heute (1879) so.« Fazit Resignation oder Feminismus? Niemals. Ein Joker für den Platz der Frau im gesellschaftlichen Spiel steigt dank der aktuellen Hirnforschung wie Phönix aus der Asche auf: Die biologischen Vorteile der Frau werden endlich wissenschaftlich dokumentiert und damit offengelegt. Dazu gehört die vergleichsweise einzigartige Plastizität ihres Gehirns bzw. ihr hohes Maß an Lern- und Anpassungsfähigkeit. Endlich darf jede Frau wissen, warum sie so tüchtig ist, und zwar überall, wo auch immer sie hingestellt ist.

Also, was würde ich heute im Rückblick anders machen? Ich wäre in der Durchsetzung meines Lebenskonzeptes zielsicherer und auch kantiger, aufwendiger und klarer in der Kommunikation, damit liebevoller. Und was war und ist mein Lebenskonzept? Es ist das Ergebnis meiner Sonntagsschullehrer, die meine kindliche Liebe zu dem guten Hirten weckten und mir seine glasklare Bergpredigt erschlossen. Mein Fernziel ist es inzwischen, das schmerzliche Krötenschlucken durch die Kraft der Liebe im Licht des Geistes Jesu zu ersetzen. Noch eine sehr hohe Stufe auf der eigenen Leiter. Und: Ich habe die (realistische?) Hoffnung auf eine neue Vernetzung der männlichen Denkmuster in unserer modernen Gesellschaft.

Prof. Dr. med. Marianne Schläfke
Universitätsprofessorin und Direktorin des Musischen Zentrums der Ruhr-Universität Bochum.

Ja, das ist so eine Sache mit dem Nochmals-anfangen-Können.

Nach reiflichen Überlegungen muss ich sagen, ich würde kaum etwas anders anpacken.

Hätte ich meinen Mann nicht so jung geheiratet, sondern meine eigenen beruflichen Ziele verfolgt, wären mir vielleicht diese für mich so wichtigen drei Kinder versagt geblieben.

Ich würde wieder den größeren Teil der Familienarbeit übernehmen, damit sich mein Mann beruflich entwickeln könnte; dies hat der ganzen Familie viele Anregungen gebracht, und davon habe schlussendlich auch ich profitiert.

Das viele Alleinsein durch die berufliche Abwesenheit meines Mannes hat mich schon früh gelehrt, wichtige Entscheidungen allein zu treffen und mein Leben selbstständig zu gestalten.

Das Leben hat so viele Zufälle oder vielleicht auch Vorbestimmungen zu bereiten. Es war gut so, wie es war, und ich hoffe, es hält mir noch einige gute Jahre bereit, die ich leider ohne meinen Mann weitergehen muss.

Marlene Bigler-Oschwald
geb. 1935, Basel, in einem Brief an den Autor im Jahr 2000.

Wenn ich noch einmal von vorne anfangen könnte, würde ich mir das gleiche wunderbare Elternhaus noch einmal wünschen. Ich würde mich wieder bemühen, einen Mann mit einer sensiblen, praktischen Intelligenz zu heiraten, und mit ihm eine Großfamilie mit mindestens sechs Kindern gründen. Ich würde, bis die Kinder groß sind, mich hauptamtlich ihrer Erziehung widmen – bei gleichzeitiger intensiver Pflege meiner auf dem Studium aufbauenden Interessen sowie des Glaubens. Ich würde es mir zur Aufgabe machen, auch bei meinen Kindern, eine sehr differenzierte Glaubenserziehung in den Mittelpunkt zu stellen.

Dr. Christa Meves
geb. 1925, Kinder- und Jugendlichen-Psychotherapeutin, Uelzen. In einem Brief an den Autor vom 27. September 1998.

Das Familienleben mit meiner Frau Thea und meinen Söhnen ist mir mittlerweile wichtiger als die Einschaltquoten meiner Sendungen. Viel wichtiger ist mir heute, dass ich bei Thea und den Kindern alle Umfragen gewinne. Wenn dein Lebensglück von deiner Hitparadenposition abhängt, bist du früher oder später im Eimer!

Thomas Gottschalk
Moderator, 3. Oktober 2001.

Ich frage mich oft, warum man nicht zuerst alt werden könnte und nachher jung? Die verpassten Gelegenheiten geben mir oft zu denken. Talente, die mir vielleicht schon in die Wiege gelegt wurden, spürte ich in der Jugend, aber mir fehlte die Möglichkeit, sie zu verwirklichen. Meine größte verpasste Gelegenheit ist die Rolle der Mutter, die Ruhe und die Zeit für unser Kind. Dafür möchte ich das Rad zurückdrehen, um die Altersweisheit zu haben, es anders zu machen.

Madeleine Hartmann-Trösch
Seon, Schweiz, 2001.

Mehr Verzeihen

Wut und Rache sind leider eine dominierende Grundstimmung vieler Menschen. Der Eiter der Verletzungen kann nicht abfließen, im Gegenteil, er wird geradezu kultiviert: »Könnte ich nur einmal denen eins auswischen, die mir so viel Leid angetan haben, die mich so entwurzelt und bloßgestellt haben, die durch meine Entlassung so viel von meinem Lebensfundament zerstört haben.« Bei vielen steckt die Wut über das Erfahrene ganz tief. Das innere Karussell kreist. Sie entdecken sich tagsüber und bis nachts in Träumen, wie sie Selbstgespräche führen mit dem, der sie so verletzt hat. Rachepläne beschäftigen sie, zu deren Umsetzung sie jedoch nicht im Stande sind, und während diese beispielsweise in Afrika vielmehr nach außen ausgelebt werden, frisst sich die ganze Aggression in unseren Breitengraden nach innen und rumort und schwelt, bis eine Reihe von Menschen sich mehr und mehr mit Suizidgedanken beschäftigt und nicht selten den Versuch unternimmt, diesen letzten Schritt auch zu tun.

Wer Suizid begeht, um dem Leiden an Machtkämpfen zu entkommen, tötet nicht nur sich selbst, sondern versucht mit sich auch den übermächtigen Machthaber, den er nicht stürzen konnte, zu töten. Weil er nicht von ihm freikommt, ist die Selbstzerstörung für ihn der einzige Weg, ihn endgültig loszuwerden.

Es gibt zwei Arten, zum »Frieden« zu kommen. Der erste Weg ist die Rache. Dieser Weg bringt einem selbst zwar das vorübergehende Gefühl der Befriedigung, treibt aber das Schwungrad eines unheilvollen Kreislaufes weiter an. Der Familienstolz gebietet es, jedes Unrecht zu rächen. Dadurch gibt es nie Frieden. Völker können vertrieben oder geschlachtet werden. Aber sie werden eines Tages wieder erstarken und das erlittene Unrecht sühnen. Das ist das Prinzip »Auge um Auge, Zahn um Zahn«, das in der ganzen Welt herrscht. Der zweite Weg ist der Weg des Verzeihens. Verzeihen ist schwer. Aber man durchbricht den Kreislauf, dass ein Unrecht wieder das nächste gebiert, und die Genugtuung, die man durch diese Unterbre-chung erhält, hat eine andere Qualität als die Genugtuung, die man durch Rache oder Schadenfreude findet.

Das Verzeihen und das Einüben des Verzeihens erweist sich in der Beratung als bedeutender Schlüssel. Umso verwunderlicher ist es, dass in den wissenschaftlichen Lehrbüchern der Psychologie und des Managements dieser Vorgang selten oder nie erwähnt wird. Das mag damit zusammenhängen, dass die moderne Psychologie den Begriff Schuld schon vor langer Zeit aus ihrem Repertoire gestrichen hat. Wer nichts von Schuldig- werden weiß, ist auch nicht in der Lage, etwas vom Verzeihen zu verstehen. Indem man Menschen von der persönlichen Schuld zu schnell entlastet (»Ihr seid das Opfer, ihr seid das Produkt der Umstände.«), entwertet man sie auch, weil man sie von ihrer eigenen Verantwortung entbindet. Auch wenn das nett gemeint ist, verhindert man dadurch einen Prozess, aus welchem Menschen als gestandene Persönlichkeiten hervorgehen können. Menschen, die durch Berater ständig nur gehört haben, dass sie das Opfer sind und folglich nichts für ihre fehlerhaften Haltungen können, sind nie in der Lage, sich persönlich weiterzuentwickeln.

Viel zu selten wird die Möglichkeit in Erwägung gezogen, durch Vergeben seelische Schmerzen lindern zu können. Diese Ignorierung des Vergebens in der Psychologie und Psychotherapie ist umso tragischer, als die christliche abendländische Tradition die Vergebung zur eigentlichen Kernaussage macht. »Vergebt, so wird euch vergeben« (Lukas 6, 37). »Und vergib uns unsere Schuld, wie auch wir unseren Schuldigern vergeben« (Matthäus 6, 12).

Vergeben bedeutet ein Entschuldigen, Freigeben, Loslassen oder auch Begnadigen. Das Ereignis wird nicht aufgerechnet, sondern als abgeschlossen angesehen, auch wenn man sich an das Geschehene durchaus erinnern kann. Dabei ist es nicht unbedingt notwendig, dass der andere physisch anwesend ist (vielleicht ist er gestorben). Es ist auch nicht unbedingt nötig, dass der andere um Entschuldigung bittet. Vielleicht wird der andere sein Leben lang nie das Gefühl haben, etwas falsch gemacht zu haben. Entscheidend ist, dass man dem anderen »innerlich« vergibt, denn solange man nicht verzeihen kann, klebt man an dem, der einem Unrecht getan hat, und kommt nicht von ihm los.

Die Wirkungen des Vergebens bei denen, die Vergebung gewährt haben: Im emotionalen Bereich tritt als Folge der geänderten Gedanken und Einstellungen oft ein Umschwung ein. Schuldzuweisungen, Anklagen, der Wunsch nach Vergeltung und Bestrafung, Rachegefühle treten in den Hintergrund und verschwinden, Personen und Ereignisse werden weniger gerichtet, die Fragen nach dem »Warum« in Bezug auf das Verhalten des anderen hören auf, das Ereignis tritt zurück, es wird in anderer Bedeutung wahrgenommen. Ein tieferes Verständnis für das Verhalten des anderen tritt ein.

Die Wirkungen des Vergebens bei denen, die Vergebung erfahren haben: Sie fühlen sich erleichtert. Ihre Motivation wird deutlich gesteigert, ihre Fehler in Zukunft zu vermeiden und selbst anderen Menschen schneller als bisher zu vergeben.

Eine Lebenserfahrung lehrt uns auch, dass wir das lösende Wort uns ja nicht selbst sagen können, sondern gesagt bekommen müssen gerade in Momenten, wo man Unrecht nicht wieder gutmachen kann. Die Zusage der Vergebung Gottes, ausgesprochen in der Beichte durch einen neutralen Zeugen, ist unendlich vielen Menschen bis zum heutigen Tage zur Hilfe geworden. Wie vielen ist in verzweifelten Situationen durch die Möglichkeit, eigenes Versagen auszusprechen und dunkle

Geheimnisse nicht für sich behalten zu müssen, Entlastung und seelischer Frieden wiedergegeben worden.

Welche Einsichten können die Bereitschaft zum Vergeben erleichtern?

Vielleicht hilft die Einsicht, dass es auch im eigenen Leben Menschen gegeben hat, die an einen geglaubt haben, wo man es nicht verdient hatte; die einen ermutigt hatten, wo man versagt hatte. Wir sind heute vielleicht in einer komfortablen Situation, weil sich Menschen, als wir selbst versagt haben, nicht gegen uns entschieden, wohl wissend, dass sie von uns nichts zurükkbekommen würden. Könnte nicht auch die Einsicht hilfreich sein, dass keiner durchs Leben geht, ohne dass auch durch ihn andere verletzt werden?

Eine der wichtigsten Erfahrungen in meinem Leben, von der ich mir wünschte, dass ich sie früher gemacht hätte, weil sie wesentliche Veränderungen in meinem Leben bewirkt hat, ist die Erfahrung vom Verzeihen und Versöhnen.

In der Begegnung mit Juden – seit 1993 – habe ich erfahren, dass belastete Beziehungen zwischen Menschen natürlich und herzlich werden durch Vergebung. Das gilt auch für die Vergangenheit meiner Familie. Die Bitte um Vergebung für Lieblosigkeit, Gleichgültigkeit und Überheblichkeit ist der erste Schritt zur Versöhnung. Seitdem ich das weiß, halte ich die Botschaft zur Versöhnung für die entscheidende Hilfe in schwierigen und von Schuld belasteten menschlichen Beziehungen.

Albrecht Fürst zu Castell-Castell
geb. 1925, Privatbankier der Fürstlich Castell'schen Bank in Würzburg. In einem Brief an den Autor vom 24. November 1998.

Wenn ich nochmal anfangen könnte, würde ich mich selbst nicht so wichtig nehmen und alles daran setzen, mit meinen Nächsten in liebevollen, versöhnten Beziehungen zu leben und mir für diese Beziehungen mehr Zeit nehmen.

Marie Louise Fürstin zu Castell-Castell,
Prinzessin zu Waldeck und Pyrmont
geb. 1930, Castell/Unterfranken. In einem Brief an den Autor vom 9. März 1999.

In den achtziger Jahren besaß ich eine Farm (»Olive Tree«) in Zimbabwe. Ich bewirtschaftete diese mit sechs Ehepaaren. Die meisten von ihnen hatten Kinder. Im Oktober 1987 plante ich eine Reise in die Schweiz. Fünf Tage vor der Abreise sagte ein Mitarbeiter: »Es sieht so aus, als ob auch noch einige von uns draufgehen, bevor Friede in Zimbabwe einkehrt.« Wir alle hatten bisweilen das Gefühl, dass noch etwas auf uns zukommen könnte, und in dieser Vorahnung gaben wir uns besondere Mühe in der Pflege unserer zwischenmenschlichen Beziehungen. Vor meiner Abreise machten wir ein wunderschönes Fest.

Als ich Ende 1987 wieder zurückkam, fand ich eine gespenstische Stille vor. Niemand meldete sich zur Begrüßung, kein fröhliches Kindergeschrei war zu hören, kein Motorengeräusch eines Traktors. Dann machte ich im Gerätehaus eine schreckliche Entdeckung: 16 getötete Personen, darunter auch kleine Kinder, lagen da aufeinander gestapelt, von farbigen Landbesetzern brutal umgebracht. Später erfuhr ich, dass sie einzeln, an den Händen mit Stacheldraht gefesselt, in die Hütte gebracht und dann mit einer Axt enthauptet wurden. Ein Augenzeuge berichtete, dass niemand vor Angst oder Zorn geschrien hätte. Nur einer der Ältesten sagte: »Gott wird richten zwischen uns und euch!« Später erfuhr ich: Scheinbar gute Freunde hatten uns bei den Behörden zuvor verraten. Ohne deren Mithilfe hätte das Massaker nicht geschehen können.

Ich war nicht darauf vorbereitet, von Freunden betrogen zu werden.

Kurz nach meiner Rückkehr wurde ich von einem farbigen Polizisten, der – wie ich später erfuhr – mit den Mördern zusammengearbeitet hatte, festgenommen. Unter falscher Anklage sollte ich vor ein einheimisches Gericht (Harare Ministry of home affairs) gestellt werden. Ich war während der Fahrt ins Gefängnis (oder zu meiner Exekution) sehr ruhig und gelassen. Weder Angst noch Wut, sondern eher Mitleid befiel mich. Als wir im Gerichtsgebäude ankamen, bat ich den Polizisten, ob er mir ein Handtuch und ein Gefäß mit Wasser bringen könnte. Ich fragte ihn dann, ob ich ihm die Füße waschen könne. Er willigte ein. Ich wusch diesem Mann die Füße. Danach wurde ich ohne weitere Begründung auf freien Fuß gesetzt.

Die Regierung selbst hatte ihren Bürgern gesagt, dass sie die Weißen bestehlen und umbringen sollten. Sie waren die »Opfer« ihres Glaubens, ihrer Erziehung und ihrer Regierung. In ihrer Kultur ist Töten nicht verboten. Das war einer der Gründe, warum in mir kein Hass aufkam. Durch irgendwelche Umstände kamen die Mörder später doch noch ins Gefängnis. Dadurch waren ihre Familien vom Hungertod bedroht. So stellte ich einige von ihnen nach ihrem Gefängnisaufenthalt später wieder als Arbeiter ein, damit ihre Familien am Leben bleiben konnten. Wir zäunten ihnen eigenes Land ab und legten ihnen Wasserleitungen.

Es war danach in unserer Gegend einige Jahre ganz ruhig. Zwischen dem 20. November und 20. Dezember 1990 gaben viele ihre Waffen ab.

Frage: Hat sich einmal einer der Mörder bei dir entschuldigt, Gerry?

Krüsi: Nein, ein Schwarzer bittet nicht einen weißen Mann um Verzeihung. Aber ich habe ihnen Vergebung gegeben. Ich habe ihnen mit meiner Vergebung nicht ein Prinzip weitergegeben, sondern Leben.

FRAGE: Was wäre passiert, wenn du nicht vergeben hättest?

KRÜSI: Ich wäre bitter geworden, hätte Rache ausgedacht oder ausgeübt, wäre in Selbstmitleid versunken und in Ärger und Selbstgerechtigkeit.

Gerry Krüsi
geb. 1932, wohnhaft im Valais, Schweiz.
In einem Gespräch mit dem Autor am 27. September 2001.

IM VERZEIHEN LIEGT die Größe des Menschen. Wenn wir das Verzeihen aufgeben, geben wir unser Menschsein auf.

Philomena Franz
Sinti, Überlebende von Auschwitz. Zitat aus der Sendung »Beckmann« vom 16. Mai 2001, ARD.

ALS ICH VOR Jahren einen Vortrag hielt, stürzte ein verrückt gewordener, kräftiger Mann aus der Zuschauermenge nach vorne und griff mich an, indem er mir drei tiefe Bisswunden zufügte und dann wegrannte mit dem Satz: »Ich möchte Sie aus dem Weg schaffen, ich bin HIV-positiv.« Mit Groll ging ich an diesem Abend nach Hause und war nicht fähig, den Groll abzulegen, da ich über längere Zeit der Arbeit fernbleiben musste. Ein Jahr später traf ich ihn plötzlich wieder auf dem Theaterplatz in Basel. Er war durch seine Krankheit sichtlich vom Tode gezeichnet. Wir gingen aufeinander zu und wir umarmten uns. Kurze Zeit nach dieser Begegnung ist er gestorben.

Johannes Czwalina
Basel, September 2001.

WENN ICH NOCH einmal leben könnte, dann wünschte ich mir, dass dieses traumatische Erlebnis in meiner Kindheit niemals passiert wäre, oder ich wünschte mir, dass ich früher

Menschen kennen gelernt hätte, die mir erklärt hätten, wie man lernen kann zu verzeihen und dadurch imstande ist, Dinge zu bewältigen.

Ich konnte vom ersten Schultag an die Buchstaben nicht richtig schreiben. Ich hatte Angst vor den Schularbeiten, den Diktaten, den Aufsätzen, vor allen Dingen vor den Übungen an der Tafel vor der ganzen Klasse. Dann kam dieser eine Morgen, als mein Lehrer sich neben meinem Tisch stellte, den Stift in die Hand nahm, nach einem kritischen Augenblick des Schweigens mein Heft in die Hand nahm, es öffnete und es der Klasse mit den Worten zeigte: »Seht, welch ein Schmierfink!« Es war wie ein Stich in meine Seele. Ich war gelähmt und verkroch mich nach Ende der Stunde in ein Versteck auf dem Schulhof. Ich bekam Angst vor den Mitschülern und wurde zum Außenseiter. Ich begann zu stottern, und seitdem bekam ich immer bei öffentlichen Auftritten Angstzustände und Schweißausbrüche.

Dann traf ich jemanden, der mir sagte, ich müsse lernen, meinem Lehrer zu verzeihen. Es war furchtbar schwierig. Wir brauchten viele Stunden und Tage dazu, ja Wochen, bis ich es eines Tages alles herausweinen konnte und auch das Verzeihen zustande brachte. Als ich es über die Lippen gebracht hatte, war es mir, als ob eine große Last von mir abfiel. Zur Freude meiner Umgebung hörte ich langsam auf zu stottern. Heute kann ich normal reden.

Ja, wenn ich noch einmal leben könnte, würde ich nicht noch einmal das Gleiche erleben müssen. Ich würde mir vor allem wünschen, schneller die Kraft des Verzeihens begriffen zu haben. Ich versuche heute, ein waches Auge zu haben für Menschen, die auf ähnliche Weise wie ich geplagt worden sind. Ich versuche, ihnen Mut zu machen.

N.N.
Verfasser dem Autor bekannt.

»Irgendwas passiert hier. Klingt wie ein Erdbeben. Aber alles brennt. Casey, ich weiß, dass ich gleich sterben werde. Bitte sag Mama, dass ich sie liebe. Und bitte vergib mir alles, was ich getan habe und womit ich dich verletzt haben könnte.«

Pat Fort
gestorben am 11. September 2001. Pat Fort, Mitarbeiter von Morgan Stanley, hinterließ seiner Schwester diese Nachricht auf dem Anrufbeantworter. Er telefonierte mit ihr, unmittelbar nachdem am 11. September 2001 um 8.45 Uhr die AA-Maschine Flug 011 in den nördlichen der über 400 Meter hohen Bürotürme des World Trade Center in New York stürzte und ein Loch in das Gebäude riss. Einsturz des Gebäudes um 10.27 Uhr. (Stern, Nr. 39, 20.9.2001, S. 200.)

Ich wuchs mit einer Mutter auf, die äußerst dickleibig war, außerdem vernachlässigte sie den Haushalt und pflegte sich nicht, sie kämmte sich nicht richtig und schloss noch nicht einmal die Toilettentür ab. Für mich war da so ein Grundmuster: Frauen werden dick und beschneiden meinen Lebensraum. Ich schämte mich vor meinen Klassenkameraden, wenn meine Mutter auftauchte. Mein Vater kritisierte meine Mutter immer. Meine Mutter war darüber so unglücklich, dass sie noch mehr aß. Weil sie immer mehr aß, wurde mein Vater immer ärgerlicher.

Ich suchte mir später eine extrem schlanke Frau. Nach der Geburt unseres ersten Sohnes passierte das Schlimmste: Meine Frau wurde dick und immer dicker. Ich war so enttäuscht, dass ich ihr gegenüber meinen Unmut immer lauter zum Ausdruck brachte. Sie wurde darüber so traurig, dass sie immer mehr aß. Ich hatte die Saat geerntet, die als Kind in meinem Leben gesät worden war: Es war der Unmut über meine dicke Mutter, der mich später wieder einholte. Heute habe ich das überwunden und frage mich, warum ich dazu so lange brauchte. Viel zu spät habe ich mich durchgerungen, es meiner eigenen Mutter nicht nachzutragen, dass sie meine Kindheit weitgehend verpatzt hat, dass sie unser Haus nicht in Ordnung gehalten hatte. Ich hätte mich bei ihr entschuldigt, dass ich so hart gegen sie war und sie verurteilt hatte, wäre sie nicht zu früh gestorben.

Ich habe mich dann bei meiner eigenen Frau entschuldigt, dass ich es durch meine Kritik mit verursacht hatte, dass sie zu viel essen musste. Meine Frau ist danach wieder schlanker geworden und bis zum heutigen Tage geblieben.

Wenn ich noch einmal leben könnte, würde ich versuchen, nicht mehr all das Schlechte so lange allein zu tragen. Ich würde es nicht mehr zulassen, dass innere Aktenschränke mit Anklagen (»Alles, was du mir angetan hast«) in mir archiviert werden.

Ich habe gemerkt, wie schwer es ist, zu verzeihen. Wenn ich noch einmal leben würde, würde ich mir wünschen, dass ich eine verzeihende Haltung wie Nelson Mandela hätte. Er hat für sein Land so vieles vollbracht, weil er seinen Feinden seine zwanzig Jahre Kerkerhaft nicht nachgetragen hat. Deshalb konnte er ein Mensch sein, der viele Tausende versöhnte.

Wenn ich noch einmal von vorne anfangen könnte, würde ich anderen ihre Fehler schneller verzeihen und auch mir meine eigenen Fehler nicht so lange nachtragen.

N.N.
Verfasser dem Autor bekannt.

Wenn ich noch einmal anfangen könnte, würde ich mir eine Kindheit wünschen ohne die vielen Streitigkeiten meiner Eltern. Ich erinnere mich noch daran, wie ich oft nicht einschlafen konnte oder wieder aufwachte wegen der lautstarken Wortgefechte. Ich krabbelte dann aus meinem Bett und ging verstört ins Wohnzimmer, wo meine Eltern, erschrocken über mein Auftauchen, mich zu beruhigen versuchten. Immer wieder schickten sie mich ins Bett mit den Tröstungen, dass es schon wieder gut werden würde. Ich lag stundenlang wach, allein mit meinen Gefühlen der Furcht und der Wut auf meinen Vater. Ich liebte meinen Vater und ich liebte meine Mutter. Darum fühlte ich mich zwischen ihnen zerrissen. Kaum war mein Vater da, schimpfte er immer auf meine Mutter. Mit der Zeit wuchs der Wunsch: »Möge er nur fortgehen. Männern kann man nicht vertrauen. Männer sind nur böse zu Frauen.«

Eigentümlicherweise verstanden sich meine Eltern später besser, und ich meinte, die Kindheit fast ganz vergessen zu haben, aber als ich dann heiratete, tauchte das alte Muster bei uns auf. Plötzlich kam es wieder hoch: Männer wollen Frauen nur unterdrücken, Männern kann man nicht vertrauen, Männer können brutal sein und sollten am besten weggehen.

Ich kannte mich plötzlich selbst nicht mehr, ständig explodierte ich und rastete bei Kleinigkeiten aus. Erst viel später merkte ich, dass diese Verletzungen und die daraus resultierenden Wutanfälle in meiner Kindheit ihre Wurzeln hatten. Zu tief war das Programm in mir: »Männer werden dich verletzen.« Ich hatte meinen Vater mit dem Schiedsspruch gerichtet, mit dem ich jetzt gegen meinen Mann auftrat. Es war eine Saat in meiner Kindheit gesät worden, die nun aufgegangen war. Ich erwartete das, was auf mich zukam. Nur mit Mühe habe ich verstanden, meinen eigenen Anteil an diesen Auseinandersetzungen zu erkennen. Mit Hilfe anderer Menschen habe ich meine Kindheit aufgearbeitet. Die Beziehung mit meinem Mann ist zum Frieden gekommen.

Wenn ich noch einmal von vorne anfangen könnte, würde ich mir eine andere Kindheit wünschen.

N.N.
Verfasserin dem Autor bekannt.

Von Ende Januar bis Anfang April 1990 fand Erich Honecker mit seiner Frau Zuflucht in unserem Pfarrhaus. Ich war damals als Leiter der Hoffnungstaler Anstalten Lobetal von der Kirchenleitung um diesen Dienst gebeten worden. Man meinte, in diesem christlichen Dorf sei er am ehesten vor Racheaktionen geschützt. Natürlich war es sensationell, dass der entmachtete Regierungschef eines atheistischen Staates bei einem Pastor Asyl fand. Dementsprechend gab es heftige Reaktionen. Etwa 3000 Briefe sind uns in diesen Wochen zugesandt worden, viele wütende und ebenso auch ermutigende.

Ich war aber immer etwas ratlos, wenn ich gefragt wurde, wie unsere Familie es geschafft hätte, denen Gutes zu tun, die uns Böses getan hätten, denen zu vergeben, die dafür verantwortlich waren, dass unsere Kinder trotz guter Zensuren nicht in die Oberschule aufgenommen worden waren. Auch mit Gefängnis war ich bedroht worden.

Natürlich stand uns das Wort Jesu vor Augen: »Wenn ihr den Menschen nicht vergebt, wird auch euer himmlischer Vater eure Verfehlungen nicht vergeben.« Aber war das damals wirklich so schwer? Setzte nicht die Freude über die Wiedervereinigung allem ein positives Vorzeichen vor?

Und hatte ich Honeckers überhaupt noch etwas zu vergeben? Nein, eigentlich nicht. Denn all das Unrecht hatte ich schon 16 Jahre vorher – und dann immer wieder – im Gebet vor Gott abgegeben, damals als wir für den Oberschulbesuch unserer Kinder kämpften und als uns dann doch die Ablehnungen ins Haus flatterten. Da war ich wütend gewesen über diese Ungerechtigkeiten. Dann aber hatte ich mir langsam klar machen müssen, dass ich ja eigentlich schon immer mit solchen Konsequenzen meines Glaubens hatte rechnen müssen. War ich doch bewusst in der DDR geblieben, als meine Eltern und Geschwister in den Westen flüchteten, um hier im atheistischen Staat das Wort und den Willen Gottes zu verkündigen. Damals, also 16 Jahre bevor Honeckers zu uns kamen, hatte ich vergeben, still vor Gott meine Bitterkeit abgegeben. Gewiss, Honeckers kannte ich nicht. So war es mehr eine pauschale Vergebung für alle dafür Verantwortlichen. Aber sie war eine Reinigung meiner eigenen Seele. Dass sich in diesen Prozess auch meine Frau und meine Kinder mit hineinnehmen ließen, hat unsere Familie vor Bitterkeit bewahrt. Als dann Honeckers nun ganz konkret vor uns standen, hatten wir eigentlich nichts mehr zu vergeben. Es war ja schon weg, vergeben. Später aber hatte ich öfter gedacht: Wie hätte ich meine Seele verdunkelt und die der Meinen, wenn ich 16 Jahre lang mit Bitterkeit und Wut im Bauch gelebt hätte! Wenn ich in den Tagen nun gefragt wurde, wie ich es geschafft hätte, Honeckers zu vergeben, so konnte ich nur antworten: Wer selbst ständig von der Vergebung lebt, der lernt vergeben. Ich selbst habe immer wieder Gottes Vergebung erfahren. Ich habe sie immer wieder nötig, auch die Vergebung von Menschen. Ablehnung, Bitterkeit und Unversöhnlichkeit zerstören das Miteinander und machen uns seelisch krank. Vergebung aber ist ein wirksames Heilmittel der Seele, der Familien und der Gesellschaft.

Eines meiner tiefsten Erlebnisse aus jener Zeit war die Begegnung mit einem Mann, der mehrere Jahre in Bautzen im Gefängnis gewesen war und dort Schreckliches erlitten hatte. Wütend kam er auf mich zu: »Sie haben kein Recht, dem Honecker zu vergeben.« Ich antwortete: »Ich habe Honeckers nur vergeben, was sie mir angetan haben. Was sie Ihnen Böses getan haben, kann ich ihnen nicht vergeben. Das müssen Sie selber tun.« Und dann schaute ich ihm in sein wütendes Gesicht und sagte: »Wenn Sie Honecker nicht vergeben, dann frisst die Bitterkeit Ihres Herzens Sie auf!« Der Mann überlegte einen Moment und sagte dann: »Sie haben Recht. Ich muss vergeben. Und ich will vergeben.«

Seit Teenager-Tagen lese ich täglich die Bibel. Sie spricht von dem, der gekommen ist, um unsere Beziehung zu Gott zu heilen und die zu unserem Nächsten. Wer das für sich angenommen hat, der kann immer wieder nur staunen und der kann auch vergeben.

Uwe Holmer
geb. 1929 in Mecklenburg. Bis 1994 Pfarrer, Vater von zehn Kindern, 42 Enkelkindern. In einem Brief an den Autor im Mai 2003.
(Siehe hierzu Beitrag von Egon Krenz unter: »Mehr Macht?«)

Und ob es mir schwer wird – und ob es mir leicht ist
Ich geh unseren Weg, geh mit Sehnsucht und Zorn –
Mag sein, dass ich einmal, wenn alles erreicht ist
Erreicht habe nichts, als ein' Anfang von vorn.

Wolf Biermann

Wenn ich noch einmal anfangen könnte?

Dieser Gedanke rührt an die haltbarsten Grundsätze meiner Kindheit. Als gebranntes Pfarrerskind hatte ich schnell den Satz auf den Lippen: »Niemals werde ich Pfarrer!« Oder, wenn meine Eltern Sonntag für Sonntag beim Frühstück die Kantate im Radio hörten: »Nie höre ich freiwillig Johann Sebastian Bach!«

Ich sagte das erst recht, als ich solche Weisheiten wie die, dass man nie »nie« sagen soll, längst kannte. Nichts auf der Welt wusste ich so sicher wie diese beiden Wahrheiten. Ich ging aus dem Hause, hörte Beatles und Biermann und lernte Buchhändler, weil mir die DDR das Abitur verwehrte (mit stolzem Trotz würde ich es heute wieder so machen)!

Nach der Lehre bestand ich eine Sonderreifeprüfung und studierte Theologie (würde ich auch heute wieder machen). Vorsichtig, aber rechtzeitig begann ich, mich in meine eigenen Angelegenheiten einzumischen, indem ich Lieder und Gedichte schrieb. Ich träumte ziemlich lautstark von einem Sozialismus mit menschlichem Gesicht und wehrte mich mit Ungeduld gegen den geplanten »Wehrkundeunterricht«. Das war ein neues Schulfach, mit dem die militärbesoffenen Pädagogen in der DDR den Kindern ab dem neunten Schuljahr ihre Feindbilder einimpfen wollten. Für diesen Protest landeten meine Frau und ich unter dem Vorwurf von »landesverräterischer Agententätigkeit« im VEB-Knast. Nach vierzehn Monaten Hölle warfen uns die devisenhungrigen Machthaber gegen Kopfgeld ihren Feinden im Westen vor die Füße. So unfreiwillig wie beschwerlich buchstabierten wir uns die westliche Demokratie zusammen. Wir kamen ja aus einer Art Erziehungsheim in dieses vermeintliche Paradies, und ich lernte bei der Gelegenheit manche neue Gewissheit auswendig: etwa die, dass Wahrheit und Gleichgültigkeit Todfeinde sind. Oder: dass Freiheit und Verantwortung Geschwister sind. Und natürlich, dass nicht alles glänzen muss, was Gold ist.

Was ich anders machen würde?

Durch alle lichte Erinnerung hindurch hoffe ich inständig, dass mir auch beim zweiten Versuch nicht erspart bliebe, als Pfarrerskind in einem Land zur Welt zu kommen, das gerade stolz darauf ist, den lieben Gott abgeschafft zu haben – meinetwegen auch wieder in einem Kaff in unwirtlicher Gegend im Zonenrandgebiet. Das härtet ab. Vielleicht wäre ich bei diesem zweiten Versuch etwas zurückhaltender mit meinen Missionsversuchen. Wenn ich als Siebenjähriger auf dem Heimweg von der Schule an der benachbarten LPG vorbeikam, vor der die Melker auf den Schichtwechsel warteten, machten sie sich einen Heidenspaß daraus, meine kindlichen Gottesbeweise durch ihre derben Überzeugungen außer Kraft zu setzen.

Auch beim zweiten Versuch wäre ich meinen Eltern tief dankbar für das nachdrückliche, schmerzliche Verbot, irgendeiner staatlichen Organisation beizutreten, auch wenn mir durch diese Abstinenz Abitur und Studium verbaut wären. Im Unterschied zum ersten Mal müsste ich Gott bitten, nicht hinzuhören, wenn ich ihn, wie damals, verzweifelt darum bäte, meine Eltern umzustimmen. Allein die Vorstellung, jemals ein FDJ-Hemd oder gar ein SED-Mitgliedsbuch im Gepäck gehabt zu haben, ist von heute aus gesehen kaum weniger furchtbar als die Erinnerung an den Aufenthalt in den diversen Höllen, die auf den Ungehorsam gegenüber dem allmächtigen Staat folgten. Unbedingt würde ich wieder Theologie studieren. Und zwar trotz trauriger Erfahrungen an der kleinen pommerschen Universität, wo mir so altmodisch wie beharrlich hebräische und griechische Buchstaben und Silben eingehämmert wurden, die mich tatsächlich der Wahrheit näher brachten. Mit dem Geruch von Bohnerwachs, Braunkohle und grusinischem

Tee in der Nase gedieh damals im Herzen die haltbare Sehnsucht nach der Freiheit des Evangeliums. Nein! Auf diesen Aufbruch könnte ich nicht verzichten, und wenn ich zum zwanzigsten Mal von vorn anfangen sollte! Auch jetzt ginge alles wie gehabt. Ich müsste Gott bitten, mich ein zweites Mal um der Wahrheit willen erst ein- und dann bitte wieder auszusperren. Vielleicht nicht unbedingt mit diesem Ausmaß an Quälerei und Demütigung, Roheit und Menschenverachtung, wie wir es in den DDR-Gefängnissen über uns ergehen lassen mussten.

So oder so studierte ich nach solcherlei Erfahrungen auch im Westen nochmal Theologie, und in irgendeinem ostwestfälischen Dorf fände sich auch eine Pfarrstelle. Und – wenn die aufsässige und tapfere Frau, ohne deren Kraft ich all die Gottesferne unter dem verschlossenen Himmel kaum durchgestanden hätte...

Aber dann, dann wäre alles ganz anders:

Ich käme mitten im behäbigen Westen von Neuem auf den alten Gedanken, dass gerade da, wo ich mir meiner Sache felsenfest sicher bin, gilt: »De omnibus dubtandum est!«

Alles muss bezweifelt werden! Was dem Zweifel nicht standhält, ist weder ehrlich noch echt noch hilfreich. So verlief doch die Geburtsstunde meines Glaubens! Hatte ich nicht damals in der Arrestzelle in den allerschwärzesten Stunden im Knast alle sicheren Begriffe vor- und rückwärts gedreht und mitten durch diese Seelenlöcher hindurchgezogen? Und nur behalten, was übrig blieb? In dieser dunkelsten Gottesferne war mir Gott am allernächsten. Kein Sonntagmorgen im Pfarrhaus könnte mich darüber täuschen, dass das Evangelium mich täglich zurück in die Taufe, zu einem schmerzlichen Anfang von vorn ruft, heraus aus aller gewonnenen und erhofften Sicherheit. Und weil ich mich erinnern müsste, dass sie uns in der Hölle jegliche Musik verboten hatten, hörte ich noch bewusster am Sonntagmorgen im Radio die Bach-Kantate – sehr zum Überdruss meiner Kinder, die behaupten, dass selbst die Engel im Himmel, wenn sie dienstfrei hätten, schon lange nicht mehr Bach oder Mozart hörten, sondern mindestens – na, sagen wir's gnädig – Beatles und Biermann.

Matthias Storck
geb. 1956, ist heute Pfarrer der Evangelischen Kirche von Westfalen. Er ist verheiratet und Vater von zwei Kindern.

KANN MAN JEMANDEM *vergeben, der einen vergiftet und die eigene Zwillingsschwester getötet hat? Die Jüdin Eva Kor hat die Menschenversuche von Josef Mengele, dem Todesengel von Auschwitz, überlebt. Und sie hat ihren Peinigern vergeben – andere Holocaust-Überlebende sind entsetzt.*

Ein Blick auf die Fieberkurve reichte dem Arzt: »Noch zwei Wochen zu leben.« Dann verließ er die Krankenbaracke wieder. Medikamente gab er seiner Patientin, der zehnjährigen Eva, nicht. Wozu auch? Die kleine Rumänin sollte ja sterben. Deswegen hatte Doktor Josef Mengele ihr schließlich den Bakterien-Cocktail gespritzt.

Im Frühling 1944 waren Eva, ihre Zwillingsschwester Miriam und ihre Mutter im Konzentrationslager Auschwitz-Birkenau angekommen. Als sie aus dem Zug geklettert waren, kam ein aufgeregter deutscher SS-Mann auf die Familie zugelaufen und rief: »Zwillinge, Zwillinge!« Wenige Augenblicke später wurden Eva und Miriam von ihrer Mutter weggezerrt. Sie sahen sie nie wieder.

Die Geschwister wurden zum KZ-Arzt Doktor Josef Mengele gebracht. Der Mediziner brauchte Zwillinge für seine menschenverachtenden Experimente. Meist injizierte der Deutsche einem Zwilling Krankheitserreger oder Gift. Der Krankheitsverlauf wurde genauestens überwacht und dokumentiert. Sobald der Versuchspatient starb, töteten Mengele und seine Helfer auch den anderen Zwilling mit einer Injektion ins Herz, um eine vergleichende Obduktion an beiden Leichen durchzuführen. Etwa 1400 Zwillingspaare sollen bei diesen barbarischen Versuchen ermordet worden sein.

Dieses Schicksal hatte Mengele auch den beiden Kor-Zwillingen zugedacht. »Aber ich habe ihm einen Strich durch die Rechnung gemacht«, sagt Eva Kor trotzig. Dank ihres eisernen Willens hatte sie die Krankheit überlebt, die ihr Mengele zugefügt hat. »Ich musste immer daran denken: Wenn ich sterbe, wird auch Miriam ermordet.«

Jahrzehntelanger Leidensweg

Am 27. Januar 1945 befreit die Rote Armee die Überlebenden des Konzentrationslagers und beendet den Alptraum, in dem Eva und ihre Schwester vegetierten. Die Geschwister emigrieren nach Israel. Eva siedelt später in die USA über, gründet eine Familie und wird Immobilienmaklerin. Aber der Leidensweg des Zwillingspaares ist noch nicht vorbei. Denn auch Miriam ist von Mengele etwas injiziert worden – was, weiß niemand. Miriams Nieren drohen zu versagen. Kurz entschlossen spendet Eva ihrer Schwester eine ihrer Nieren. Doch die unbekannte Krankheit, mit der der deutsche Arzt Miriam infiziert hat, ist nicht aufzuhalten. 1993 stirbt Miriam in Israel.

Eva Mozes Kor ist heute 71 Jahre alt, eine kleine rüstige Frau mit kurzer weißblonder Lockenfrisur. An diesem Abend trägt sie ein blaues Kostüm mit kurzen Ärmeln und Seidenschal. Auf ihrem freien linken Unterarm schimmert noch immer die Tätowierung: »A-7063«, die Häftlingsnummer in Auschwitz. Auf Einladung der Körber-Stiftung ist Kor nach Hamburg gekommen, um einen Dokumentarfilm über ihr Leben zu präsentieren, den der amerikanische Filmemacher Bob Hercules und die US-Historikerin Cheri Pugh gedreht haben.

Frieden schliessen mit den Mördern

Was da über die Leinwand flimmert, ist keine der üblichen Geschichten über den Holocaust, über Vernichtung und Schuld. Es ist eine Geschichte des Verzeihens angesichts des unfassbaren Bösen – und zugleich eine Geschichte der persönlichen Heilung. Der Inhalt könnte kaum kontroverser sein: »Forgiving Dr. Mengele« lautet der Titel – »Doktor Mengele vergeben«. Denn Eva Mozes Kor hat ihren Frieden geschlossen mit den Menschen, die ihre Familie ausrotteten und sie ermorden wollten.

Kors Weg zu diesem Frieden begann mit einer Reise in das Land ihrer Feinde. Nur wenige Wochen nach dem Tod ihrer Schwester flog Eva nach Deutschland, um sich mit einem deutschen Arzt zu treffen. Hans Münch hatte in Auschwitz gearbeitet – als Kollege Mengeles. Von ihm, so hoffte Kor, könnte sie womöglich mehr über Mengeles Experimente erfahren. Nach dem Krieg war der SS-Mediziner als Kriegsverbrecher angeklagt, aber schließlich freigesprochen worden. Im Gegensatz zu seinem berüchtigten Kollegen hatte Münch keine Menschenversuche durchgeführt.

Unglaublich nervös sei sie gewesen, als sie damals an Münchs Tür geklingelt habe, berichtet Kor. Aber dann öffnete ihr ein älterer Herr mit schlohweißem Haar, sauber gestutztem Vollbart und schüchternem Lächeln. Ja, er sei bei Vergasungen dabei gewesen, gestand der Mann der Jüdin Kor: »Und das ist mein Problem.« Noch immer leide er deswegen unter Depressionen und Alpträumen. Kor hatte ein Monster gesucht und einen Menschen gefunden, der anscheinend mit seiner Schuld kämpfte. »Ich habe mich dann entschieden, Münch einen Brief zu schreiben, in dem ich ihm vergebe«, sagt Kor.

»Ich vergebe allen Nazis«

Aber die resolute Auschwitz-Überlebende ging noch weiter. Als im Januar 1995 der Befreiung ihres KZs vor 50 Jahren gedacht wurde, nahm Kor Münch mit. Auf dem schneebedeckten Gelände des Vernichtungslagers verlas sie vor der anwesenden Presse ein Schuldeingeständnis Münchs, das Kor als Zeugenaussage gegen jede Art von Auschwitz-Lüge verwenden wollte. Und dann sagte sie: »In meinem eigenen Namen vergebe ich allen Nazis.«

Die anderen ehemaligen KZ-Insassen reagierten empört: »Wir haben kein Recht, im Namen der Opfer den Tätern zu vergeben.« Die private Amnestie Kors sei »unanständig«, schimpfte eine Frau, die ebenfalls zu Mengeles Zwillingskindern gehörte. Seit dieser Zeit wird Kor von zahlreichen Auschwitz-Überlebenden gemieden – zu tief sitzen Schmerz und Wut. Kann man dem Bösen wirklich vergeben? Entschuldigt man damit nicht vielmehr die Täter von damals?

Doch die amerikanische Immobilienmaklerin mit dem harten rumänischen Akzent ist sich heute sicher, dass sie das Richtige getan hat. »Ich fühlte, wie eine ungeheure Last aus Schmerz von mir genommen wurde. Ich hätte nie gedacht, dass ich so stark sein kann.« Indem sie persönlich ihren schlimmsten Feinden verzieh, habe sie endlich ihre Opferrolle abstreifen können. Ihre Vergebung sei kein Vergessen, betont Kor, die in ihrer Wahlheimat, in Terre Haute im US-Bundesstaat Indiana, ein kleines Holocaust-Museum betreibt. »Denn was ein Opfer tut, ändert nichts daran, was passiert ist.« Doch jedes Opfer habe das Recht auf Heilung, glaubt das ehemalige Opfer Kor. »Und das Gute an dem Heilmittel Vergebung ist, dass es keine Nebenwirkungen hat. Und jeder kann es sich leisten.«

Roman Heflik
Artikel in »Spiegel Online« am 8. Dezember 2005.

Mehr voneinander verstehen

Ich besuchte vor kurzem ein einsames Bergdorf in der Provence. Die Dorfbewohner sind vernetzt und verkabelt. Seitdem das so ist, singen sie an den Sommerabenden nicht mehr, wie es jahrzehntelang zuvor Tradition war. Jeder sitzt jetzt allein vor seinem Fernseher oder Computer. Die verlorene Dorfgemeinschaft im alten Sinne wird zwar von allen betrauert, keiner aber hat mehr die Kraft, den Weg zurückzugehen. Die immer perfektere Kommunikation hat nicht die Gemeinschaftsprozesse gefördert, sondern lediglich die Individualisierungsprozesse. Und damit Isolation bewirkt. Brauchen wir nicht heute Strategien zur »Re-Konkretisierung« von Kommunikation, die die Tendenz der technischen Medien zu unpersönlicher Abstraktion kompensieren? Der Entwicklung des Kommunikationsvolumens und der Kommunikationstechniken steht eine Abnahme der Kommunikationsfähigkeit des Menschen gegenüber. Es ist ein Irrglaube, dass die rasante Verbesserung der Kommunikationsmittel auch eine Verbesserung der Kommunikationsfähigkeit bedeute. Das Gegenteil ist der Fall. Vielerorts ist es erst einmal richtig bergab gegangen. Die rein sachliche Kommunikation im Sinne des Informationsaustausches lässt Menschen emotional vereinsamen. Die Sprache der nackten Informationen mit hohlen Fachwörtern, Zahlen und Fakten, die Wahrheiten eher verhüllt als darstellt und begründet, ist unwürdig. Information, die uns wie ein bohrendes Geräusch der »Organisationsmaschine« erreicht, lässt Menschen verstummen.

Die Verbesserung der Kommunikationstechniken könnte nur dann zu einer Verbesserung beitragen, wenn wir auch gleichzeitig den Inhalt unserer Kommunikation verbesserten. Sonst werden wir nur Zeugen der Tendenz, dass Nebensächlichkeiten und Destruktives noch schneller als bisher transportiert werden.

Wenn es um den Aufbau nachhaltiger Beziehungen geht, ist im Weiteren die Fähigkeit des Zuhörens ein wichtiger Bestandteil der Kommunikation. Zuhören ist die Fähigkeit, sich auf die Ideen und Gegenargumente anderer einzulassen und einzustellen. Die Unfähigkeit, zuhören zu können, drückt eine Form sozialer und kommunikativer Inkompetenz aus.[16] Zuhören setzt Interesse am anderen voraus und verlangt die fördernde Einstellung, dass auch der andere etwas Wichtiges zu sagen hat. Es gestaltet sich aber aus Erfahrung anspruchsvoller als die Fähigkeit, Ratschläge zu erteilen. Um zuhören zu können, braucht man den Wunsch, zu verstehen. Wer nicht zuhören kann, bringt damit zum Ausdruck, dass ihm das Verstehenwollen des Gegenübers nicht sehr wichtig ist. Die Stimmung würde sich wesentlich verbessern, wenn wir uns zum Zuhören mindestens genauso viel Zeit nehmen würden wie für das Reden.

Gegenwärtig werden wir mit einem Überangebot an Kursen und Schulungen konfrontiert. Je schlechter die Kommunikationskultur, desto besser die Kommunikationstechniken. Bedauerlicherweise werden Gespräche dadurch auf ihre quantifizierbaren Vorzüge reduziert, es geht also nur darum, wie wir unsere Anliegen besser durchsetzen, unsere Ware schneller verkaufen, andere effizient ausschalten, uns besser durchsetzen und unseren Karriereaufstieg beschleunigen können. Wer aber lehrt uns eine Kommunikation des Herzens, die über den verbalen Austausch von Informationen hinausgeht? Je mehr wir die Sprache als Instrument beherrschen, desto einfacher fällt es, uns hinter leeren Worthülsen und formelhaften Äußerungen zu verschanzen. Da wir uns vor Verletzungen schützen wollen, wählen wir automatisch die Ebene, auf der das kleinste Risiko besteht, getroffen zu werden. Dieser vermeintliche Schutz aber hat auch seinen Preis. Wir können zwar kaum noch getroffen werden, aber wir mauern uns, ohne es zu merken, so zu, dass wir uns auch vor dem, was unser Leben lebenswert macht, verschließen.

Eine effektive Kommunikation, die es zum Ziel hat, nicht nur Informationen auszutauschen, sondern gegenseitiges Verstehen zu fördern, besteht aus einer ausgewogenen Kombination von Reden und Hören. Ihre Grundlage bilden Wahrhaftigkeit, Verzicht auf Manipulation und Vertrauen. Wo Manipulation angewandt wird, geht es immer um Macht. Wo es um Macht geht, wird manipuliert. Als wichtiger Schlüssel erweist sich auch die Fähigkeit der Selbstkommunikation. Wir sind, was wir sprechen, was wir sprechen, denken wir, und was wir denken, strahlen wir aus – und schließlich: Was wir ausstrahlen, ziehen wir an.

Das laute Aussprechen von konstruktiven Gedanken kann neue Realitäten schaffen. Wenn ich sage »es wird«, »ich kann«, »ich lerne daraus«, »ich werde es tun«, »ich arbeite gut«, »ich mache Fortschritte«, »es erfordert Anstrengung, aber es lässt sich machen«, »ich sammle wichtige Erfahrungen«, dann hat das eine andere Auswirkung, als wenn ich sage »ich kann nicht«, »ich habe versagt«, »ich versuche«, »ich hatte nur Glück«, »ich bin nicht klug«, »ich bin nicht gut darin«, »das ist unmöglich«, »ich mache Fehler«.

»Tod und Leben stehen in der Gewalt der Zunge!«[17] Wo Beziehungen zwischen Menschen funktionieren, ist das erste Erkennungszeichen immer eine kultivierte Kommunikation. Wo Beziehungen zerbrochen sind, hat kultivierte Kommunikation gefehlt. Negative Gedanken, denen man keine konstruktive Sprache entgegensetzt, führen zu Ängsten und Minderwertigkeitsgefühlen, Hilflosigkeit, Aggression, innerem Druck und Unsicherheit.

Wissen Sie noch, wie viel Energie und Originalität Sie aufgewendet haben, als Sie damals überlegten, auf welche Art und Weise Sie Ihrem Partner klar machen können, was Sie für ihn empfinden? Und plötzlich wurde alles viel mühsamer. Nachdem die erste Anziehungskraft nachgelassen hat, stehen viele ganz hilflos da und realisieren, wie wenige Instrumente für eine anspruchsvolle Kommunikation in der Partnerschaft sie aus ihrem Leben mitgebracht haben. Zeitmangel, erschwerende Umstände und innere Blockaden verhindern häufig ein fruchtbares Gespräch. Zu inneren Blockaden zählen Scham,

Angst, ungenügende Selbstannahme, niederes Selbstwertgefühl, mangelnde Vergebungsbereitschaft, Angst vor Ablehnung und Verletzung und der daraus resultierende Verschluss des Selbst.

Oft beginnt es ganz harmlos. Man schluckt unangenehme Gefühle, statt sie zu äußern. Je häufiger der eine in einer Beziehung schweigend einsteckt, desto häufiger kritisiert und stichelt der andere. Ganz schnell entsteht plötzlich eine Pendelbewegung, die durch gegenseitige Kränkungen und Beleidigungen in Gang gesetzt wurde. Man ist unfähig, aus eigener Kraft anzuhalten. Vorwürfe provozieren Gegenvorwürfe, Beleidigungen ernten Drohungen, Entwertungen bekommen Beschuldigungen zur Antwort. Die Intensität des Hin und Her beschleunigt den Pendelschlag. Je härter der eine von der einen Seite schlägt, desto stärker wird auch der sich verteidigende Gegenschlag des anderen. Gemeinsam sind jenen Schlägen die oft abwertenden Nachrichten an die Adresse des anderen.

ÜBER ZEHN JAHRE meines Lebens war ich als Geistlicher für eine landeskirchliche Großstadtgemeinde verantwortlich. In einer alten ehrwürdigen Basler Kirche musste ich eine Traupredigt halten. Die Kirche war mit einigen hundert Menschen bis auf den letzten Platz gefüllt. An diesem Tage war ich in an einem persönlichen Tiefpunkt in meiner Ehe angelangt. Ich empfand mich seelisch ausgebrannt, enttäuscht und den Tränen nahe. Diese Traupredigt vor dieser fröhlichen Gesellschaft war eine der größten Kraftanstrengungen, an die ich mich erinnern kann. Jeden Satz rang ich mir mit Mühen ab. Ich predigte über die Hochzeit zu Kana.[18] Und über das Wort aus dem Korintherbrief: »Wir haben einen Schatz in zerbrechlichen Gefäßen.«[19]

Die Geschichte zu Kana fing mit ausgelassener Freude an und endete fast im totalen Desaster, weil der Wein als Stimmungsmacher plötzlich ausging. Ein unerwartetes Wunder brachte die Wende. Auf Anweisung eines Gastes dieser Hochzeit wurden die leeren Krüge mit Wasser gefüllt, welches sich sodann in Wein verwandelte. Der zweite Wein schmeckte allen unvergleichlich besser. Entsprechend wandelte sich auch die Stimmung.

Während dieser mühevollen Ansprache, wo es um die unerwartet leeren Weinkrüge ging, realisierte ich, wie leer ich mich selbst fühlte. Leer, wie ein völlig leer getrunkener Krug, und das Schlimmste an dem Zustand war, dass ich den Glauben verloren hatte, je wieder aufgefüllt zu werden.

Mir wurde klar, dass die Weinkrüge dieser »Hochzeit zu Kana« ein Bild für unser Leben sind. Unsere Beziehungen mögen am Anfang noch so fantastisch sein, eines Tages können sie verblassen und finden ihr Ende nicht selten in Enttäuschung und Verbitterung und Trennung. Sehr viele Beziehungen, die einst verheißungsvoll begannen, gleichen später einem bis auf den letzten Tropfen ausgetrunkenen Krug. Sie finden dann in unserem Narzissmus, in unseren Besitzansprüchen, in unseren Forderungen, in unseren Bedingungen und in unserer Machtgier ein Ende. Sie enden mit einer totalen unwiderruflichen Enttäuschung über den anderen.

»Wir haben einen Schatz in irdenen Gefäßen.« Schatz und Gefäß gehören nach diesem Satz zusammen, sind aber nicht dasselbe. Am Anfang einer Beziehung sehen wir nur den Schatz – den Wein – und sind so begeistert, dass wir gar nicht auf die Beschaffenheit des Kruges achten. Der Wein schmeckt und stimuliert unsere Stimmung. Er lässt uns die Form des Gefäßes, seine Natur und seine Eigenschaften vergessen. Der Höhepunkt einer Beziehung kann uns kurzfristig in das Glück einer schwärmerischen Bewunderung versetzen.

Wenn der Wein jedoch ausgetrunken ist, die Anziehungskraft, die Bewunderung, der Sexappeal des anderen nachlässt, sehen wir plötzlich nur noch das Gefäß, seine Fehler, seine Risse, seine Sprünge, seine Kratzer. Wir stoßen uns an seinen Unebenheiten, seinen Farbflecken, seiner Brüchigkeit und seiner

Zerbrechlichkeit. Wir schauen in den ausgetrunkenen Krug hinein und stellen fest, dass unser Krug nichts mehr zu bieten hat. Wir fühlen uns nicht verstanden, betrogen, enttäuscht, unbeachtet. Wir fragen uns, wie wir darauf reinfallen konnten. Es gibt nichts mehr, was eine Faszination für unseren Partner wecken könnte.

Und hier kann die Fortsetzung der Geschichte beginnen. Der zweite Wein beginnt zu fließen, wenn wir unsere Zuneigung zum anderen nicht mehr nur von der Frage abhängig machen: Was hast du mir zu bieten? Hier beginnt der Entschluss für eine neue Betrachtungsweise des anderen. Die neue Beziehungsqualität (der neue Wein) kann dann ihren Anfang nehmen, wenn unsere immer nur zeitlich begrenzte Anziehungskraft an ihr Ende kommt. Wo der Sexappeal und die Sympathie an Bedeutung verlieren. Diese Liebe heißt nicht Eros, diese Liebe heißt Agape. Sie ist der zweite Wein, der besser ist als der erste.

Ich habe mich als junger Mann manchmal gefragt, wie alte Ehepaare noch glücklich sein können. Ich habe einige glückliche alte Paare getroffen und sie nach dem Geheimnis ihres Glücks gefragt. Ihr Geheimnis ist dieser Entschluss einer neuen Betrachtungsweise des Gegenübers, die an den Schwachheiten des anderen nicht den Stab bricht. Diese Ehepaare sagten, dass in diesem Sinne die zweite Etappe ihrer Beziehung noch besser war als die erste, schwärmerische und von Anziehungskraft geprägte. Der »zweite Wein«, sagten sie, schmecke besser als der erste.

Die ersten beiden Phasen der Bewunderung und der Desillusionierung entsprechen dem steigenden und fallenden Verlauf einer Sinuskurve. Zuerst galt unser Augenmerk nur dem Schatz, dem ersten Wein bis zum Höhepunkt, danach haben wir unsere Aufmerksamkeit nur noch auf das Gefäß gelenkt und an uns selbst gezweifelt, wie wir uns nur so täuschen konnten.

Wenn wir an eine Fortsetzung der Geschichte glauben können, dann gelangen wir in die dritte Phase: Wir sehen den

Menschen, wie er wirklich ist. Wir sehen das Gefäß. Das macht uns bisweilen betroffen, aber wir sehen auch den Schatz. Wir sind aufgefordert, eine unvollkommene Situation anzunehmen.

In uns allen gibt es Züge, derer wir uns schämen, Beschränkungen, die wir am liebsten nicht wahrhaben wollen. Wir nehmen wahr, dass der Krug sich verändert. Je älter das irdene Gefäß wird, desto mehr müssen wir wegen des Inhalts Sorge tragen.

Wer das einsieht, der steht am Anfang einer ganz neuen Beziehung zu seinem Partner, die von Freundlichkeit und Verzeihen geprägt ist. Der Krug und der Wein, die menschlichen Unartigkeiten und die liebenswerten Seiten, sie gehören zusammen.

Demnach ist der Partner kein Heuchler mehr, sondern er ist Schatz und Gefäß, die sich wechselseitig bedingen. Der gute Wein und die Risse im Krug, beide machen die Einzigartigkeit des Ganzen aus. Indem wir den anderen so sehen und an seinen Fehlern nicht mehr den Stab brechen, bleibt uns der Genuss des zweiten Weines nicht vorenthalten.

Johannes Czwalina

Mehr Barmherzigkeit

Barmherzigkeit ist die Übersetzung des lateinischen Wortes »misericordias«. Wörtlich übersetzt heißt das: »Wer ein Herz hat, das sich den Bedürftigen und Elenden zuwendet«. Das Gegenteil von Barmherzigkeit ist Hartherzigkeit und Teilnahmslosigkeit, soziale Kälte. Mitgefühl und Erbarmen sind Herzensangelegenheiten, aber Barmherzigkeit ist nicht nur eine Angelegenheit des Gefühls, sondern der realen Tat. Barmherzigkeit beseitigt nicht Ungleichheit zwischen Helfern und Hilfsbedürftigen, aber sie verbindet beide in einer Notgemeinschaft. So selbstverständlich Barmherzigkeit zu sein scheint, so selten geschieht sie spontan, denn sonst müssten wir nicht immer wieder an sie erinnert werden. Barmherzigkeit hat zudem nicht über Wahlmöglichkeiten rational zu entscheiden. Barmherzigkeit kalkuliert nicht, sie wägt nicht ab, sondern sie handelt.

Dem Begriff Barmherzigkeit haftet der Ruf des Almosengebens an. Darum glauben viele, dass Barmherzigkeit heute fehl am Platz ist. Benachteiligte brauchen keine Barmherzigkeit, sagen sie, sondern Gerechtigkeit. Dafür ist ja auch unsere soziale Marktwirtschaft zuständig, dafür zahlen wir ja auch Steuern. Weit gefehlt: Fehlt es an Mitleidensfähigkeit, breiten sich Gleichgültigkeit und Herzlosigkeit aus. Not wird anonym. Soziale Hilfe wird zur Aufgabe professioneller Helfer, die auf der Grundlage rechtlicher Vorgaben handeln. Funktionale Sozialarbeit und Gesetzgebung ohne Barmherzigkeit führen zu einer Verarmung des Menschen. Ohne Barmherzigkeit wird Gerechtigkeit zur Routine und somit seelenlos und kalt.

Die Leitfrage »Wer ist zuständig für das Soziale?« führt am Ende weg von den Fragen der Zuständigkeit und hin zur Grundfrage der die Menschlichkeit tragenden und stützenden geistlichen inneren Kräfte. Gerade unsere westliche Staatsform muss in der sozialen Frage viel konturierter als bisher von der Notwendigkeit des Mitleidens geprägt werden, und gerade die Besitzenden müssen zu größerer privater Opferbereitschaft sensibilisiert werden.

Der Egoismus unseres Wirtschaftens enthebt den Einzelnen aus den Zumutungen der Solidarität. Die Kehrseite sind die vielen Einsamen, die in der modernen Wahlgesellschaft keinen Platz finden, die sich im freien Spiel der Kräfte nicht zu bewähren vermögen, wo immer sie sich anbieten. Die weltweit propagierte Autonomie geht einher mit dem Risiko, verlassen und allein gelassen zu werden.

Friedrich der Große, der »Philosophenkönig«, meinte seinerzeit noch: »Angenommen, vor Ihren Augen fiele ein Unbekannter in einen Fluss. Würden Sie ihn nicht vor dem Ertrinken retten? Und wenn Sie einem Wanderer begegneten, den ein Mörder erschlagen will, würden Sie ihm nicht zu Hilfe eilen und ihn zu retten versuchen? Das Gefühl des Mitleides wurde von der Natur in uns gelegt. Es treibt uns unwillkürlich an, einander beizustehen und die Pflichten gegenüber unseren Nächsten zu erfüllen. Sind wir also selbst Unbekannten Beistand schuldig, so schließe ich daraus, dass wir ihn erst recht unseren Mitbürgern schulden, mit denen wir durch den Gesellschaftsvertrag verbunden sind.«

Das Gleichnis Jesu vom barmherzigen Samariter spricht den Sachverhalt so an: Jesus wird gefragt: »Wer ist mein Nächster?« Er antwortet mit der Erzählung des Gleichnisses und kehrt dabei die Frage um. Wem bin ich der Nächste? Der Samariter trägt nicht den Beinamen »der Gerechte«, sondern den Beinamen »der Barmherzige«.

Von den Reichen werden in vielen Religionen und Weltanschauungen nicht ohne Grund Almosen erwartet. Das Wort Almosen stammt von dem griechischen Wort »eleemosyne«, das heißt Mitleid. Erwartet wird Anteilnahme, nicht ein plump aus dem Geldbeutel gefallener Batzen.

Wenn Menschen nach ihren Stärken gefragt werden, erhält man oft spontan die Antwort: »Ich bin besonders belastungsfähig.« »Belastbarkeit« ist aber auch jene Eigenschaft, derer sich die Abgestumpften rühmen. Mitleidensfähige Menschen sind auch belastbar, aber ihre Belastbarkeit äußert sich darin, dass sie betroffen sind und das Leiden der anderen ertragen und mittragen und mitleiden, statt es vom Tisch zu wischen – dass sie in Bezug auf das Wort Barmherzigkeit keine Entfremdung erlebt haben.

In einer der ältesten Straßen Lichterfeldes lag früher der Gemüseladen von Frau Zech. Bei ihr kauften Beschäftigte der damals hinter dem Parkfriedhof gelegenen Firma Telefunken ein. Die Berufstätigen hätten bei Arbeitsbeginn und Arbeitsschluss sonst nur geschlossene Läden vorgefunden.

Im Telefunken-Betrieb leisteten auch »Sternträger« Zwangsarbeit. Sie durften lediglich eine halbe Sunde vor Geschäftsschluss bei Frau Zech einkaufen, zu einem Zeitpunkt also, zu dem die Ware fast ausverkauft war. Darum sprach die Gemüsehändlerin mit ihren jüdischen Kunden ab, dass sie am Morgen ihre Netze an die Hintertür hängen sollten. Das galt als Bestellung und konnte abends abgeholt werden.

Die Geschäftsinhaberin wollte auch ihren jüdischen Kunden »anständige« Ware zukommen lassen. Mit ihrem humanen Verhalten riskierte sie einiges. Der Kreis derjenigen, die in Lichterfelde davon wussten, war nicht klein. Aber niemand sagte etwas.

Hans-Rainer Sandvoss
»Widerstand in Steglitz und Zehlendorf« über:
Gemüsefrau Zech, Berlin Lichterfelde 1933–1945

BÄCKERMEISTER GEORG HILLMANN unterstützte selbstlos viele bedrohte und hungernde Menschen. Besonders dramatisch erscheint dabei das Schicksal der jüdischen Familie Wolf.

Herr Wolf war 1942 von Siemens-Kollegen auf seine drohende Verhaftung hingewiesen worden. Mit seiner hochschwangeren Frau suchte und fand er in der Lichterfelder Bäckerei Rettung. Bald darauf kam im Kohlenkeller (einem Nebenraum der Backstube) das Kind zur Welt. Bäcker Hillmann wusch es sauber und sorgte in der nun folgenden Zeit für Verpflegung und Kleidung. Bis zur Einberufung durch die Wehrmacht (Ende 1943) war ihm der Lehrling Martin Peter ein Helfer und Vertrauter. Dagegen musste vor einem nazitreuen Angestellten die Hilfsaktion äußerst geheim gehalten werden.

Für das jüdische Ehepaar begannen Jahre wechselnder Beherbergung und der Wanderschaft. Tagsüber fuhren sie getrennt mit der S-Bahn durch Berlin und trafen sich dann an verabredeten Orten. Häufig war die Familie auseinander gerissen und flüchtete in ständiger Angst durch die Stadt. Konnten sie manchmal des Winters im Keller bei Hillmann nächtigen, so war es bei freundlicheren Temperaturen oft eine Parkbank. Ohne Lebensmittelkarten brachte sie der Bäcker durch die Not. Sie überlebten.

Hans-Rainer Sandvoss
»Widerstand in Steglitz und Zehlendorf« über:
Bäckermeister Hillmann, Berlin Lichterfelde 1933–1945

Mehr Vertrauen und Treue

Vertrauen war die tragende Erfahrung, mit der wir als Kinder aufgezogen worden sind. Wir haben unsere Nahrung verlässlich bekommen. Wir konnten uns ohne Überlegung auf den Schutz verlassen. Wir sind vor allen Angriffen der Natur – Kälte, Hitze, Feuchtigkeit und Dunkelheit – geschützt worden. Das Bedürfnis nach Verlässlichkeit begleitet uns seither unser Leben lang: beim Einsteigen ins Flugzeug, beim Einnehmen von Medikamenten, beim Befolgen eines Ratschlags. Unser heutiges Wort »Kredit« leitet sich ab vom lateinischen credere: vertrauen, glauben. Ein Kreditinstitut bildet demnach ein Vertrauensinstitut.

Was ist Vertrauen?
Nach Meyers enzyklopädischem Lexikon ist Vertrauen »der Glaube und das Überzeugtsein von der Verlässlichkeit und Zuverlässigkeit jemandes«.

Vertrauen ist die emotionale Kraft, sich ohne Absicherung und Kontrolle in die Obhut eines anderen zu begeben.

Vertrauen gewinnt man, indem man es gewährt. Es bedarf des Vorschusses. Vertrauen hat mit Verlässlichkeit und Glaubwürdigkeit zu tun. Der andere muss sich darauf verlassen können, dass das Gegenüber mit Sicherheit das tut, was es verspricht.

Vertrauen hat, wie das deutsche Wort schon ahnen lässt, etwas mit »Treue« zu tun. Das hebräische Wort für Treue bedeutet Dauerhaftigkeit in persönlichen Beziehungen.

Vertrauen ist Risiko.
Vertrauen impliziert die Erkenntnis der Gefahr, dass Menschen sich nur allzu oft vereinbarungswidrig und verantwortungslos verhalten, und streckt trotzdem die offene Hand aus!

Es ist bereit, sich diesem Risiko auszusetzen.

Und genau in dem Maße, in dem Vertrauen auch Risiko ist, wird es zur persönlichen unternehmerischen Leistung.

Das ureigene Markenzeichen des Vertrauens ist, dass es missbraucht werden kann. Sonst müssten wir ein anderes Wort erfinden. Es gibt kein abgesichertes Vertrauen, das sicher gegen Missbrauch ist. Für einen solchen Inhalt steht beispielsweise das Wort Risikoversicherung, aber nicht das Wort Vertrauen.

Es ist unmöglich, durch sehr viele Schutzmassnahmen, Kontrollmechanismen, Regeln Vertrauen zu schaffen. Viele handeln so und meinen tatsächlich, dadurch Vertrauen zu schaffen. Einen Leitsatz des Kommunismus haben die Unternehmen im Allgemeinen sehr ernst genommen: Die Maxime Lenins »Vertrauen ist gut, Kontrolle ist besser« gilt generell als praktikables Führungskonzept.

Unternehmen, die nur an die Kontrollmaßnahmen denken, schaffen dadurch kein Vertrauen.

Deshalb ist es nicht verwunderlich, dass im Arbeitsleben eine generelle misstrauende Haltung zu existieren scheint. Misstrauen bedeutet eine Zuspitzung der Erwartungen ins Negative. Es hat zahlreiche Facetten, wie Argwohn, Verschlossenheit, Manipulierbarkeit, Verunsicherung, Stress, Angst.

Vertrauen ist die beste Kontrolle!

Vertrauen ist auch eine Art von Kontrolle. Vertrauen unter Verzicht auf Kontrollmechanismen erzeugt einen Sog, dem man sich kaum entziehen kann. Je größer die riskante Vorleistung, desto größer die verpflichtende Wirkung. So fördert Vertrauen in vielen Fällen beim Gegenüber ein aktives Selbstverantwortungsbewusstsein. Es kreiert und bewirkt Verbindlichkeit und Verlässlichkeit mehr, als es Kontrolle bewirken kann. Wer nur durch Kontrolle führt, kann sich nie sicher sein, ob die Verbindlichkeit auch dann noch funktioniert, wenn die Kontrolle nicht mehr da ist. Menschen haben schier Unglaubliches geleistet, weil ihnen andere vertrauten.

Warum tun sich Menschen schwer, wenn sie Vertrauen erleben?

Oft tun sich Menschen interessanterweise schwer, wenn sie Vertrauen von anderen empfangen, weil sie sich der Verpflichtung, die daraus ungeschrieben entsteht, nicht stellen wollen.

Sie leben in gewisser Weise sogar lieber wie gewohnt, fremdbestimmt kontrolliert zu werden, weil das entgegengebrachte Vertrauen für sie unangenehm an ihre Eigenverantwortung appelliert.

Was bewirkt Vertrauen?

Wenn wir einander vertrauen, sind wir offen zueinander, dann haben wir den Mut, nicht nur unsere äußere Fassade zu spielen, sondern auch einander unsere Schwächen mitzuteilen, weil man weiß, dass Offenheit nicht missbraucht wird. Eine Beziehung, die sich nicht durch Vorbehalte einander verschließt, durchbricht Einsamkeit und man nennt sie Freundschaft. Es kann keine Freundschaft ohne Vertrauen geben und kein Vertrauen ohne Integrität.

Es besteht auch ein nachvollziehbarer, direkter Zusammenhang zwischen Vertrauensniveau und Problemlösungsfähigkeit. Nur mit Vertrauen lässt sich die zunehmende Komplexität unseres privaten und beruflichen Lebens meistern, nur mit Vertrauen fließen weniger Energien in ökonomisch unproduktive Bahnen von kräfteverzehrenden Kampfstrategien. Nur mit steigendem Vertrauen nimmt sowohl das Ausmaß als auch die Qualität ausgetauschter Informationen zu.

Wie können wir Vertrauen aufbauen?

Zur Vertrauensbildung braucht es eine gesunde Vorgeschichte. Viele Menschen haben keine gesunde Vorgeschichte und konnten kein Vertrauen aufbauen. Da viele Beziehungsprobleme ihren Ursprung in Vertrauenskrisen haben, sollte man sich Gedanken darüber machen, ob man seiner persönlichen Vorgeschichte stillschweigend die Kontrolle über Beziehungsunfähigkeit überlassen soll.

Wer Vertrauen aufbauen will, hält seine Versprechungen. Menschen bauen Hoffnung auf Versprechen auf. Wer Versprechungen hält, baut Vertrauen auf. Nur diejenigen, die auch verlässlich sind, ernten Respekt und werden ernst genommen. Für sie ist man auch bereit, sich einzusetzen.

Der Vertrauende gibt Freiraum und damit auch eine Fehlertoleranz. Er spricht die Sprache der Ermutigung und stärkt das Selbstvertrauen des anderen. Er schafft einen weiten Raum, in dem keine Angst herrscht. Er schiebt seine eigenen Fehler nicht auf die anderen.

Die Quelle des Vertrauens ist ein positives Menschenbild!

Wir müssen uns persönlich hinterfragen: Wie steht es mit unserem Menschenbild?

Wenn ich ein negatives Menschenbild habe, sollte ich mir Gedanken machen, durch welche Erfahrungen es entstanden ist.

Vertrauen kann man nicht verordnen.

Vertrauen und Treue können aber nicht verordnet werden. Treue ist eine Haltung, die aus einem Prozess der Wertschätzung wächst. Treue ist nicht die Grundlage, sondern die Folge von Freundschaft und Liebe. Eine Beziehungskrise kann nicht mit einem Treuebefehl gemeistert werden. Man würde eine Erscheinungsform der Liebe verabsolutieren. Der Begriff der Treue würde dann zu einem Wert an sich erklärt, der jede weitere Reflexion und Analyse über die Motive, weswegen Menschen beieinander bleiben oder auseinander gehen, erübrigt und ausschaltet. Wenn eine Gemeinschaft und eine Liebe sich bewährt haben, können sie durch das Versprechen der Treue noch fester werden. »Ich bleibe auch bei dir, wenn du versagst. – Ich werde dich nicht fallen lassen, wenn du schwach wirst.« Ein solches Treueversprechen bewirkt bei dem Gegenüber ein Wohlgefühl und fördert seine Lebenskraft und seine Arbeitsfreude.

Echte Beziehungen bewirken Treue, und umgekehrt zeigen der häufige Wechsel, die vielen Enttäuschungen, die Trennungen, dass viele Beziehungen nicht echt, sondern nur egoistische Zweckbeziehungen sind.

Zwischenmenschliche Beziehungen werden immer mehr voluntaristisch, nutzenorientiert und unverbindlich benutzt. Sie müssen dem Einzelnen etwas bringen und ihn auf irgendeine Weise bereichern. Sie sind unverbindlich, weil der Einzelne seine Autarkie bewahren möchte. Entsprechend lax ist der Umgang mit Versprechen. Viele Beziehungen werden durch nicht eingehaltene Versprechungen belastet und zerstört. Man zerstört damit Hoffnungen. Es gibt viel Misstrauen und Vertrauensverluste durch nicht eingehaltene Versprechen.

Vertrauen ist immer besser als Misstrauen.
Ein altes spanisches Sprichwort sagt: Besser zu laufen und nie zum Ziel zu kommen, als nicht zu laufen. In Bezug auf das Vertrauen bedeutet das Sprichwort:

Es ist besser, einmal zu viel als zu wenig zu vertrauen. Der Verlust von Vertrauen ist schlimmer als der Verlust von Geld. Nicht das Vertrauen, sondern das Geld ist zweitrangig. Vertrauen ist die Voraussetzung für Kooperation und langfristiges zwischenmenschliches Wachstum.

Vertrauen ist etwas, das ständig gepflegt werden muss.
Vertrauen ist nicht etwas, das man sich einmal aneignet und das einem dann gehört, sondern es muss jeden Tag neu aufgebaut und gepflegt werden.

Das Befreiende für uns ist: Um mit dem Vertrauensaufbau zu starten, ist es nie zu spät. Es ist keine Situation zu schlimm, um nicht jeden Tag damit anfangen zu können und dadurch den Prozess eines Stimmungsumschwunges einzuleiten.

Die Nachricht kam per Telefon: Mémé, 95, war in dieser Nacht in Paris gestorben. Ich reiste nach Paris, um sie ein letztes Mal zu sehen. Grandmère lag im Sarg, abgemagert, nur noch eine leere Hülle. Sie war ausgelebt, ausgeliebt, ausgeweint, ausgeschmerzt. Und trotzdem: auf ihren Lippen ein letztes, geheimnisvolles, zufriedenes Lächeln eines vollendeten Lebens, so wie es nach 95 Jahren Leben ist. Sie hatte keine besonderen Vorkehrungen getroffen, außer einer: Man sollte ihre sehr langen, dünnen weißblonden Haare, die sie, soweit ich mich erinnern konnte, in einem Knoten getragen hatte, auf ihren Schultern und ihrer Brust ausbreiten. Ein Jahr später starb mein Großvater. Zwei Wochen vor seinem Tod bat er mich an sein Bett.

Er lag in einem Sterbezimmer, einer Dachkammer eines Spitals außerhalb von Paris.

Zwanzig Betten waren darin, besetzt mit alten Männern. Einige Betten waren von den restlichen durch eine Trennwand abgeschirmt. Eine dichte, intensive, schwere Athmosphäre herrschte in dem Raum.

Kaum sahen wir uns, existierten der Raum, die Sterbenden, das Elend nicht mehr. Er lag da, stolz und gepflegt, den Schnauz, den ich als Kind so oft gedreht hatte, frisch aufgebessert, die Spitzen wie eh und je nach oben gerichtet. Lange schauten wir uns an, still, unsere Blicke vereinigt, mehr sagend als tausend Worte.

Dann sprach Grandpère mit einer ruhigen, müden Stimme: »Weißt du, Dany, ich will dir ein Geheimnis anvertrauen, als Erbe sozusagen.« – Er lächelte: »Ich habe deine Großmutter mein ganzes Leben geliebt. Vor vierundfünfzig Jahren haben wir uns bei der Hochzeit ein Versprechen gegeben: Wir wollten uns gegenseitig niemals betrügen. Falls das Versprechen nicht eingehalten würde, hätte sie sich die Haare geschnitten und ich meinen Schnauz abrasiert. Siehst du, ich habe ihn immer noch ...«

Grandpère lächelte zufrieden und schloss die Augen. Das waren seine letzten Worte.

Es war still und schön im Raum. Wir waren beide weit, weit weg. Ich ging leise.

Zwei Wochen später starb Grandpère. Im Sarg lag er, stolz, den Schnauz frisch aufgebessert, die Spitzen nach oben gedreht. Auf seinen Lippen weilte ein geheimnisvolles, zufriedenes Lächeln …

Danièle Sigrist-Barrette
geb. 1941, Basel, in einem Brief an den Autor vom 15. Oktober 1998.

Was ist ein wahrer Freund?
Ein wahrer Freund ist jemand Besonderes, und nicht viele
Menschen besitzen einen solchen.
Ein wahrer Freund ist warmherzig, sanft und tröstet dich.
Ein wahrer Freund steht dir immer zur Seite,
und sei es nur in Gedanken.
Ein wahrer Freund ist freiwillig und von sich aus bei dir,
niemals gezwungen oder käuflich.
Ein wahrer Freund ist jemand, der zuhört und hört,
was du zu sagen hast.
Ein wahrer Freund urteilt niemals über dich und steht zu dir,
komme was wolle.
Ein wahrer Freund wird dich immer lieben
und du kannst ihm durch und durch vertrauen.
Ein wahrer Freund wird dich liebevoll
mit offenen Armen begrüßen.
Ein wahrer Freund teilt seine innersten Gefühle mit dir.
Ein wahrer Freund wird deine Gegenwart spüren,
ob du nah oder fern bist.
Ein wahrer Freund ist jemand ganz Besonderes,
ein Segen vom Himmel.

Dr. Mohamed S. Cassim
Dubai 2003, in einem Brief an den Autor im Juni 2003.

Mehr Sinn

Bei einem Seminar über »Sinn- und Identitätsfindung in der Leistungsgesellschaft« in einem weltweit führenden Automobilkonzern begann ein Entwicklungschef mit dem Statement: »Für mich ist Sinn: Sex, Essen, Trinken, Schlafen.« Zu mir gewandt sprach er: »Wenn Sie innerhalb dieser aufgezählten Bereiche bleiben, halte ich Ihr Seminar für sinnvoll. Darüber hinaus darf es nicht gehen, da es sonst für mich schädlich sein könnte. Für meine Leute am Fließband wäre das geradezu gefährlich und würde ihre Arbeitsproduktivität erschüttern, wenn sie weitergehend über den Sinn ihres Daseins nachdenken würden.« Ich verstehe sein Denken durchaus – aber werden Fragen, die uns bewegen, wirklich beantwortet?

Gerade erfolgreiche Menschen können unter einer Art »ungestilltem Hungergefühl« leiden. Dabei tun sie sich schwer, diesen Zustand in Worte zu fassen.

Teilaspekte dieses Hungergefühls beziehen sich auch auf ihr empfundenes Defizit an Liebe, auf den Mangel an tiefen Beziehungen, die fehlende Sicht auf eine Zukunft, die sie getrost nach vorne blicken lassen könnte, den Mangel an Harmonie, den Mangel an Befriedigung, die sie sich durch das Erreichen ihrer Ziele erhofft hatten, etc. Aber es sind immer nur Teilaspekte. Kein Wunder, dass es schwer fällt, darüber zu sprechen. Über die Sinnleere kann man ja auch nicht wie von einem Gegenstand sprechen, weil Sinn kein Gegenstand ist, sondern sich auf das Wesenhafte bezieht.

Alfred Herrhausen, ehemaliger Vorstandssprecher der Deutschen Bank, schreibt:

»Warum bewegt oft echte Resignation die Menschen, weshalb beschleicht uns Unbehagen, die einen bewusst, die anderen, zahlreicheren, unbewusst? Offenbar ist nicht die ganze Rechnung aufgegangen. Ein Unbehagen hat sich eingestellt. Die Gefahr, in der wir uns ohne Zweifel befinden, ist gekennzeichnet durch die Tatsache, dass deshalb wesentliche Güter, die keinen Marktwert haben, an den Rand der Werteskala geraten.«[20]

Sinn hat nichts mit materiellen Werten zu tun: In Nachkriegszeiten oder nach verschiedenen Katastrophen beobachtet man, dass viel weniger Menschen Selbstmord begehen als in den so genannten »guten« Zeiten. Es ist demnach eine falsche Schlussfolgerung, dass das Leben sinnlos ist, wenn es schwierig ist oder wird. Das Wohlleben im Westen entlastet also keineswegs, sich der Sinnfrage zu stellen.

Erich Fromm bezeichnete darum die Verunsicherung am fehlenden Sinn schlicht als die Krankheit des 20. Jahrhunderts. Mit dieser Feststellung entlarvt er die Not des Menschen im postindustriellen Zeitalter. Umgekehrt sieht es Freud. Im Gegensatz zu Fromm bezeichnet Freud nicht etwa den fehlenden Sinn, sondern umgekehrt die Frage und die Suche nach dem fehlenden Sinn als Krankheit. In einem Brief an Marie Bonaparte erwähnt er: »Im Moment, da man nach dem Sinn/Wert des Lebens fragt, ist man krank, denn beides gibt es ja in objektiver Weise nicht.«[21] Sein Menschenbild zeigt den Menschen als triebbedingtes und triebbewegtes Wesen, dem die existenzielle Dimension von geistigen und spirituellen Werten abgesprochen wird. »Religion« ist daher für Freud auch lediglich ein pathologisches Phänomen.

Freud oder Fromm? Natürliches Bedürfnis oder Krankheit? Wie auch immer, das Phänomen ist allgegenwärtig und nicht wegzudiskutieren. Der Hunger nach mehr, der Hunger nach Lebenssinn ist zu Beginn des neuen Jahrtausends mehr denn je spürbar. Sollen wir Freud oder Fromm folgen? Das bedeutet entweder, das Hungergefühl zu bejahen und das Risiko des Leidens auf sich zu nehmen, oder das Hungergefühl selbst als Krankheit zu bezeichnen und zumindest nach außen hin die Rolle des Gesunden zu spielen.

Einige glauben, dass diejenigen krank sind, die nach dem Sinn des Lebens fragen, andere glauben, dass diejenigen krank sind, die nicht mehr nach dem Sinn fragen.

Wenn wir die wichtigen Fragen in unserem Leben beantworten wollen, müssen wir zwischen Lösungen erster Ordnung und zweiter Ordnung unterscheiden. Lösungen erster Ordnung entspringen unserem gesunden Menschenverstand. Eine solche Lösung liegt vor, wenn wir bei zunehmender Kälte uns immer wärmer anziehen, wenn wir bei zunehmendem Hunger mehr essen, bei zunehmender Müdigkeit mehr schlafen, bei zunehmendem Durst mehr trinken etc. Aber diese Lösungen greifen bei vielen Fragen nicht tief genug. Oft genügt diese Lösung »mehr desselben« nicht. Wenn wir z. B. einen depressiven Menschen immer mehr aufmuntern, wird das seine Depression noch vertiefen, da wir ihm zu seiner Traurigkeit noch das schlechte Gewissen einimpfen, dass er überhaupt traurig ist. Oder wenn wir Probleme beim Einschlafen haben, dann sind die verstärkten Versuche, den Schlaf willentlich herbeizuführen, zum Scheitern verurteilt.

Mit den Lösungen zweiter Ordnung, die oft absurd, unerwartet, überraschend oder paradox erscheinen, verlassen wir die erste Ebene und heben die zu lösende Problemsituation aus dem paradoxen Teufelskreis heraus, in den die bisherigen Lösungsversuche geführt haben. Dabei ergibt sich ein neuer, weiterer Rahmen. Eine solche Lösung zweiter Ordnung brauchen wir auf unserer Suche nach dem Sinn. Wer Befreiung sucht, muss den Mut haben, sich von traditionellen Erfolgsmustern zu verabschieden sowie Unverständnis oder gar Spott seiner Umwelt in Kauf zu nehmen.

Sinn finden wir nicht durch Leistung!

Wenn wir uns aber unabhängig von unserer Leistungskraft, unserer momentanen Nützlichkeit, unserem akademischen Grad, unserem Gesundheitszustand, unserem momentanen Aussehen oder unserem Marktwert als wertvoll anerkennen wollen, dann führt der Weg in unsere frühe Kindheit zurück, auch wenn wir schon ganz alt sind.

Die ersten sinnerfüllten Erfahrungen hatten mit uns allein und nicht mit einer von uns erbrachten Leistung zu tun. Wir hätten uns damals unseren Sinn nicht selbst geben können. Wie wichtig und willkommen wir waren, konnten wir uns nicht selbst sagen.

Wir verdanken also unsere ersten Erfahrungen und damit die Grundlagen für unser späteres Suchen nach Sinn und Identität nicht einer Leistung, sondern einer Beziehung, die wir uns nicht erleisten mussten.

Könnte die Kindheit nicht in einem noch tieferen Sinn Kompass sein und Vorgeschmack auch davon, wie wir eine tragende Identität finden?

Identität kann man sich nicht erwerben, sie kann nicht von unserer Anstrengung abhängen. Sie wird uns vor aller Anstrengung geschenkt. Sie kann nicht zum Ziel unserer Leistungen werden, sondern ist nur als Ausgangspunkt unserer Leistungen denkbar.

Wer bin ich? Sie sagen mir oft,
ich träte aus meiner Zelle
gelassen und heiter und fest
wie ein Gutsherr aus seinem Schloss.

Wer bin ich? Sie sagen mir oft,
ich spräche mit meinen Bewachern
frei und freundlich und klar,
als hätte ich zu gebieten.

Wer bin ich? Sie sagen mir auch,
ich trüge die Tage des Unglücks
gleichmütig, lächelnd und stolz,
wie einer, der Siegen gewohnt ist.

Bin ich das wirklich, was andere von mir sagen?
Oder bin ich nur das, was ich selbst von mir weiß?
Unruhig, sehnsüchtig, krank, wie ein Vogel im Käfig,
ringend nach Lebensatem, als würgte mir einer die Kehle,
hungernd nach Farben, nach Blumen, nach Vogelstimmen,
dürstend nach guten Worten, nach menschlicher Nähe,
zitternd vor Zorn über Willkür und kleinlichste Kränkung,
umgetrieben vom Warten auf große Dinge,
ohnmächtig bangend um Freunde in endloser Ferne,
müde und leer zum Beten, zum Denken, zum Schaffen,
matt und bereit, von allem Abschied zu nehmen?

Wer bin ich? Der oder jener?
Bin ich denn heute dieser und morgen ein anderer?
Bin ich beides zugleich? Vor Menschen ein Heuchler
und vor mir selbst ein verächtlich wehleidiger Schwächling?
Oder gleicht, was in mir noch ist, dem geschlagenen Heer,
das in Unordnung weicht vor schon gewonnenem Sieg?

Wer bin ich? Einsames Fragen treibt mit mir Spott.
Wer ich auch bin, Du kennst mich, Dein bin ich, o Gott!

Dietrich Bonhoeffer
1906–1945

Mehr echte Aufgaben
Job oder Lebensaufgabe?

Jeder Mensch stellt eine einzigartige, unverwechselbare Kombination von Stärken und Schwächen, von Talenten und Eigenheiten dar. Jede Falte im Gesicht, jedes Lächeln, jede Trauer im Herzen, jede persönliche Angst ist individuell und unverwechselbar. Persönlichkeit und Unverwechselbarkeit resultieren nicht aus Zufällen. Mit der Singularität jedes Einzelnen korrespondiert auch eine einzigartige Lebensaufgabe, zu der genau jene Charaktermerkmale benötigt werden, die gerade dieser bestimmte Mensch hat. Das Auffinden dieser Lebensaufgabe gehört mit zum tieferen Sinn des Lebens und ihre Einlösung gehört zur persönlichenErfüllung.

Je stärker die Vorstellung der eigenen Lebensaufgabe entwickelt und konkretisiert wird, desto mehr werden wir von äußeren Turbulenzen unabhängig und können zu der Reife gelangen, die für unsere Persönlichkeit kennzeichnend wird. Je mehr wir unsere eigene Lebensaufgabe verwirklichen und vollenden, desto näher gelangen wir zur persönlichen Erfüllung.

Unter diesem Gesichtspunkt ist auch die Lebensaufgabe etwas anderes als ein Job. Sie ist höher als der Job, der heute kommt und morgen geht. Die Lebensaufgabe ist auch nicht den Unberechenbarkeiten des Marktes unterworfen. Eine Lebensaufgabe kann auch bleiben, wenn der Job verloren geht. Wenn der Mensch in seinem Leben einen Sinn gefunden hat, dann ist er zu sehr vielem fähig. Er ist bereit, auf bestimmte Dinge zu verzichten und gegebenenfalls Opfer auf sich zu nehmen. Für vieles, das zuvor im Bereich des Unmöglichen und Unerreichbaren lag, hat er plötzlich die Kraft, den Willen und die Motivation.

Das Imas-Institut hat Tausende von Menschen befragt, vor welchem Menschentypus sie den höchsten Respekt haben. Das Resultat war: Nicht die berühmten Gelehrten, Wissenschaftler, Künstler, Sportler oder Astronauten sind Vorbilder, sondern Menschen, die in selbstloser Weise anderen helfen, und vor allem Menschen, die ein schweres Schicksal mit Würde meistern.

Halten wir fest: Menschen können sogar unvorstellbare Nöte und Leiden aushalten, wenn sie einen Sinn gefunden haben. Die Sinnerfahrung kulminiert oft in der Erfahrung einer Aufgabe für andere. Ohne aus der Zwangsjacke der eigenen Bedürfnisbefriedigung herauszutreten, ist es nicht möglich, Sinn zu finden. Sinn und eine Aufgabe für andere gefunden zu haben, gehören zusammen.

Hermann Hesse, Nobelpreisträger für Literatur 1946, sagte einmal: »Den Sinn erhält das Leben einzig durch die Liebe. Das heißt: Je mehr wir zu lieben und uns hinzugeben fähig sind, desto sinnvoller wird unser Leben.«

Der Weg in die Freiheit fängt jedenfalls an mit der persönlichen Frage: Spüre ich etwas von einer »Lebensaufgabe«, einem Sinn, der über den Zufälligkeiten des Alltags mir durch Entscheidungen von außen nicht genommen werden kann?

Es ist interessant, dass auch die Psychologen neuerdings den Begriff der »Berufung« wiederentdeckt haben. Dieser ursprünglich biblische Ausdruck bezeichnet den Moment, in dem ein Mensch aus seinem Beruf heraus in seine Lebensaufgabe hinein geführt wird. In der Lebensaufgabe oder Berufung lassen sich persönliche Begabungen und individuelle Voraussetzungen viel eher umsetzen, als dies im Beruf möglich ist. Die Berufung verdeutlicht einen viel höheren Stellenwert, was selbstverständlich das berufliche Handwerkszeug mit einschließen kann. So ist nach einem Bericht der Zeitschrift

»Psychologie heute« der Psychotherapeut James Hillmann davon überzeugt, dass der Mensch lebe, um Begabungen zu entfalten, einen persönlichen Plan zu erfüllen und um eine »Spur unserer Erdentage«[22] zu hinterlassen. Nach seiner Meinung gelingt die eigentliche Menschwerdung erst, wenn man in Einklang mit der eigenen Bestimmung lebt und der Berufung folgt. »Wer dies tue, spüre immer wieder, wie ›Etwas‹ versuche, uns in eine bestimmte Richtung zu drängen. Eine innere Stimme sage: ›Das musst du tun. Das ist deine Berufung. Das ist deine Rolle im Leben.‹ Das Nichtbeachten der Berufung komme einer seelischen Selbstverstümmelung gleich.«[23]

Wer etwas von seiner persönlichen Lebensaufgabe (Berufung) weiß, die viel mehr beinhaltet als Karriereziele, hat einen Schlüssel entdeckt, nicht von Umständen getrieben zu werden. Er hat eine Vision für sein Leben und seine weiter gesteckten Ziele. Er hat einen Kompass in der Hand, der ihn davor bewahrt, die Fassung zu verlieren, wenn es beruflich auch einmal bergab geht.

Zur Lebensaufgabe gehört das persönliche Wissen über die eigene Identität, den eigenen emotionalen Anker, die eigene Selbstachtung, das eigene Selbstwertgefühl. Ein solcher Mensch ist nicht Spielball von Umständen und vom Denken anderer Leute. Er trifft seine Entscheidungen immer in Ausrichtung auf seine Aufgabe, die nach seiner Überzeugung seinem Dasein auf dieser Welt seine Bedeutung verleiht.

Victor Frankl sagte einmal sinngemäß, dass jeder in seinem Leben seine spezifische Berufung hat, in der er nicht zu ersetzen ist. Die Aufgabe eines jeden ist so einzigartig wie seine Möglichkeit, sie zu erfüllen.

Das gilt schon für die Erziehung der Kinder: Jene Eltern sind besser dran, die mit ihren Kindern mehr über wertvolle Ziele und wertvolle Sinnfindung sprechen, als die Eltern, die immer über wertvolle Verhaltensweisen mit ihren Kindern streiten. Diese Eltern denken viel zu oft an Themen wie gutes Verhalten, Höflichkeitsformen, Fleiß, Regeln, Pünktlichkeit und Kontrolle, statt ihren Kindern weit ausgelegte Zukunftsperspektiven ins Herz zu legen, ihre Talente und Träume zu begleiten, Geborgenheitsgefühle zu vermitteln, bedingungslose Liebe zu schenken und Sinn zu vermitteln.

Es ist schön, wenn man einen Beruf hat, der Freude macht, der einen fordert und der es erlaubt, mit der Familie in ausreichender materieller Sicherheit und »guten Verhältnissen« leben zu können. Wirkliche Befriedigung kommt aber daher, dass man für andere Menschen etwas leisten kann, dass man ihnen etwas gibt und ihnen etwas bedeutet. Dazu muss man aber offen und bereit sein, auch etwas zu bekommen und gern anzunehmen. So wird das Leben wirklich reich.

Dr. jur. Manfred Gentz
Mitglied des Vorstandes Daimler-Chrysler.
In einem Brief an den Autor vom 2. Mai 2001.

Aus der Rückschau auf mein Leben ist mir zur festen Gewissheit geworden:

Sinn trotz durchkreuzter Pläne und unerfüllter Wünsche!

Am Anfang musste ich moralisch unten durch, doch ich hatte überlebt und was folgte, war für mich ein wiedergeschenktes Leben, dank auch meiner Frau, die mich unterstützte und immer für mich da war.

Ein wichtiges Gut ist für mich meine geistige Beweglichkeit. Diese möchte ich mir möglichst lange erhalten. Ich möchte neugierig bleiben. Von entscheidender Bedeutung ist für mich auch mein Umgang mit Menschen: Empathie, Ehrlichkeit und Heiterkeit sollen wegleitend sein in der Gestaltung meines Umfeldes, sei es privat oder im Spital. Kindern möchte ich Mut und Zuversicht einflößen und ihnen sagen: »Packen wir's gemeinsam an! Hab keine Angst, denn ich helfe dir ja, wenn es nötig ist. Ich erwarte von dir nicht mehr, als du kannst.« Natürlich möchte ich Kindern noch vieles mehr mitgeben. Ermutigen aber halte ich als Lehrer für meine erste Pflicht.

Rudi Isler
geb. 1943, Lehrer, Wiezikon CH.
In einem Brief an den Autor im Juli 2001.
Er überlebte mit 21 Jahren 1964 einen Sturz aus acht Metern Höhe. Durch dreifachen Schädel- und Halswirbelsäulenbruch ist er seither querschnittsgelähmt (Tetraplegiker). Trotzdem ist er seit 33 Jahren ohne Unterbrechung Lehrer.

Als ich noch ganz jung war, träumte ich davon, später etwas Großes zu leisten zum Wohle der Menschheit. Zuerst allerdings war ich Schülerin, dann Lehrerin, dann Ehefrau, Hausfrau und Mutter. Und ich hatte genug davon, die Aufgabe in diesem Kreis anzupacken und zu lösen. So geschah nichts Spektakuläres, aber ich war da für meine Umgebung. Nun bin ich alt, schwach und im Rollstuhl. Von Leistung kann keine Rede mehr sein. Aber ich habe die Menschen (immer noch) gern. Ich kann noch zuhören und mitfühlen. Und mein eigenes Leben erlebe ich immer wieder in der Erinnerung. Merkwürdig: Das Positive gewinnt an Glanz. Wenn ich noch einmal leben müsste, sollte keine dieser Stufen fehlen.

Heidi Heussler
Rheinfelden, Schweiz.[24]

An jenem 17. Mai vor vier Jahren schwebte ich auf Wolken. Ueli war am Morgen nach Spiez gekommen, um mich abzuholen und gleichzeitig alle meine Sachen zu bringen, die ich in unser neues Zuhause mitnehmen wollte. Ich war der glücklichste Mensch. In zehn Tagen wollten wir heiraten. Auf dem Rückweg machten wir Halt bei den Schwiegereltern. Vor der Weiterfahrt wollten wir noch kurz nach den Kätzchen sehen, von denen wir eins als Geschenk erhalten sollten. Voller Freude hüpfte ich über den Heuboden, trat auf ein morsches Brett und fiel viereinhalb Meter in die Tiefe. Nach dem Aufprall war ich wohl für einen Moment bewusstlos. Als ich wieder zu mir kam, merkte ich, dass ich mich nicht mehr bewegen konnte und fast keine Luft mehr bekam. Ich spürte instinktiv, dass mir etwas zugestoßen war, das nie mehr in Ordnung kommen würde. Wie ein Blitz durchfuhr es mich: Aber Ueli braucht doch jemand, der auf dem Hof mit anpackt. Obwohl es mir fast das Herz zerriss, war mein Entschluss in derselben Sekunde gefasst. Noch auf dem Unfallplatz sagte ich zu meinem Bräutigam: »Ich gebe dich frei.« Die ersten Tage im Paraplegikerzentrum waren schlimm. Immer wieder fragte ich mich: Warum ausgerechnet ich? Ich hatte mich so auf meine Arbeit als Bäuerin gefreut. Nun lag ich da, bewegungslos, und konnte nicht sprechen. Es gab Momente, wo ich überhaupt keinen Lebenssinn mehr sah. In meiner Verzweiflung betete ich: Gott, zeig mir, wie es weitergehen soll. Auch Ueli steckte im Wechselbad der Gefühle. Unabhängig voneinander erhielten wir die Gewissheit, dass wir trotz meines Unfalls füreinander bestimmt sind und dass wir die Kraft erhalten werden, unser Leben gemeinsam zu meistern.

Oft war ich nahe daran aufzugeben. Doch ich dachte an Ueli. Obwohl ihm die Ärzte klaren Wein eingeschenkt hatten, hielt er zu mir. Es gab Phasen, wo ich voller Auflehnung, Verzweiflung, Wut und Selbstmitleid war. Denn so viel war mir klar: Ich würde nie mehr gehen können. Ich kam mir vor wie ein Baby, total abhängig. Ich lernte sehr mühsam einfachste Verrichtungen wie Zähneputzen oder Haarekämmen.

Als Ueli und ich uns kennen lernten, war er ein erfolgreicher Bergläufer. 1992 wurde er ins Nationalkader aufgenommen. Mein Unfall stellte ihn nicht nur in unserer Beziehung und im Beruf vor neue Tatsachen, sondern führte auch zu einem Karriereknick.

Leute, die mich als gesunde Frau gekannt hatten, wussten nach meinem Unfall oft nicht recht, wie sie mir begegnen sollten. Entweder waren sie überfreundlich oder behandelten mich, als wäre ich geistig behindert. Heute haben sie sich daran gewöhnt, dass der Rollstuhl ein Teil meiner Persönlichkeit ist.

Ich bin glücklich, dass Ueli sein Leben mit mir teilt, und zwar aus Liebe. Das motiviert mich immer wieder, scheinbar Unmögliches zu versuchen.

Der Unfall hat unsere Pläne durchkreuzt. Doch dafür haben wir neue bekommen: Dass wir ein offenes Haus haben, ist eine logische Entwicklung, denn immer wieder finden Menschen zu uns – vor allem junge. Viele brauchen bloß jemanden, der ihnen zuhört.

Mein Unfall hat unser Leben auf den Kopf gestellt. Ueli und ich lernten, unsere Prioritäten anders zu gewichten. Doch das hat uns neue Lebensqualitäten eröffnet, unsere Liebe und unseren Glauben verändert und vertieft.

Regula Horisberger
geb. 1969. Zehn Tage vor ihrer Hochzeit stürzte Regula Horisberger viereinhalb Meter in die Tiefe. Seither ist sie Tetraplegikerin.[25]

Als ich Regula zum ersten Mal sah, spürte ich, dass sie mir mehr bedeutet als andere Frauen. Sie besaß alles, was ich mir von der Partnerin an meiner Seite wünschte: Sie hatte Freude an der Landwirtschaft und war bereit, mich in dieser Arbeit zu unterstützen. Sie hatte Verständnis für meine Ambitionen im Spitzensport als Bergläufer, und der christliche Glaube war ihre Lebensbasis.

Wir malten uns die Zukunft in den schönsten Farben aus. Und dann dieser fürchterliche Unfall, nur wenige Tage vor unserer Hochzeit. Es kam mir wie ein böser Traum vor, als ich meine Braut am Boden liegen sah und sie zu mir sagte, dass sie mich nicht an sich binden wolle. Erst als der Helikopter mit ihr davonflog, realisierte ich, was passiert war – und dass mit diesem Sturz wohl unsere Wünsche, Träume und Hoffnungen zunichte geworden waren. Ich fühlte mich hilflos, weinte und betete zu Gott, dass er mir zeige, wie es weitergehen soll mit uns beiden. Mein Blick fiel auf den Verlobungsring an meiner linken Hand. Im selben Moment wusste ich, dass ich trotz allem an Regulas Seite gehörte und dass wir es schaffen würden. Diese Entscheidung hat uns zusammengeschweißt und uns Dimensionen eröffnet, die unser Leben intensiv und reich machen. Wichtiger als die berufliche Karriere, ein großer Zahltag, sind uns Werte wie Lebensfreude, Treue, Glaube und unsere Liebe zueinander. Und in allem haben wir das Sportlerprinzip Standortbestimmung nach Siegen wie nach Niederlagen zu unserer Lebensmaxime gemacht.

Ueli Horisberger
geb. 1968, Ehemann von Regula Horisberger,
Landwirt und Spitzensportler.

Meine kleine Fee

»Meine kleine Fee« – so nenne ich manchmal meine Tochter, auch wenn sie mittlerweile längst erwachsen ist. Bisher habe ich ihr aber noch nie gesagt weshalb. Heute will ich es tun. Diese kleine Geschichte widme ich ihr.

Es waren harte Zeiten: zweiter Bildungsweg, kaum Kontakte zu den andern, um Jahre jüngeren Studentinnen und Studenten; die berechtigten, aber unerfüllten Erwartungen von Frau und Tochter an den unablässig ins Lernen vertieften Familienvater; eine kleine Tochter, die heranwächst, Zähnchen kriegt, zu sprechen beginnt, die ersten eigenen Schritte tut, ohne dass ich es richtig mitkriege, die jedes Mal, wenn ich sie bei der Tagesmutter zurücklasse, herzzerreißend weint und nach mir ruft;

ökonomische Abhängigkeiten, eine ungewisse berufliche Zukunft, eine dauernde physische und psychische Belastung über die Grenze des langfristig Erträglichen hinaus; eine Gattin, welche mir zuliebe ihre körperlichen Kräfte und mentalen Ressourcen ebenfalls bis zum Letzten ausquetscht und an ihre Grenzen stößt. Dann noch das Gefühl, versagt zu haben, weil ich seinerzeit aus dem Gymnasium davongelaufen bin, und das Gefühl, jetzt dafür büßen zu müssen; Zweifel über Zweifel, ob ich »genüge«.

Meine Stimmung war an diesem Nachmittag auf dem Perron des Bahnhofs Bern auf dem Nullpunkt. Dazu noch ein trister Nachmittag mit einem Professor, von dessen Ausführungen ich kein Wort begreife, der mir definitiv das Gefühl gibt, der letzte Trottel des Abendlandes, wenn nicht gar unter der Sonne zu sein und völlig neben den Schuhen zu stehen.

Diese Gefühle quälten mich an diesem Tag auf dem Perron nicht zum ersten Mal, sie spannten sich schon seit langer Zeit wie ein Stahlband um meine Brust, schnürten mir den Atem ab; Gefühle, die ich niemandem anvertrauen konnte, mit denen ich alleine fertig werden, die ich immer wieder herunterschlucken musste – oder hätte ich es riskieren sollen, vollends als absoluter Versager dazustehen?

Warum tust du dir und den andern das alles an? Was hat dies alles noch für einen Sinn? Warum ziehst du nicht endlich einen Strich darunter? Wäre ein Ende mit Schrecken nicht viel besser als dieser Schrecken ohne Ende?!? Was hast du hier noch verloren? Alles um mich herum nehme ich an diesem Nachmittag nur noch dumpf wie im Nebel, aus weiter Ferne und beinahe unterbewusst wahr – ich bin völlig auf meine Gefühle fixiert. Mein Kopf, mein Herz hämmern – tue es doch endlich! Tue es!

Mit ohrenbetäubendem Quietschen donnert der Zug heran, das Perron vibriert, näher und näher kommt die Lok – jetzt! In diesem Moment taucht vor mir ein Bild auf, ich sehe es noch heute vor mir: Mit unglaublich treuherzigem Blick schaut meine kleine Tochter zu mir herauf und fragt mich mit ihrem sanften Stimmchen: »Papa, bringst du mir heute etwas heim?« Dabei funkeln ihre Augen heller und klarer als Diamanten, sie überstrahlen ihr rundes, treuherzig lächelndes Gesicht wie zwei leuchtende Sterne. Es sind die Augen eines Wesens, welches mich magisch in seinen Bann zieht, mich völlig verzaubert – eine wunderbare kleine Fee. Mir schießen die Tränen in die Augen, ich umarme sie und eile zum Kiosk. In diesem Moment hätte ich ihr alles auf dieser Welt schenken können.

An diesem Nachmittag bin ich gestorben und wiedergeboren worden. Die wunderbare Kraft der Liebe hat mich ins Leben zurückgerufen: Meine Tochter hat sie mir geschenkt, und mir war es möglich, sie ihr zu schenken. Die Liebe – das »Geheimnis« des Lebens, das wir alle in uns selbst tragen (und das vielleicht gerade deshalb oft vor uns selbst verborgen bleibt)!

Was ich anders machen würde, wenn ich nochmals von vorne anfangen könnte? Noch viel, viel mehr lieben! Und den Blick der Menschen für ihre Feen schärfen.

Dr. Heinrich Anker

Werte

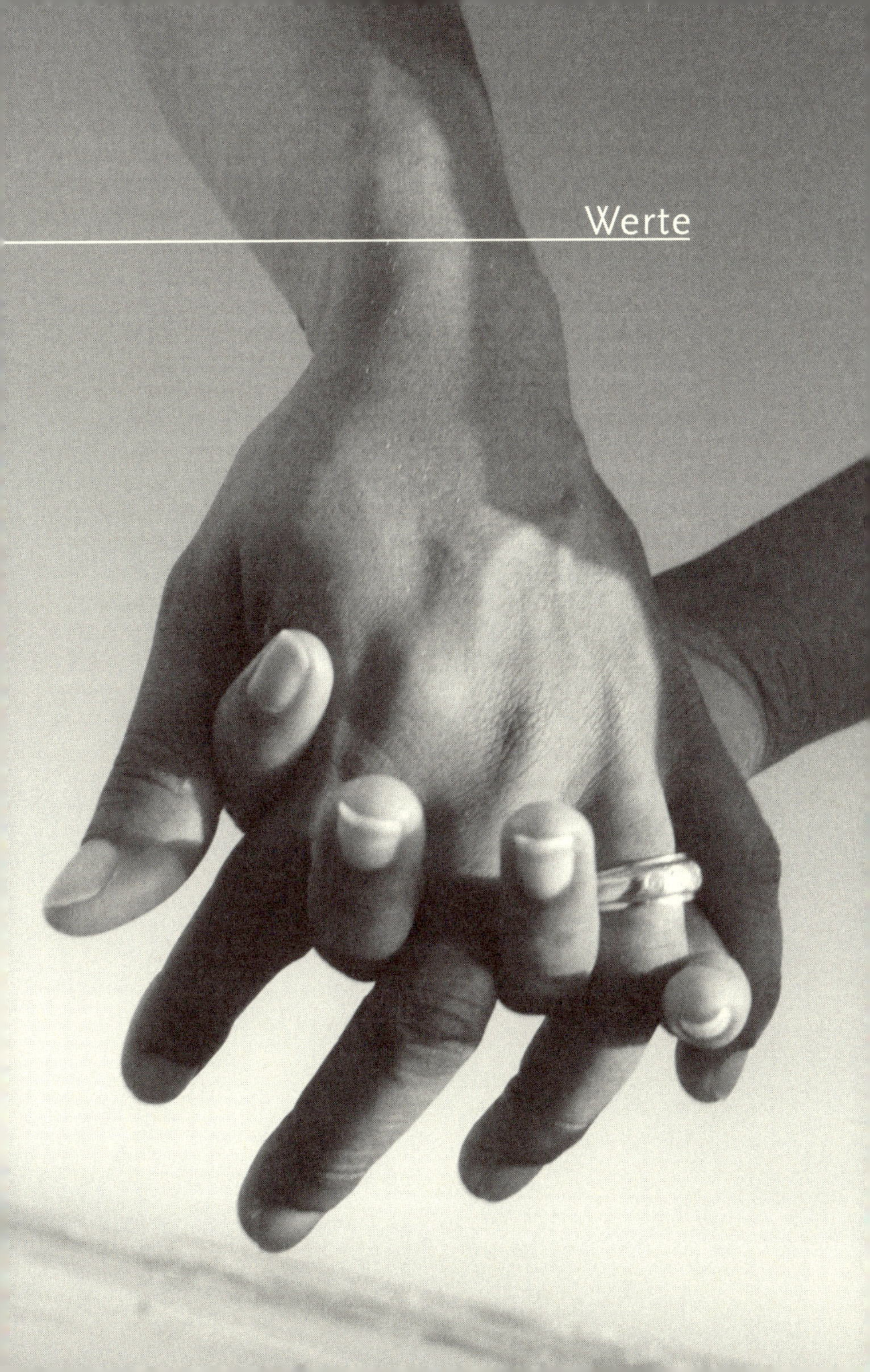

Werte

Mehr Werte

Welches sind wichtige Werte, an denen ich mich in meinem privaten und beruflichen Leben orientieren kann? Sicherlich sind die einzelnen Werte nicht für jeden gleich bedeutend; es gibt wichtigere und weniger wichtige Werte, je nach Situation und Person. Entscheidend ist aber, dass wir uns Klarheit darüber verschaffen, welches die Fundamente unseres Handelns sind. Einer der führenden amerikanischen Managementberater, Stephen R. Covey, spricht davon, dass wir »von innen nach außen« handeln müssen: »Von innen nach außen« heißt, dass Sie zunächst bei sich selbst beginnen oder, noch grundlegender, mit dem innersten Teil Ihrer selbst – mit Ihren Paradigmen, Ihrem Charakter und Ihren Motiven. Der Zugang »von innen nach außen« sagt, dass private Erfolge vor öffentlichen Erfolgen kommen.[26]

Das Merkmal eines Wertes ist das Erhabensein über die Kurzfristigkeit ist. Wert und Kurzfristigkeit schließen sich nach dieser Definition aus. Die neuen so genannten Werte der nach-industriellen Gesellschaft zeichnen sich aber gerade durch Kurzfristigkeit aus. Es sind u.a. Flexibilisierung, Mobilisierung undGlobalisierung. Ihre Auswirkungen sind: Unruhe, Veränderungen, Entwicklung, lebenslange Unsicherheit. Kann man hier überhaupt von Werten sprechen oder sollten wir nicht ehrlicher ein anderes Wort dafür finden? Im Brockhaus steht geschrieben: »Werte sind Beschaffenheit von Dingen oder Sachverhalten, die sie der Hochschätzung würdig machen.«[27] Welche Sachverhalte sind so beschaffen, dass sie unsere Hochschätzung verdienen?

Wirkliche Werte haben nicht nur in der nachindustriellen Gesellschaft ihre Bedeutung, sondern diese auch schon vorher gehabt, und sie werden auch noch nach der nachindustriellen

Gesellschaft ihre Bedeutung haben. Sie sind unabhängig von Gefühlen, von inneren oder äußeren Drucksituationen, unabhängig vom Verhalten anderer, von der Mode, von der Umgebung. Sie verschwinden nicht durch Krankheit, Verlust, Unwetter, Naturkatastrophen und Scheidungen, sie verblassen auch nicht mit der Zeit und können auch nicht durch Menschen, die diese Werte ignorieren oder missachten, eliminiert werden. Werte sind weder durch neue technologische Entwicklungen noch durch die Globalisierung oder durch E-Mail ersetzbar.

Menschen, die Werte verinnerlicht haben, ist es möglich, über den Zeitgeist hinaus zu blicken. Diese Menschen haben die Kraft zum Widerstand und zur Zivilcourage, gegen Tendenzen anzugehen, die auf Dauer schädlich für ihre Gesellschaft sind. Die durch diese Menschen erreichte Lebensqualität ist das Resultat des Zusammenspiels von Werten und Aktivitäten.

Es ist kurzsichtig zu behaupten, man müsse auf die bisherigen Werte verzichten, wenn man die heute geforderte Flexibilität erfüllen will. Tatsächlich ist das Gegenteil der Fall. Nur im abgesteckten Rahmen eines Wertesystems kann man grundsätzlich Flexibilität für veränderte Situationen entwickeln. Die christlichen Werte Glaube, Liebe und Hoffnung enthalten in sich alle wichtigen Grundlagen für erfolgreiches Denken und Tun. Nur müssen sie in unsere Zeit transponiert werden. Im jeweiligen kulturellen Kontext haben diese Werte zu allen Zeiten und unter den verschiedensten kulturellen Bedingungen Antworten auf drängende Fragen liefern können.

»Menschen können im Gegenteil den Wandel nicht verkraften, wenn sie keine Wurzel haben, wenn es in ihrem Inneren keinen unwandelbaren Kern gibt. Der Schlüssel zur Wandlungsfähigkeit liegt in einem unwandelbaren Gefühl dafür, wer wir sind, warum es uns gibt und was wir wertschätzen. Wenn wir in diesem Sinne eine Lebensaussage treffen, haben wir Voraussetzungen, mit dem Wandel zu fließen.«[28]

Zeitunabhängige Grundlagen für ein erfolgreiches und positives Handeln und Arbeiten sind u.a. Zuversicht, Freude, Vertrauen,

Kommunikation, Wertschätzung, Loyalität, Wahrhaftigkeit, Glaubwürdigkeit.

Es sind immer die gleichen Werte, die in unterschiedlichen Zeitepochen ihre konstante Gültigkeit haben. Sie müssen aber immer wieder neu entdeckt werden, und ihre Relevanz muss neu in die jeweilige konkrete Situation und Kultur übersetzt werden. Man könnte bisweilen meinen, dass die eine oder andere Innovation einen Wert aufhebt und überflüssig macht; das aber ist ein Irrtum. Wir können in keiner Zeitepoche auf Werte verzichten, die sich im Laufe der Jahrhunderte und Jahrtausende zu Grundwerten der Menschheit entwickelt haben. So erleben wir beispielsweise, dass im Zeitalter der Kommunikation die Kommunikationsmittel extrem verbessert werden, die Fähigkeit des Menschen zu kommunizieren aber keinesfalls. Wir sehen demgegenüber aber, dass im Börsengeschehen Werte wie »Vertrauen« und »Wahrhaftigkeit« eine ganz aktuelle Bedeutung gewonnen haben, wenn wir realisieren, wie sensibel die Börse und die Analysten auf Vertrauensverlust und manipulierte Aussagen reagieren können.

Wir brauchen auch ein tieferes Verständnis dafür, dass unser Geschäftsgebaren nicht wertneutral ist. »Es gibt weder eine ethikneutrale Wirtschaft noch eine ökonomiefreie Ethik. Wirtschaften ist kein wertfreies Handeln. Wirtschaften kann aber schnell zu wertlosem Handeln werden.«[29]

In unserer Erziehung haben wir von der Bedeutung des Gewissens erfahren. Es ist diese Stimme, die uns in unserem Inneren mitteilt, was gut und böse ist, und die Signale setzt, was wir zu tun haben oder lassen sollen. Aber erweist sich angesichts unserer Subjektivität das Gewissen nicht als sehr verletzbares, manipulierbares Organ, könnte man einwerfen? Was wir für richtig halten, muss doch noch lange nicht objektiv richtig sein. Natürlich besteht dieses Dilemma. Trotzdem können wir es nicht als Alibi nehmen und uns auf diese Weise aus der Verantwortung stehlen. Trotz aller Gewalt, die man dem Gewissen antun kann, bleibt es immer noch die Grundlage aller ethischen Überlegungen, solange der Mensch seine persönliche Würde nicht mit Füßen tritt. Es ist doch erstaunlich, dass gewisse Werte in allen Kulturen oder sozialen Schichten bestehen und vorgegeben

sind, wenn auch in ganz unterschiedlichen Ausprägungen: Das Wissen, dass man nicht töten soll, das Erkennen von Wahrheit und Lüge, das Gefühl von Gerechtigkeit, das Gefühl davon, dass böse Taten nicht ohne Konsequenzen hingenommen werden dürfen, der Wert der Fairness. Diese und andere Werte sind die Landkarten auf dem manchmal unwegsamen Territorium unseres Lebens. Wir können also das Gewissen nicht einfach mit dem Argument beiseite schieben, es sei ja sowieso subjektiv.

Wie aber können wir am besten ethischen Werten zu ihrem Recht verhelfen? Der Weg hin zu einer glaubwürdigen Ethik ist vorgezeichnet: Ethik erweist sich nicht als verfügbar, sondern muss tastend ergriffen werden. Das Bedürfnis nach Ethik ist kein körperliches oder psychisches Bedürfnis und beruht auch nicht auf dem Lustprinzip. »Ethik setzt ein persönliches Engagement voraus, eine Beunruhigung, eine Fragebereitschaft, den Willen zur Veränderung.«[30] Diese Haltung müssen wir durch unsere Persönlichkeit transportieren, damit sie andere ansteckt. Der Weg zu einer glaubwürdigen Ethik ist durch ein klares persönliches Wollen vorgeebnet.

Ethik ist keinesfalls eine theoretische Angelegenheit, die uns nicht berühren könnte. So schrieb Albert Schweitzer: »Die Schwäche aller bisherigen Ethik liegt darin, dass sie sich nicht auf unmittelbare und natürliche Weise mit der Wirklichkeit auseinandersetzt. Sie geht nicht auf das Erleben des Einzelnen ein.« Auch das Eingehenwollen auf die Stimme des Gewissens ist die Voraussetzung dafür, dass Menschen überhaupt über Ethik ins Gespräch kommen.

Das Emnid Meinungsforschungsinstitut in Bielefeld befragte 1997 in einer Umfrage 1.200 Deutsche nach ihren wichtigsten Werten und kam auf folgendes Ergebnis, nachdem die

Befragten einige Wertebegriffe (Ehrlichkeit, Treue, Hilfsbereitschaft, Fleiß, Streben nach Geld, Verantwortung, Pünktlichkeit, Toleranz, Zivilcourage) mit dem Auftrag vorgelegt bekamen, diese nach ihrer Priorität zu ordnen: Ganz vorne auf der Prioritätenliste standen Ehrlichkeit, Treue, Toleranz und Liebe. Auffallend ist, dass Streben nach Geld ziemlich hinten stand. Haben diese Leute angesichts der Tatsache, dass wir überall meistens mit dem Streben nach Geld konfrontiert sind, nicht ganz die Wahrheit gesagt, oder wissen alle im Grunde ihres Herzens, dass das materielle Übergewicht nicht das sein kann, wofür es sich lohnt, seine Seele zu opfern?

Es ist schade, wie viele Menschen sich verleugnen und sich von ihren authentischen Bedürfnissen entfernen. Durch beruflichen Druck und drohende Arbeitslosigkeit werden sie noch anpassungsfähiger und lassen sich Träume und Visionen definitiv austreiben. Die Beschäftigung mit Werten gehört zur persönlichen Verantwortung eines jeden Menschen; je einflussreicher er ist, desto mehr. Und wenn wir uns damit zu befassen beginnen, werden wir feststellen, dass nicht nur die Frage nach dem »Was«, dem Inhalt, gestellt werden darf, sondern auch die Frage nach dem »Woher«, den Quellen, und die Frage nach dem »Warum« und »Wohin« mitbedacht werden müssen.

In einem Antiquariat in Prag fand ich im Jahr 1998 die Prager Zeitung vom 30. Dezember 1899: »Mit klingenden Gläsern werden wir um Mitternacht an der Bahre des alten Jahrhunderts stehen. An der großen Uhr ist der Sekundenzeiger um einen Teilstrich weitergerückt, und im Silvesterjubel erschauern wir vor dem kalten Hauche. ... Ein herausragender Meilenstein ist dieser erste Tag des Jahres 1900 auf dem tausendjährigen Wege. Und so stehen wir einen Augenblick still auf der Höhe, schauen zagend in die Nebel der kommenden Zeit und schauen zurück. Wie wollen wir das vergangene Jahrhundert nennen? Ein Jahrhundert der Technik, des Dampfes, der Naturwissenschaften, des Blutes? Was uns das damals erwachende Jahrhundert versprochen hatte, das hatte es nicht gehalten. Nach dem kurzen Traum von Freiheit und Gleichheit, nach den großen politischen Revolutionen des von Schlachten erfüllten Jahrhunderts haben wir also an seinem Ende die bei weitem tiefer gehende wirtschaftliche Revolution, die ihr Ziel so sicher erreichen wird, wie jene, die Politik machten, es verfehlten. Die Technik war es, die eine der gewaltigsten Umwälzungen herbeiführte. Die Dampfmaschinen, die Werkzeugmaschinen, die Elektrizität. Elektrizität heißt das Zauberwort der Technik, mit dem wir in das neue Jahrhundert treten. Wird das neue Jahrhundert eine Umkehr bringen?«

Auch an der letzten Jahrhundertschwelle standen wir wieder einen Augenblick innehaltend auf der Höhe, blickten in die Nebel der kommenden Zeit. Hätten wir nicht viel zuversichtlicher sein müssen als die Menschen vor 100 Jahren? Wissenschaft und Technik haben doch allein in den vergangenen 30 Jahren ebenso viele Erfindungen gemacht wie in der gesamten Zeitspanne der Menschheitsgeschichte zuvor. Die Wissensverdopplung innerhalb eines Zeitraums von fünf Jahren entspricht einer Explosion des kulturellen Gedächtnisses. Warum ist es anders als vor 100 Jahren, als damals die Glühbirne noch den Weg in den Nebel der neuen Zeit hinein über das Dunkel der Rückständigkeit hinaus klar zu erleuchten schien und viele Menschen mit mehr Zuversicht als Sorge erfüllte? Warum werfen Mikrochips, globale Kommunikation und Gendesign bei vielen mehr Fragen auf, als sie beantworten, und warum bewegt viele die bange Frage, ob diese Erfindungen die Probleme der Welt schneller lösen könnten, als sie neue hervorbringen?

100 Jahre später denken wir also wieder nach: Hat das letzte Jahrhundert gehalten, was es versprach? Hat das letzte Jahrhundert nun eine Umkehr gebracht? Durch was sollte diese Umkehr bewirkt worden sein? Durch die Erfindungen und Entdeckungen? Und wie wollen wir das wiederum vergangene Jahrhundert benennen?

Es war das Jahrhundert von über 100 Millionen Toten durch kriegerische Auseinandersetzungen, es war ein Jahrhundert der

Totalitarismen. Es war das Jahrhundert der Ideologien und der ideologischen Bürgerkriege, es war das Jahrhundert des Ost-West-Konflikts, es war das Jahrhundert der Bevölkerungsexplosion, es war das Jahrhundert des Spannungsverhältnisses zwischen Demokratie und Marktwirtschaft (dessen Pendel zurzeit zu Gunsten der Marktwirtschaft ausschlägt).

Die gravierendsten und z. T. schmerzhaftesten Veränderungen des letzten Jahrhunderts sind nicht, wie damals und heute von vielen postuliert, durch große Erfindungen bewirkt worden, sondern durch den Charakter und die Gesinnung von Menschen, die den Erfindungen ihre Richtung gegeben haben. Es war der Charakter von einzelnen Menschen, der unermessliches Leid verursacht hat, und es war der Charakter von einzelnen Menschen, der Leid und Grausamkeiten verhindert hat.

So wird auch am Ende des jetzt gerade erst angebrochenen Jahrhunderts nicht der tief greifende technologische und wirtschaftliche Wandel darüber entschieden haben, wie es uns ergangen sein wird, wenn dann unsere Nachkommen zurückschauen werden, sondern es wird auch diesmal der Charakter und die Gesinnung der Menschen gewesen sein, die das jetzt anbrechende Jahrhundert dann geprägt haben werden. Der technische Fortschritt kann jeweils nur eines: Er transportiert die Gesinnung der Menschen und bewirkt die Auswirkungen der jeweiligen Gesinnungen. Wenn wir uns nun vor Augen halten, wie hoch die Übertragungsgeschwindigkeit der »neuen Transportmittel« geworden ist, sollten wir mit großer Aufmerksamkeit nur auf eines konzentriert sein: auf das, was diese Transportmittel transportieren – und das sind unsere Gesinnungen, unsere Visionen, unsere Werte.

Als ich ein kleines Mädchen war, hatte ich ein Sonntagskleid. Es war dunkelblau und vorn bestickt. Man durfte darin nicht auf der Straße herumtoben. Das Kleid war etwas Besonderes, es stand für den religiösen Wert des Sonntags, des Kirchgangs, es stand für Familiensinn, weil darin die Sonntagsnachmittagsbesuche bei Verwandten abgestattet wurden. Es stand für häusliche Sparsamkeit, denn da es aus edlerem Stoff war als die Werktagssachen, musste es länger halten. Jedes Jahr wurde der Saum ein Stückchen heruntergelassen.

Was sind eigentlich überhaupt Werte, wenn man darunter nicht Aktien und Immobilien versteht? Das Große Volkslexikon 1981: »Werte sind allgemeine und grundlegende Orientierungsmaßstäbe und geben dem Menschen Verhaltenssicherheit; aus ihnen leiten sich Normen ab, die das Alltagshandeln bestimmen.« Das klingt nach Erziehung. Wir kommen mit den Werten nicht auf die Welt. Wir lernen sie, so wie wir laufen lernen. Dies darf man, jenes nicht. Das gehört sich, jenes nicht. Das ist richtig, das ist pfui. Warum? Weil der liebe Gott sonst schimpft? Und ein Vanille-Eis gibt es auch nicht. Ein braves Kind ist gehorsam, ein braves Kind haut nicht die Mama, nimmt anderen nicht das Spielzeug weg, lügt nicht. Nein, um manches, was uns damals beigebracht worden ist, ist es wirklich nicht schade. Stillhalten zum Beispiel, Ruhe geben, nicht widersprechen, tun, was einem gesagt wird. »Blüh wie das Veilchen im Moose, sittsam, bescheiden und rein«, hat mir meine Lehrerin ins Poesiealbum geschrieben. Bei ihr bekam man Tatzen mit dem Rohrstock auf den Handteller, wenn man sich nicht fügte.

Zwei Seiten weiter die kindliche Schrift von meiner »dich liebenden Mitschülerin Isolde«: »Du bist nichts, dein Volk ist alles. Adolf Hitler.« Ach ja, Volk und Vaterland waren Werte, für die es sich durchaus lohnte, zu sterben. Hat man uns jedenfalls vermittelt. Es gab noch andere verhaltensbildende Werte, an denen sich eine kleine Mädchenseele zu orientieren hatte. Ich erinnere mich genau, dass ich mir vornahm, ein absolut reines Leben zu führen. Der Tag würde kommen, an dem ich im Beichtstuhl auf die Frage nach Unkeuschheiten sagen würde: »Nichts.«

Im Namen höchster sittlicher Werte ist aber auch so viel Grausamkeit, so viel Unrecht geschehen, dass wir durchaus nicht blindlings der Ansicht folgen müssen, Werteverfall führe unweigerlich zum Ende der zivilisierten Menschheit.

Erkenntnis, Neugierde, Aufbegehren, so ziemlich alles, was Fortschritt, und vieles, was Befreiung bedeutet hat, ist in den vergangenen Jahrhunderten nur selten als wertvoll eingeschätzt worden. Im Gegenteil: Forscher, Reformer, Zweifler, Wahrheitssucher wurden geächtet, gefoltert, verbrannt, weil sie Fragen gestellt und damit gegen bestehende Werte verstoßen hatten.

Traditionelle Vorstellungen wurden uns oft als Werte verkauft. Sie unterliegen aber, wie der Lauf der Welt, wie das Schicksal des Menschen, der Veränderung. Ich glaube einfach nicht, dass wir »wertlos« geworden sind, wenn wir traditionelle Vorstellungen nicht mehr kritiklos und selbstverständlich anerkennen.

In einer Todesanzeige, die kürzlich in einer großen Zeitung erschien, ist ein Ausspruch Friedrichs des Großen zitiert worden. »Es ist nicht wichtig, dass ich lebe. Es ist nur wichtig, dass ich meine Pflicht tue.« Ehrlich gesagt, den alten Mann, der da betrauert wurde, ein »gütiger Großvater« usw., hätte ich nicht kennen mögen. Ich möchte niemanden kennen, dem die Pflicht mehr gilt als das Leben. Ich stelle mir vor, dass ich ein Kind bin und ihm mein schlechtes Zeugnis zeigen muss. Oder seine Frau.

Wir wollen heute nicht nur wissen, wonach wir uns zu richten haben, sondern vor allem: warum. Das ist die Generalfrage heutzutage. Seit ich mich nicht mehr auf die Sprüche in meinem Poesiealbum verlassen mag, sind Erziehung und Zusammenleben nicht einfacher geworden. Das ganze Leben hat an Unsicherheit gewonnen. Ist das jetzt ein Schaden oder eine Chance?

Ein ganz alter Wert, festzementierte Grundlage für alle Partnerbeziehungen, ist ins Wanken gekommen: die Treue. Eine Zeit lang galt der aufrührerische Spruch: »Wer zweimal mit derselben pennt, gehört schon zum Establishment.« Wir haben ihre Rückkehr erlebt, weil Treue nicht etwas ist, das man einfach wegwerfen kann. Dass sie inzwischen gültig ist, als Versprechen, als Vorsatz, als Liebesbeweis, liegt nicht nur an der Angst vor Aids, sondern an der Einsicht, dass vertrauensvolle Liebe ohne Treue nicht existieren kann. Aber auch die Treue als Wertvorstellung hat sich verändert. Sie gilt nicht mehr automatisch. Sie ist ein Wagnis, ein gemeinsames Ziel für jedes Paar, das seinen eigenen Modus finden muss, seinen eigenen Weg.

Wie schwer das ist, in welche Löcher man fallen kann, erleben zurzeit vor allem die Menschen aus den neuen Ländern. Werte, an die sie von klein auf geglaubt haben, für die sie erzogen worden sind, haben sich als falsch, ja verbrecherisch herausgestellt. Wegschmeißen. Und jetzt sucht mal schön was Neues. Freundschaft hat zu diesen Werten gezählt, das ganz private Miteinander als Gegengewicht zur politischen Doktrin.

Eine junge Frau ruft ihren Mann im Büro an, als die kleine Tochter ihre ersten Schritte macht. Der Mann ist sprachlos, dass sie ihn wegen so etwas bei der Arbeit stört. Ja ja, sagt er nur, bis heute Abend. Und dann kommt er um Mitternacht nach Hause. »Und«, sagt sie, »wir haben nicht mehr darüber geredet. Nicht eine Minute, nicht eine einzige Minute Zeit hat er für uns übrig gehabt.«

Erst viel später, sagt der Ehemann, sei ihm aufgegangen, wie sehr er seine Frau damals verletzt habe. Als sie es ihm nach Jahren vorwarf, in einer schweren Phase der Entfremdung, habe er sich zum ersten Mal gedacht: Was mache ich eigentlich aus meinem Leben? Er habe daraufhin einen neuen Anfang versucht. »Vielleicht ist mir, ist uns das auch gelungen.«

Sind wir noch zu retten? Vielleicht, indem wir gelegentlich darüber nachdenken, was wir aus unserem Leben machen?

Ursula Lebert
Autorin, September 2000.

Mut

Mut

Mehr Zivilcourage

Mut und Zivilcourage sind Eigenschaften im Umgang mit anderen, denen man sich öffnet und aussetzt, eine Verbindung von Charakter und Persönlichkeit. Sie beinhalten unabhängiges Denken, Verantwortungsbewusstsein und Vertrauen in die eigenen Fähigkeiten, mit Problemen und Möglichkeiten ohne Angst vor Reaktionen umgehen zu können. Sie bedeuten, dem Bewusstsein für das, was Recht und Unrecht ist, die höhere Autorität einzuräumen als dem beherrschenden Zeitgeist oder dem Gruppenzwang. Es gibt keine Zivilcourage, ohne einen Preis dafür zu zahlen, der bisweilen auch sehr hoch sein kann. Mut und Zivilcourage sind wichtige Führungseigenschaften. Mut heißt: Authentizität bewahren auch unter Druck. Mut heißt nicht: Der Stärkere siegt.

Mut hat auch immer etwas mit Angst zu tun. Der erste Schritt zum Mut besteht nämlich darin, seine Angst zuzugeben. Wenn jemand sagt: »Ich habe Angst«, zeigt er Stärke. Wer seine Angst nicht kennt, kann auch keinen Mut entwickeln. Erst wenn ich das Risiko kenne, das ich eingehe, die Angst spüre und trotzdem das Notwendige tue, beweise ich Mut. Mut schämt sich nicht der Angst, lässt sich aber auch nicht von ihr bestimmen.

Diese Haltung dem Leben gegenüber ist uns nicht in die Wiege gelegt worden. Von Natur aus sind wir eher feige und ängstlich. Je mutiger ein Mensch wird, desto deutlicher wird er auch seine Ängste zugeben können. Mut entfaltet sich am stärksten, wo jemand trotz seiner Ängste das Lebensnotwendige wagt, wo er sich nicht hinter seinen Schwächen versteckt, sondern trotzdem seine Möglichkeiten nutzt und seine Begabungen entfaltet. Der persönliche Fortschritt im Umgang mit Mut ist nicht das Ergebnis heroischer Augenblicke, sondern das Resultat kleinster und kleiner Schritte. Mut gründet auf dem Wissen um meine Einmaligkeit. Ich darf sein, der ich bin, und werden, der ich sein kann.

Was war es, das vor 60 Jahren einzelne Männer und Frauen in Deutschland bewogen hatte, zu handeln statt zu schweigen? Sie haben Entschuldigungen wie »Das machen doch alle« oder »Wir haben keine andere Wahl« nicht gelten lassen. Sie haben die feine Stimme des Gewissens, die man jeden Tag tausendmal ignorieren kann, nicht zum Schweigen gebracht. Sie haben das »dumpfe Gefühl im Bauch« ernst genommen statt zu warten, bis es vordergründig in der Hektik des Alltags unterging.

Als wir in der Schule akribisch lernten, wo die entscheidenden Denkfehler des Dritten Reiches lagen, wurde uns beigebracht, dass wir allem misstrauisch gegenübertreten sollen, was uns keine andere Wahl lässt. Wir wurden auf Sätze wie diese als Indikatoren für falsche Gedankensysteme hingewiesen. Wir fragten uns damals bisweilen, warum die gleichen Lehrer, die oft bereits in dieser Zeit, von der sie sprachen, als mündige Erwachsene gelebt haben, nicht schon früher ihre Erkenntnisse umgesetzt hatten, als es noch nicht zu spät gewesen war.

Was werden unsere Kindeskinder einmal lernen müssen, wenn sie von der gegenwärtigen Epoche in ihrem Geschichtsunterricht hören werden? Was wird dann einmal als die fehlende Zivilcourage unserer gegenwärtigen Zeit erörtert werden? Was darf dann zu jener Zeit nie mehr vorkommen?

Ja, auch heute werden Menschen dazu verleitet, Handlungen vorzunehmen, die sie im privaten Bereich nicht verantworten würden. Sie werden zu unterschiedlichen Menschen, zu Hause und im Geschäft, ohne sich dabei etwas zu denken. Viele Führungskräfte werden dann – retrospektiv betrachtet – nur ihre Pflicht getan haben, als sie Tausende in die Arbeitslosigkeit geschickt hatten, während ihre Unternehmen zur gleichen Zeit hohe Gewinne erwirtschaftete. Sie sind dabei von keinerlei Schmerzen geplagt. Es sind nicht die eiskalten Typen, wie man sie in Pressedarstellungen gerne beschreibt. Im Grunde sind es oft ängstliche Leute, denen es an Mut und Zivilcourage fehlt und die sich aus eigenem Sicherheitsbedürfnis und ängstlicher Grundnatur dem Wirtschaftsmechanismus zu sehr devot angepasst haben.

Unsere Zeit hat das Wort »Non-helping-bystander« geprägt. Es bezeichnet das immer häufiger beobachtete Verhalten, dass Menschen wie gebannt schreckliche Ereignisse hautnah fasziniert beobachten, ohne ein dringendes Bedürfnis zur Tat zu empfinden. Dieser neue Begriff fordert uns heraus, darüber nachzudenken, ob auch wir uns zwischenzeitlich zu Unterhaltern einer »Non-helping-bystander-Mentalität« entwickelt haben.

Eine Hilfe gegen die zu beklagende Abstumpfung und schleichende Gewöhnung an destruktive Entwicklungen wäre es, wenn wir damit aufhören würden, Schmerz und Betroffenheit zu filtern und zu delegieren. Die Entscheidungsbefugten spüren nur noch selten die Situation der Betroffenen, weil nach der Schreibtischentscheidung für sie die Sache erledigt ist. Sie brauchen sich auch oft nicht mehr persönlich blicken zu lassen, wenn sie die Aufgaben an ihre Manager verteilen Die einzelnen Arbeitnehmer stehen nur noch als Zahlen in Statistiken

Was veranlasst andererseits aber Menschen dazu, ihr Leben und ihre Freiheit für bedrohte Mitmenschen zu riskieren? Was befähigt sie, ihrem Selbsterhaltungstrieb zuwiderzuhandeln? Fehlt ihnen etwas? Handelt es sich um Heilige? Sind sie nicht ganz dicht? Diese Menschen erkennen zuerst die Notlage der Gefährdeten. Die Gefahr, in die sie sich selbst bringen, ordnen sie unter. Sie sind damals wie heute bereit, ihrer Selbstachtung zuliebe ein Risiko auf sich zu nehmen.

WENN ICH NOCH einmal leben dürfte, würde ich noch einmal meine Frau heiraten.

Ich würde alle wichtigen geschäftlichen Entscheidungen, die ich selbstständig und in Übereinstimmung mit meinem Gewissen und meiner persönlichen Verantwortung fällen konnte, heute noch einmal so fällen. Von anderen geschäftlichen Entscheidungen jedoch, die ich als Kompromisse fällen musste, wo sich oft mein anfängliches Unbehagen später bestätigt hat, würde ich mich aus heutiger Sicht ohne Rücksicht auf Verluste klar distanzieren.

Dr. Richard Osswald
geb. 1917, gest. 2003. Personal-Vorstand Daimler-Benz AG/ a.D., in einem persönlichen Gespräch mit dem Autor im Oktober 1998.

DAS ENTSCHEIDENDE UND Schwierigste im Leben scheint mir, einen Entschluss zu fassen, an dessen Gültigkeit auch nach genauem Überlegen kein Zweifel bleibt. Die Ausführung des Entschlusses hat dann eine Eigengesetzlichkeit, die sich die zuvor grundlegende Erkenntnis zur Norm macht und damit das Handeln erleichtert.

Diese zwei Sätze beinhalten die Erkenntnis, die ich aus meinem »illegalen« Leben gezogen habe.

Konrad Latte
geb. 1922 in Breslau. In einem Brief an den Autor vom 27. Juli 2001. Konrad Latte gehörte zu den 1423 Berliner Juden, die die Nazidiktatur als Untergetauchte überlebt haben; weil ihm in dieser Zeit insgesamt etwa 50 »normale« Bürger allen Gefahren zum Trotz durch ihre Zivilcourage beim Untertauchen geholfen hatten, haben sich Lattes nach dem Krieg entschlossen, auch weiterhin in Berlin zu bleiben.

ICH HABE NUR meine Pflicht getan, was nichts weiter bedeutet, als ein moralisches Gesetz zu befolgen. In meinem Fall handelt es sich nur um einen bescheidenen Beitrag von Hilfe –

vielleicht eine riskante Hilfe – in einer Zeitepoche, in der die ganze Welt ähnlich hätte handeln müssen. Ich versuchte die, die Unglaubliches erdulden mussten und die Opfer von unverzeihlichen Gräueltaten wurden, zu schützen. Ich tat, was ich für nötig und richtig hielt, und wünsche nur, ich hätte tausendmal, hunderttausendmal mehr tun können. An die Risiken habe ich nicht gedacht. Man will doch morgens noch in den Spiegel schauen können. Ich war Deutsche. Was in meinem Land zur Hitlerzeit geschah, hat mich tief, tief, tief beschämt. Ich konnte es nicht mitmachen, aber ich musste ja auch nicht mitmachen. Jede mögliche Bestrafung wäre an mir abgeglitten wie Wasser an Vogelfedern, denn ich wusste, ich hatte recht gehandelt.

Ursula Meissner
geb. 1924, lebt heute in Genf. In einem Telefonat mit dem Autor im Juli 2001 und in einem Brief an den Autor vom 31. August 2001.

Diese Sätze antwortete die inzwischen 78-Jährige im Jahr 2001 auf die Frage, warum sie einer bedrohten Familie, die sie gar nicht kannte, Unterschlupf gewährt hatte. Der jüdischen Familie Latte öffnete die damals 20-jährige Schauspielerin Ursula Meissner, die am preußischen Theater unter Gustaf Gründgens spielte, 1944 in Berlin die Tür. »Hier können Sie erst einmal bleiben«, begrüßte sie die Familie. Sie sagte nicht: »Einer kann bleiben« oder »Höchstens zwei Tage könnt ihr bleiben«. Sie nannte keine Bedingung.
»Es war das erste und das letzte Mal«, erinnert sich Konrad Latte, »dass wir den Luxus genossen, uns alle drei unter einem Dach verstecken zu können. Später haben wir das niemandem mehr zugemutet.« Die Wohnung in der Schivelbeiner Straße in Berlin war für die Familie Latte die erste Station ihres Lebens im Untergrund. Ursula Meissner hatte ihre Gäste im Haus als ausgebombte Freunde vorgestellt. Die Geräusche in der Wohnung ließen sich von interessierten Nachbarn sowohl von oben wie von unten verfolgen. Es dauerte auch nicht lange, bis Ursula Meissner von einer Anwohnerin angesprochen wurde: »Ihre ausgebombten Freunde sehen aber ziemlich jüdisch aus!«

Mein lieber Konradin,
... sagen Sie nicht, dass Sie mir mit leeren Händen kämen. Sie leben! ... Was wir Menschen einander Gutes tun können, ist in Worten sehr wenig, im stillen Dunklen aber als Vertrauen herrliche Kraft.

Gottfried von Eimen
gest. 1996, in einem Brief vom 1. Dezember 1944 an Konrad Latte.

Gottfried von Eimen war ein Patenkind des Reichsmarschalls Göring, in Eliteschulen Deutschlands und der Schweiz aufgewachsen. Von Hause aus Baron und später mit Lianne von Bismarck verheiratet, gehörte er zur Elite der Gesellschaft. Er entwickelte sich zum entschiedenen Gegner des Nazi-Regimes und gehörte zu einem kleinen Kreis von Oppositionellen an der Berliner Oper. Er half nicht nur Konrad Latte, indem er ihm eine Arbeit an der Oper verschaffte, sondern auch vielen anderen vom Regime Verfolgten. Gottfried von Eimen ließ sich nach dem Krieg in Salzburg nieder und war neben seiner Arbeit als Komponist Berater für die Salzburger Festspiele. Die Uraufführungen seiner Opern und Konzerte wurden u.a. von den Dirigenten Ferenc Friscay, Herbert von Karajan und Christoph von Dohnani geleitet. Nach dem Tod seiner Frau lehrte er von 1963 bis 1972 an der Wiener Musikhochschule. Er starb 1996 in der Ramsau (Österreich), wo er zuletzt wohnte. (Schneider, Peter: Und wenn wir nur eine Stunde gewinnen. Wie ein jüdischer Musiker die Nazi-Jahre überlebte, Rowohlt, Berlin 2001.)

Ich glaube, dass, wenn die Bischöfe alle miteinander an einem bestimmten Tage öffentlich von den Kanzeln aus dagegen Stellung genommen hätten, sie vieles hätten verhüten können. Das ist nicht geschehen, und dafür gibt es keine Entschuldigung. Wenn die Bischöfe dadurch ins Gefängnis oder in Konzentrationslager gekommen wären, so wäre das kein Schade, im Gegenteil. Alles das ist nicht geschehen, und darum schweigt man am besten.

Konrad Adenauer
in einem Schreiben an den Bonner Pfarrer Bernhard Custodis vom 23. Februar 1946.[31]

Bis zum Kriegsende ist kein deutscher Bischof, weder auf katholischer noch auf evangelischer Seite, aus politischen Gründen inhaftiert worden. Was an tatsächlichem Widerstand gegen das Regime von den Kirchen ausging, kam durchwegs nur von unten, von Pfarrern, Gemeinden und einzelnen Christen. Sie hatten, wie die Listen der Opfer aufweisen, auch die ganze Last der Verfolgung zu tragen. Nicht selten haben Kirchenleitungen den aus politischen Gründen Inhaftierten und Verurteilten sogar die Solidarität verweigert, so z.B. Dietrich Bonhoeffer, dem sogar die Bekennende Kirche »den Platz auf der Fürbitteliste verweigerte«.[32]

Wir sind stumme Zeugen böser Taten gewesen, wir sind mit vielen Wassern gewaschen, wir haben die Künste der Verstellung und der mehrdeutigen Rede gelernt, wir sind durch Erfahrung misstrauisch gegen die Menschen geworden und mussten ihnen die Wahrheit und das freie Wort oft schuldig bleiben, wir sind durch unerträgliche Konflikte mürbe oder vielleicht zynisch geworden – sind wir noch brauchbar?

Dietrich Bonhoeffer[33]
geb. am 4. Februar 1906 in Breslau,
ermordet am 9. April 1945 im KZ Flossenbürg.
Theologe, seit 1933 entschiedener Gegner des Nationalsozialismus.

Jedes Volk hat seine Heldengeschichten. Und diese Geschichten geben ihm die Kraft weiterzumachen. Aber sie dürfen nicht nur Vergangenheit sein, Teil unserer uralten Geschichte. Sie müssen auch Teil unseres realen Lebens werden. Wir müssen jetzt, nicht erst später mit unserem Gewissen ins Reine kommen. Was sollen die nachfolgenden Generationen von uns lernen? Es ist besser, als freier Mensch im Kampf zu sterben, als durch die Gnade seines Mörders weiterzuleben! Wenn du nur dich selbst in Sicherheit bringst, kannst du dann einem Kind der nächsten Generation in die Augen sehen, wenn es fragt: »Was hast du getan, als man unsere Leute zu Tausenden, zu Millionen abschlachtete?« Wirst du ihm gerne sagen: »Ich habe mich versteckt und deswegen lebe ich noch?«

Abba Kovner
Seine Rede am Silvesterabend 1942/43 im Wilnaer Ghetto.

Er lebte als Partisan und wirkte im Untergrund. Er war der Erste gewesen, der auch die Warschauer Juden zum Aufstand gedrängt hatte. Eine andere Partisanin (Ruzka Korczak) schreibt über ihn: »Abba begriff die Wirklichkeit nicht wie ein Gelehrter, der logische Schlüsse zieht, sondern wie ein Prophet. Ein Prophet ist schließlich nichts anderes als ein Mensch, der sich für einen kurzen Augenblick aus der Geschichte löst, um den Weg zu überblicken, der in den Wald hinunterführt.«

»Nachtmarsch« von Rich Cohen
Fischer Taschenbuch Verlag, Frankfurt am Main, März 2002.

Wir Kinder haben keine Fragen an den Vater gestellt, mit meinem Vater wäre das auch nicht gegangen, völlig ausgeschlossen. Mit der Mutter ging es auch nicht, von der gab es nur Worthülsen zu hören wie »Wo Licht ist, ist auch Schatten« und solchen Quatsch. Es wurde geschwiegen bis zum Tod. Für mich war mein Vater in erster Linie ein Vater, und zwar ein schlechter und ein feiger dazu. Er hatte ein Verhältnis mit seiner Sekretärin, die ihm die ganze Zeit bis zu seinem Tod nicht von der Seite gewichen war. Die Ehe mit der Mutter spielte er uns allen anderen die Jahre über vor. Die Antriebsfeder meines Vaters war grenzenloser Opportunismus gewesen, und den spüre ich auch in mir. Es gab Situationen in meinem Leben, da habe ich diesen Opportunismus so in mir gefühlt, dass ich dann genau das Gegenteil gemacht habe, nur weil ich nicht so sein wollte wie er. Ich habe mich immer wieder gefragt, wie ich mich verhalten hätte an meines Vaters Stelle damals in der Diktatur. Ich habe keine Antwort gefunden. Ich weiß auch nicht, was ich getan hätte, wenn die Amerikaner meinen Vater viel härter bestraft hätten. Hätte ich mich losgesagt von ihm? Hätte ich gebrochen mit ihm? Wahrscheinlich eher nicht, obwohl ich meinen Vater nicht geliebt habe. Ich hatte oft das Gefühl, dass ich ganz alleine auf der Welt bin. Als er starb, habe ich nicht geweint. In den Redaktionen, in denen ich gearbeitet habe, habe ich mich oft gefragt, was aus meinen Kollegen damals wohl geworden wäre. Wer wäre ein Nazi gewesen? Wer ein Täter? Wer ein Mitläufer? Diesen Blick bringe ich nicht mehr raus aus meinem Kopf. Vielleicht ist das auch der Grund, warum Erfolg und Karriere nie Begriffe waren, die ich für wichtig hielt im Sinne eines geglückten Lebens. Ich hatte in meinem Leben nur ein Ziel gehabt: Ich wollte es besser machen mit meinen Kindern, als mein Vater es gemacht hat, ich wollte mit meinen Kindern einen herzlichen, offenen, auch kritischen Umgang erreichen. Dabei ging es mir vor allem um eines: Ich will, dass sie wissen, egal, was passiert, ich bin für sie da. Es ist erstaunlich, aber das Thema wird immer wichtiger. Je älter ich werde, desto mehr beschäftige ich mich damit. Deshalb ist es auch Unsinn zu fordern: Jetzt müsse mal Schluss sein mit der Vergangenheitsaufarbeitung. Das Gegenteil stimmt: Langsam ist das alles weit genug weg, dass man endlich die richtigen Geschichten erzählen kann.

Karl-Otto Saur junior[34]
Sohn von Karl-Otto Saur, der von Hitler in seinem Testament zum Nachfolger von Albert Speer als Rüstungsminister Deutschlands bestimmt worden war. Dieser sorgte während des Nazi-Regimes für die Ankurbelung der Kriegsrüstung und für den Nachschub von Zwangsarbeitern.

Aktuell belebt die Vorstellung des Filmes »Sophie Scholl« die Gemüter.

Für mich steht das Leben von Sophie Scholl und ihrer Freunde als Beispiel für Zivilcourage:

In einer Schlüsselszene des Filmes wird gezeigt, wie Sophie Scholl von ihrem Untersuchungsrichter in Versuchung geführt wird, ihren Kopf sprichwörtlich aus der Schlinge zu ziehen. Er möchte, dass sie »ihre Komplizen« von der Weißen Rose verrät! Sie widersteht dieser Versuchung und erklärt, dass sie einen Verrat am gesamten Volk nicht durch den Verrat ihrer Freunde und ihres Zieles ausgleichen könne. Über die Tragweite und Konsequenz ihrer Standhaftigkeit ist sie sich dabei vollkommen bewusst.

Sophie Scholl nimmt ihre sichere Verurteilung zum Tode in Kauf, weil ihr Ziel, gegen das verbrecherische Willkür-Regime zu kämpfen, für sie höher steht als ihr eigenes Leben. Sie verrät ihre Kameraden von der Weißen Rose nicht, nur um sich selbst zu retten. So wird sie – und ihre Freunde gleichermaßen – ein Beispiel für Zivilcourage, denn sie kämpfen für das von ihnen selbst gewählte ethische Ziel, Widerstand gegen den Nationalsozialismus als Gewaltherrschaft zu leisten. Sie riskieren bzw. opfern dafür das eigene Leben und sind in ihrem freiwilligen Kampf standhaft, auch in höchster Bedrängnis. Damit werden sie posthum zum Symbol für eine ganze Generation oder eine ganze Nation, indem sie sich ein hohes ethisches Ziel auswählen und dies nicht für ihre persönliche Rettung opfern. Sie verweigern sich selbst dem viel komfortableren Weg der Angepasstheit.

Diese Haltung macht sie zum Beispiel für bewusst gelebte Zivilcourage.

Wenn wir diese Art von persönlichem Zielkonflikt auf unsere

heutige und weit bequemere Zivilisation übertragen oder unsere persönliche Vergangenheit damit vergleichen, werden wir viele Einzelsituationen erkennen, in denen wir oder auch uns Nahestehende anders gehandelt haben. Wir ziehen einen persönlichen Vorteil von weit geringerer Bedeutung gegenüber einem ethischen und viel anspruchsvolleren Ziel vor. Andererseits hören wir immer wieder den vergeblichen Appell an uns, die persönliche »Comfort Zone« zu verlassen und uns für ein übergeordnetes oder für »ein eigentlich richtiges Ziel« einzusetzen. Wir sollen etwas für die Allgemeinheit tun und Mut beweisen. Stattdessen schwimmen wir allzu gerne wie ein Fisch im Schwarm. Wir lassen uns »gemütlich« im »Main Stream« treiben und geben der momentanen Versuchung nach.

Dazu erinnere ich mich an eine in gewisser Hinsicht ähnliche Geschichte, nämlich die eines meiner Klienten. Er hat seinen eigenen Arbeitsplatz riskiert – und letztlich geopfert –, um bei der von ihm selbst postulierten ethischen Verhaltensweise zu bleiben, womit er verschiedene andere Arbeitsplätze gerettet hat. Zugleich hat er seine Glaubwürdigkeit und die seiner verantwortungsvollen Position gewahrt. Die Forderung seines Vorgesetzten, der er sich verweigert hat, war die »billige Entsorgung« (d.h. Entlassung ohne wirklichen Grund) einiger seiner Management-Kollegen. Sein persönliches Opfer hat er dabei bewusst in Kauf genommen.

Was er damals nicht ahnen konnte, war, dass dieses Verhalten seinem späteren Leben eine entscheidend positive Wende gegeben hat ...

Alexander Prinz zu Schleswig-Holstein (Manager-Coach)
Januar 2006.

Nichts ist eines Kulturvolkes unwürdiger, als sich ohne Widerstand von einer verantwortungslosen und dunklen Trieben ergebenen Herrscherclique »regieren« zu lassen. Ist es nicht so, dass sich jeder ehrliche Deutsche heute seiner Regierung schämt, und wer von uns ahnt das Ausmaß der Schmach, die über uns und unsere Kinder kommen wird, wenn einst der Schleier von unseren Augen gefallen ist und die grauenvollsten und jegliches Maß unendlich überschreitenden Verbrechen ans Tageslicht treten?

Flugblatt der »Weißen Rose«
nach einem Entwurf von Hans Scholl und Alexander Schmorell, Juni 1942.

An der Münchner Universität findet sich im Frühjahr 1942 um Hans und Sofie Scholl und Alexander Schmorell eine Gruppe von Studenten zusammen, die sich der totalen Vereinnahmung durch den Nationalsozialismus entziehen. Sie werfen Hunderte von Flugblättern u.a. in den Lichthof der Universität. Sie werden von einem Hausmeister gestellt und der Gestapo übergeben. Als führende Mitglieder der »Weißen Rose« werden sie am 2. Februar 1943 zum Tode verurteilt und am selben Tag hingerichtet. Aus dem Todesurteil: »Wenn solches Handeln anders als mit dem Tod bestraft würde, wäre der Anfang einer Entwicklungskette gebildet, deren Ende einst – 1918 – war. Deshalb gab es für den Volksgerichtshof zum Schutze des kämpfenden Volkes und Reiches nur eine gerechte Strafe: die Todesstrafe. Durch ihren Verrat an unserem Volk haben die Angeklagten ihre Bürgerehre für immer verwirkt«, gez. Dr. Freisler.

Es ist die Zeit, dass jetzt etwas getan wird. Derjenige allerdings, der jetzt etwas zu tun wagt, muss sich bewusst sein, dass er wohl als Verräter in die deutsche Geschichte eingehen wird. Unterlässt er jedoch die Tat, dann wäre er ein Verräter vor seinem eigenen Gewissen.

Claus Graf Schenk von Stauffenberg
kurz vor seinem Tod.
Geb. 15. November 1907, ermordet am 20. Juli 1944 in Berlin im Hof des Bendlerblocks.

Ich möchte, dass man weiß: dass es keinen namenlosen Helden gegeben hat, dass es Menschen waren, die ihren Namen, ihr Gesicht, ihre Sehnsucht und ihre Hoffnungen hatten, und dass deshalb der Schmerz auch des Letzten unter ihnen nicht kleiner war als der Schmerz des Ersten, dessen Name erhalten bleibt. Ich möchte, dass sie euch alle immer nahe bleiben, wie Bekannte, wie Verwandte, wie ihr selbst.

Julius Fucik
Haftaufzeichnung aus dem Frühjahr 1943.
Journalist, geboren am 23. Februar 1903 in Prag, im April 1942 in Prag von der Gestapo verhaftet. In der Gefängniszelle schreibt er seine »Reportagen unter dem Strang« und kann sein Manuskript aus dem Gefängnis schmuggeln lassen. Im Mai 1943 wird er nach Deutschland verschleppt, zum Tode verurteilt und in der Nacht vom 7./8. September 1943 gemeinsam mit 185 anderen Verfolgten des NS-Regimes in Berlin Plötzensee ermordet.

Authentizität

Authentizität

Mehr Authentizität und Wahrhaftigkeit

Heute wird die Wirklichkeit hergestellt, erschaffen, erzeugt. Die selbst inszenierte und deswegen nicht echte Authentizität kommt aus dem Bedürfnis, sich zu vermarkten, bei anderen gut anzukommen und sich damit einer schwierigen Wirklichkeit und Selbstwahrnehmung zu entziehen. Die Wahrnehmung des eigenen Selbst orientiert sich nicht mehr am eigenen So-Sein (Authentizität), an den eigenen Gefühlen und Fähigkeiten, vielmehr gilt es, die eigene Persönlichkeit und den eigenen Charakter zu inszenieren und sich selbst eine Ich-Identität oder ein Persönlichkeitsprofil von außen überzuziehen: die Rolle des Erfolgreichen, Selbstbewussten, Selbstsicheren, Einfühlsamen, Rationalen, mit Charisma Ausgestatteten. Die Identifizierung mit dem inszenierten Selbsterleben kann so weit gehen, dass für den Betreffenden selbst und für seine Umwelt nur noch mit Mühe erkennbar ist, wer er nun wirklich ist und was an ihm echt ist.

Die erste Stufe, die wir mit unserem inszenierten Verständnis von Authentizität hinabgestiegen sind, hieß: »Du bist nicht das, was du bist, sondern das, was du machst.« Das Motto war: »Schaffe für deinen Wohlstand so viel und so schnell du kannst, du lebst nur einmal.« Die zweite Stufe abwärts, die wir heute erleben, heißt: »Du bist nicht, was du machst, sondern was du kaufst.« Kaufe eine andere Marke, einen anderen Lifestyle, dann bist du auch eine andere Person. Das schnelle Ende heißt dann folgerichtig: »Wenn du das, was du bist, nicht mehr kaufen kannst, dann bist du am Ende.«

Wenn ich auf mein Leben zurückblicke und mich frage, welche Menschen mich schon als Kind am meisten beeindruckt hatten, dann waren es authentische Menschen, die auch unter Druck und widrigen Umständen so blieben, wie sie waren, die sich unter Einsatz ihres eigenen Lebens für eine gerechte Sache eingesetzt hatten. Es waren Menschen, die sagten, was sie dachten, und die lebten, wie sie redeten.

Die größten Enttäuschungen empfand ich, wenn ich Menschen begegnete, die gekniffen haben, wenn es drauf ankam, die so genannten Freunde, die plötzlich nicht mehr da waren, wenn man sie brauchte, weil ihnen die Freundschaft plötzlich Nachteile bringen konnte, die ihre Werte unerwartet preisgaben, weil die Karriere wichtiger war.

Authentizität ist etwas Selbsttätiges, das seinen Ursprung im eigenen Sein und nicht im Aneignen haben muss und so eine schöpferische Qualität hat, und diese Authentizität heißt es wiederzuentdecken und freizuschaufeln. Nur wenn menschliches Leben eine sich durchhaltende Eigengesetzlichkeit zeigt, kann man von authentischem Leben sprechen.

Lebt der Mensch authentisch, so verfügt er automatisch über Zivilcourage und Mut, denn er bleibt auch in der Herausforderung der, der er ist und der er war. Mut heißt, Authentizität bewahren auch unter Druck, und bedeutet unabhängiges Denken, Verantwortungsfreude und Vertrauen in die eigenen Fähigkeiten, mit Problemen und Möglichkeiten erfolgreich umgehen zu können.

Authentisches Leben lässt sich wieder erlernen, indem man sich auf seine ursprünglichen Kräfte besinnt, ihnen Raum gibt und sie wieder praktiziert. Wer das wagt, gewinnt an persönlicher Freiheit.

Wahrhaftigkeit ist das, was nicht maskiert ist. Wahrheit ist das, was wir tun, wenn es niemand merkt, was wir denken, wenn wir ganz allein sind. Wahrheit kann schmerzlich sein. Wahrheit ist die Spur, die wir in unserem Leben bereits hinterlassen haben, die wir nicht mehr verändern können. Wahrheit hängt mit Demut genauso zusammen wie Manipulation mit Macht. Wahrheit ist noch etwas anderes als Richtigkeit. Es gibt Rechnungen, die richtig, aber trotzdem nicht wahr sind. Richtigkeit ist eine Funktion des Verstandes, Wahrheit ist darüber hinaus eine Angelegenheit des Herzens. Wahrheit ist Verzicht auf Manipulation. Manipulation ist Schein anstelle von Sein. Hauptsache, es sieht so aus, als täten wir etwas Gutes. Manipulation führt zu Vertrauensverlust. Wo Vertrauen verloren geht, wächst Misstrauen.

Sagen wir das, was wir meinen: »Ich bin zu faul, zu dir zu kommen«, und nicht: »Ich habe keine Zeit.« Schreiben wir, was wir meinen, z.B. in Zeugnissen und Zwischenzeugnissen von Mitarbeitern. Die Wahrheit bedarf nicht des Werkzeuges der Manipulation, um noch wahrer zu werden. Wahrheit und Wahrhaftigkeit haben langfristig eine ungeheuer kreative, innovative Kraft. Manipulation ist in Wirklichkeit langweilig, farblos und flach. Sie hat keine Lebensenergie in sich.

Jemand sagte einmal: »Meine Ohren sind so voll von dem, was du bist, dass ich nicht einmal hören kann, was du sagst.« Das, was wir sind, spricht mehr als das, was wir sagen. Nichtauthentische Menschen bereiten ihren Mitmenschen Unbehagen. Wenn Taten anders sind als Worte, werden es die anderen mit der Zeit merken, und es werden keine Fundamente entstehen, auf denen Beständiges gebaut werden kann.

Die Möglichkeiten, tragende Beziehungen aufzubauen, liegen in uns selbst, in unserem Charakter. Glaubwürdigkeit sollte unser unverzichtbares Merkmal sein. »Wir müssen das, was wir denken, sagen. Wir müssen das, was wir sagen, tun. Wir müssen das, was wir tun, dann auch sein.«[35]

Bei der Begegnung mit uns muss man spüren, dass wir uns weder überflüssig noch unterlegen wissen ..., dass es uns gar nicht darauf ankommt, um jeden Preis ein paar Lebenstage länger da zu sein, dass es aber wohl darauf ankommt, um jeden Preis so zu sein, wie wir sind.

Alfred Delp
geb. am 15. September 1907, ermordet am 2. Februar 1945 in Berlin Plötzensee.[36]
Jesuitenpater, arbeitete bis 1941 als Redakteur der katholischen Zeitschrift »Stimmen der Zeit«. Pflegte Kontakt zu Kreisen des Deutschen Widerstandes.

Ich werde lieber gehasst für das, was ich bin, als geliebt für das, was ich nicht bin.

Rainer Werner Fassbinder
geb. 1945, gest. 1982. Schauspieler, Regisseur, Autor und Produzent.

Vor einigen Jahren hatte ich im Zürcher Fraumünster eine Trauung zu halten. Das prominente Paar stritt immer noch aufs Heftigste, während sich die Kirche bereits füllte, unter anderem mit Regierungsvertretern, Botschaftern, der Presse und berühmten Schauspielern. Mir wurde plötzlich klar, dass die Hochzeit ein Flop würde. So machte ich dem Paar unmittelbar vor dem Anlass den Vorschlag, dass ich angesichts der bereits gefüllten Kirche zwar die Predigt halten würde, der versammelten Gesellschaft aber danach erklären würde, dass man auf den Trauungsakt verzichten wolle, weil sich das Paar seiner Sache doch noch nicht ganz sicher sei. Mir wurde entrüstet deutlich zu verstehen gegeben, dass dies einen öffentlichen Skandal auslösen könnte und auf keinen Fall zu erwägen sei. Gegen meine innere Überzeugung ließ ich mich dazu überreden. Vier Wochen nach der Trauung reichten die beiden die Scheidung ein und bekämpften sich mit Hilfe von Anwälten anschließend zwei Jahre lang frei nach dem Motto: Heirate in Eile, bereue in Muße.

Heute bereue ich es, dass ich mich damals dem Druck der Stunde gebeugt hatte, statt auf meine innere Stimme zu hören und treu zu bleiben und die Trauung kurzfristig abzusagen.

Johannes Czwalina

UND HIER WAR ich nun, mittlerweile von dieser kapitalistischen Logik vereinnahmt, rekelte mich auf den Polstern meines BMW und genoss Schuberts Winterreise, während ich auf einer Kreuzung auf grünes Licht wartete. Ich führte das Leben eines anderen, nicht mein eigenes. Wie viel an der Person, die ich »ich« nannte, war wirklich ich? Und wie viel nicht? Diese Hände, die das Lenkrad umfassten, zu wie viel Prozent konnte ich sie mein Eigen nennen? Und all das, was ich draußen sah, wie viel davon existierte wirklich?

Für mein Gefühl versuche ich unentwegt, jemand anders zu werden, einen neuen Platz zu finden, mir ein neues Leben, eine neue Identität zu erobern. Indem ich ein anderer würde, könnte ich mich von allem befreien. Aber jedes Mal lande ich in einer Sackgasse. Die Kulisse ändert sich vielleicht, aber ich bin immer noch derselbe unvollständige Mensch. Ich glaube sogar, gerade dieser Mangel definiert mich. Genauer kann ich mich nicht beschreiben.

Haruki Murakami
Japanischer Schriftsteller, 1990.

»NOCH EINMAL ANFANGEN« hieße ja letztlich, noch einmal geboren zu werden, aber zu demselben Zeitpunkt, wieder am 28. Mai 1953, als ältester Sohn von Eltern, die ihrerseits aus einer besonderen Familienkonstellation kommen:

Mein Vater ist jüngster Sohn von sieben Geschwistern einer gutbürgerlichen Industriellenfamilie im Rheinland und wird von seinem Vater als »Lieblingssohn« gegenüber den älteren Brüdern und Vettern großgezogen. Eigentlich wollte mein Vater

Arzt werden, als er aus der russischen Kriegsgefangenschaft als physisches Wrack nach Hause kam, aber sein Vater überredete ihn, »mit ins Büro« zu kommen und Unternehmer zu werden, obwohl er eher ein hochsensibler Visionär ist als ein industrieller Macher.

Meine Mutter ist die jüngste Tochter Konrad Adenauers und hat sehr schmerzlich den Freitod ihrer Mutter nach dem Aufenthalt im Konzentrationslager Brauweiler erlebt, nachdem diese nach Gestapo-Folterungen das Versteck ihres Mannes im Kloster Maria Laach preisgegeben hatte. Meine Mutter führte den Haushalt ihrer Eltern in Rhöndorf von 1946 bis zu ihrer Hochzeit 1950 und begleitete ihren Vater als »Lieblingstochter« häufig als First Lady auf Auslandsreisen.

Natürlich waren wir Enkel auch häufig im Rhöndorfer Wohnhaus meines Großvaters, und immer zu Weihnachten, am 2. Weihnachtstag (auf »Stephanus«, da erhielt ich immer zum Namenstag auf dem Schoß des Großvaters ein besonderes Geschenk) und zu Pfingsten zum »Kirschenessen«, weil in dem großen Garten in Rhöndorf viele Kirschbäume standen, die abgeerntet werden mussten. Manchmal haben wir die Kirschen dann heimlich an schaulustige Passanten über den Zaun verkauft.

Als ich also 1953 in diese Familienkonstellation als ältester Sohn von fünf Geschwistern hineingeboren wurde, griffen gerade die Russen in Südkorea an und die Deutschen fürchteten dasselbe Schicksal in Berlin. Also war es klar, dass der älteste Sohn dieser Eltern zu einem »Krieger für die gute Sache« erzogen wurde, möglichst fit und stark für den wirtschaftlichen Wiederaufbau und die politische Auseinandersetzung im Geiste der beiden übermächtigen Großväter.

Natürlich war es klar, dass ich meine eigenen Träume und Eigenschaften zurückzustellen hatte und habe – zur unparteiischen Erfüllung der ausgesprochenen und unausgesprochenen Erwartungen beider Eltern – weder eindeutig die Wirtschaft noch eindeutig die Politik angesteuert, sondern habe den goldenen

Mittelweg gesucht. Ich habe nicht nach innen gelauscht, sondern angepasst den Weg des geringsten Widerstandes gewählt.

Dafür einige Beispiele:

Ich habe in der Schule nicht den naturwissenschaftlichen oder neusprachlichen Zweig gewählt, sondern den altsprachlichen. Ich habe nicht Naturwissenschaften und Technik studiert, sondern Jura/Geschichte/Politik und Ökonomie. Ich habe nicht Kontrabass oder Saxophon für Jazz gelernt, sondern Klavier und Violoncello für klassische Musik. Ich bin zwar aktiv in die Hochschulpolitik gegangen, habe aber eine Kandidatur 1976 für das Europaparlament nicht angestrebt, sondern bin zum Studium in die USA gegangen.

So ließe sich die Reihe der Beispiele fortsetzen. Danach habe ich weiterhin mit Ungeduld und Ehrgeiz die unausgesprochenen Erwartungen der übermächtigen Großväter zu erfüllen gesucht:

Höchste Mobilität zur Karriereentwicklung war mir wichtiger als familiäre Wurzeln und Nestbau für meine vier Kinder. Opportunistisches Herumziehen war mir wichtiger als mit Ruhe, Geduld und Abwarten an einem eindeutigen Lebensweg zu bauen. Für die Entwicklung meiner Ehe war dies tödlich. Nach der unausweichlichen Trennung meiner Ehefrau von mir versuchte ich in anschließenden Partnerschaften eine größere Effizienz und Bereitschaft zu emotioneller Nähe und Wärme zu erreichen, habe dabei aber nicht erkannt, dass nach der ersten Sinuskurve der Begeisterung und Desillusionierung der »zweite Wein« im Sinne der Hochzeit zu Kana viel besser gewesen wäre. Was habe ich aus allem gelernt? Ich werde in Zukunft viel mehr auf meine innere Stimme hören, einen eigenen Lebensstandpunkt, losgelöst von den großväterlichen Erwartungen, einnehmen und mich ganz auf die Verwirklichung eines lebenswerten Lebens fokussieren. Das kann ein ganz einfaches Leben bedeuten, aber es wird auf jeden Fall ein wirklich authentisches Leben sein. Dazu gehört eine vertraute Partnerin ebenso wie meine geliebten Kinder, denen ich noch viel mehr zur Seite sein möchte. So viel zu den potenziellen Veränderungen meines Lebens, wenn ich nochmal anfangen könnte.

Stephan Werhahn

geb. 1953,
Enkelsohn von Konrad Adenauer.
In einem Brief an den Autor vom November 2005.

Wider die Wogen des »Zeitgeistes«

Versicherungsgesellschaften sprechen von den »Wechselfällen des Lebens«, wenn sie die Vielfalt unserer menschlichen Irrungen und Wirrungen in ihre Amtsprache übersetzen. Ich gebe freimütig zu, dass mein bisheriger Lebensweg eine gewisse Buntheit aufweist. Mein kleines »deutsches Schicksal« hängt eng mit der Teilung und Wiedervereinigung unseres Landes zusammen:

Ich bin als Sohn eines evangelischen Landpfarrers in der DDR aufgewachsen und habe 1968 in Potsdam das Abitur gemacht. Kurz vor dem Examen meines Landwirtschaftsstudiums an der Humboldt-Universität in Berlin wurde ich gemeinsam mit zwei Kommilitonen aus politischen Gründen von der Universität zwangsweise exmatrikuliert. Um mein Studium dennoch abzuschließen, habe ich dann mit dem Schlauchboot einen Fluchtversuch über die Ostsee unternommen, der nach 25 Stunden auf einem norwegischen Frachter, in der DDR gebaut und mit DDR-Besatzung auf Probefahrt, endete. Anschließend wurde ich vom Staatssicherheitsdienst der DDR in Rostock und Potsdam inhaftiert.

Ich hatte Glück im Unglück: Ausgerechnet zum Zeitpunkt meiner Inhaftierung erließ der damalige DDR-Staatsratsvorsitzende Erich Honecker kurzzeitig eine Amnestie, in die auch die politischen Gefangenen einbezogen wurden. So wurde ich nach drei Monaten wieder in die DDR entlassen und bin dann – nach einer gewissen zeitlichen Verzögerung – 1974 von der Bundesregierung »freigekauft« worden.

Nach erfolgreichem Studienabschluss an der technischen Universität Berlin war es eine interessante Aufgabe, 1990 als Berater der ersten und letzten frei gewählten Regierung der DDR das Amt des Regierungssprechers der DDR nach den Volkskammerwahlen aufzubauen. Ich habe damals sehr eng mit Matthias Gehler (Regierungssprecher) und Dr. Angela Merkel (stellvertretende Regierungssprecherin) zusammengearbeitet.

Für mich war und ist immer die Geschichte hinter der Geschichte oder der Mensch hinter dem Menschen besonders wichtig. Ich lebe noch in der kindlichen Hoffnung, dass es einen derartigen Hintergrund gibt, der trägt und auch ein Stück führt.

Vorbilder zu haben und selbst den Versuch zu unternehmen, Vorbild zu sein, halte ich für eine wichtige und notwendige Lebensperspektive. Wir laufen im Gewirr des Alltags Gefahr, derartige wichtige Zusammenhänge aus den Augen zu verlieren.

Denn: Es geht immer um mehr als nur um den Moment oder um die »Woge des Zeitgeistes«. Natürlich kann und muss man sich der jeweiligen Tagesaktualität stellen. Das braucht man mir als leidenschaftlichem PR-Mann nicht zu sagen. Ich habe durch meinen Vater, der evangelischer Pfarrer war, und insbesondere durch meinen ersten richtigen Chef, den damaligen Niedersächsischen Kultusminister Werner Remmers, einem engagierten Katholiken aus dem Emsland, gelernt:

»Es kommt im Leben darauf an, alle diese tagespolitischen Ereignisse und Aufgeregtheiten aus einem gewissen Abstand richtig einzuordnen.«

Die Kraft für diesen Abstand zu finden fällt insbesondere uns Männern schwer. Wir befinden uns permanent im gefährlichen »Dschungel« des Lebens. Das Leben eines Mannes soll spannend sein, ein Abenteuer: Neudeutsch also einen »Kick« haben! Offenbar fällt es uns in beiderlei Geschlecht immer schwerer, aus eigener Kraft diesen »Kick« zu schaffen.

Insgesamt entsteht trotz des »Normalstresses des Alltags« für mich immer öfter der Eindruck, dass sich viele Menschen langweilen und motivationslos vor sich hindämmern. Die Freizeitindustrie hat das seit Jahren längst erkannt:

Es sind stets neue und umfassendere und härtere Formen der Lebens- und Freizeitgestaltung im Angebot, um zu animieren, uns zu zerstreuen, also um letztlich von dieser gähnenden langen Weile abzulenken.

Nun muss man keine wilden Tiere vertreiben, um das große Abenteuer zu erleben. Dories Dörrie behauptet, dass Männer deshalb so deutlich schnarchen, um durch dieses unüberhörbare Geräusch in der Nacht die Frauen vor den herannahenden wilden Tieren zu schützen.

Aus meiner Erfahrung hat Langeweile auch etwas mit Anpassung zu tun. Strömungstechnisch sprechen wir hier vom so genannten »CW-Wert«. Technisch gesehen ist der Wert Null optimal, menschlich gesehen eine Katastrophe! Meine Antwort:

Ich habe bisher niemals nach dem Grundsatz gelebt, unaufgefordert die Gedanken des anderen zu denken!

Damit möchte ich nicht dem permanenten Ungehorsam oder der Ablehnung bürgerlicher Konventionen das Wort reden. Im Gegenteil: Die Farbigkeit, die Vielfalt und – wenn Sie so wollen – die Originalität eines Menschen nährt sich nicht allein aus dem Maß seiner Anpassungsleistung, sondern aus der individuellen Kraft seiner Persönlichkeit.

Normen zu akzeptieren, Konventionen einzuhalten, Hierarchien zu respektieren, Spielregeln zu beachten sind stehende Verpflichtungen, also Pflicht, aber es gibt auch noch immer eine Kür, und die dürfen wir eigentlich auch zeigen!

Erneut möchte ich meinen ersten Chef Kultusminister Dr. Remmers zitieren:

»Ihr müsst den Mut haben, die Mütze über den Graben zu werfen, die anderen werden dann schon hinterherkommen.«

Das heißt aber noch lange nicht, unternehmerischen, politischen oder menschlichen »individuellen Autismus« zu betreiben und quasi mit offenen Augen eine »Betonwand« zu durchschreiten, oder wenn ich an bestimmte Ansagen des damaligen Spitzenpersonals der Toll Collect aus dem Jahr 2003 denke, nach der Devise zu handeln:

»Wir wissen, dass wir in der falschen Richtung unterwegs sind, deshalb haben wir jetzt das Tempo erhöht!«

Es kommt darauf an, so viele funktionierende »Außenfühler« zu besitzen, um das tatsächlich Machbare zu erkennen und dann auch konsequent umzusetzen. Diese soziale Sensibilität sollten wir uns leisten und gönnen.

Ich habe im Herbst 2002 übrigens ganz bewusst den Namen »Sensor« für unsere Mitarbeiterzeitung vorgeschlagen, um diese Wahrnehmungsfähigkeit als eine Kernkompetenz eines Dienstleistungsunternehmens zu verdeutlichen.

Natürlich, unsere Welt ist schwieriger und komplizierter geworden. Sollten wir aber deshalb resignieren oder nur noch dem Zeitgeist verpflichtet sein und dem Alten Testament folgend nach der Devise »Jeder Tag hat seine eigene Plage« leben?

Wir sollten uns mehr Zeit nehmen für uns selbst. Den anderen Menschen – ob privat oder am Arbeitsplatz – zur Kenntnis nehmen. Was wissen wir eigentlich von ihm, außer dass er mehr oder minder »funktioniert«!

Ich finde Freudigkeit und Originalität wichtig und ermutigend und versuche diese Tugenden – so gut ich kann – auch zu leben und auszustrahlen. Es sind also Tugenden, die keineswegs an das Alter gebunden sind. Die »geistige Frische« ist keine Frage des Alters. Der Dialog zwischen den Generationen, wie er über Jahrhunderte auf den Bauernhöfen in der Weitergabe der Kenntnisse und Erfahrungen üblich und erfolgreich war, ist auch für die industrielle und postindustrielle Welt unverzichtbar. Wir werden das wieder üben dürfen!

Wir haben z. B. bei der Adtranz die pensionierten Ingenieure des Neigezuges wieder in die Fabriken zurückgeholt, weil die jungen Kollegen zwar mit dem Computer vor dem Zug standen, er aber leider nicht fuhr! Die älteren Herren sind dann unter den Zug gekrochen, um des »Pudels Kern« zu erfassen.

Wenn ich eine Sache im Leben gelernt habe, dann das: Der Dialog von mehreren Generationen ist zwar höchst anstrengend, aber im Sinne des »Glücken« von wirtschaftlichen, politischen und sozialen Aufgaben unverzichtbar. Auf die richtige Mischung kommt es an und nicht auf das niedrigste Durchschnittsalter! Also weder Jugendwahn noch natürliche Vergreisung sind die richtige Mischung!

Kopfgeburten oder die Deutschen sterben aus! – So lautet die Überschrift eines Buches von Günter Grass aus den Achtziger Jahren: Darin philosophiert ein typisch bundesdeutsches Paar während einer Fernreise, ob es nun sinnvoll sei, in diese Welt ein Kind zu produzieren.

In wunderbarer Weise spricht Grass hier vom »süßen Wagnis Leben« und entgegnet damit den schon masochistisch anmutenden Diskussionen des Selbstzweifels dieses Ehepaars. Diesem Wagnis sollten wir uns stellen!

Hans-Christian Maaß
geb. 1950, Toll Collect GmbH, Leitung Abteilung Communication/Public Affairs. Dezember 2005

Vorteile?

Vorteile?

Mehr haben?

Die sich schnell verändernde Industriegesellschaft versteht es perfekt, Bedürfnisse zu befriedigen. Unsere Konsumgesellschaft eignet sich perfekt, Bedürfnisse zu erzeugen. Aber eine zutiefst menschliche Sehnsucht wird nicht erfüllt: die Sehnsucht nach Sinn. Wir besitzen genug, manchmal übergenug von dem, wovon wir leben können. Aber wissen wir, wofür wir leben, wozu wir zu leben im Stande wären? Wir haben die Lebensmittel, aber wie sieht unser Lebenszweck, unser Lebenssinn aus? Wir empfinden Unbehagen, haben aber nicht die Kraft, unser Unbehagen auszudrücken.

Erfolgreiche Menschen erscheinen mir bisweilen wie verloren gegangene Schatzsucher. Weil sie das Ziel, das ihrem Bedürfnis entspricht, nicht gefunden haben und weil das alltägliche Berufsleben sie nicht befriedigt, erklären sie kurzerhand die Wege selbst zu Zielen und machen das Karrierestreben zum Selbstzweck. Der Verlust des Sinns hat dann zur Folge, dass ein Vertauschen von Wegen bzw. Mitteln mit Zielen stattgefunden hat.

Macht und Einfluss, Arbeit und Leistung, Haus, Geld – sind das Ziele oder Wege? Schöne oder schnelle Fortbewegungsmittel wie Auto oder Motorrad – sind das Ziele oder Mittel unseres Lebens? So gilt für viele Ältere: Ich weiß zwar nicht, wohin ich reise, aber dafür komme ich umso bequemer dorthin. Und so gilt für viele Jüngere: Ich weiß zwar auch nicht, wohin ich reise, aber dafür bin ich umso schneller dort.

Wenn es sich um Ziele handelt, was bleibt von unserer Identität, wenn Leistungskraft und Gesundheit eines Tages nicht mehr da sind?

Welches Ziel aber haben wir und welche Bedeutung haben unsere Ziele, wenn wir wüssten, dass wir nur noch einen Monat zu leben haben?

Vorteile?

Die Wachstumswirtschaft braucht als ständigen Motor stetig zunehmenden Konsum. Das Konsumdenken wird uns ständig indoktriniert, obwohl die Grenzen des Wachstums seit langem ein bekanntes Faktum sind. Auch die Natur kennt kein unbegrenztes Wachstum, warum sollte ausgerechnet die Wirtschaft unbegrenztes Wachstum haben können?

Wir können uns nicht frühzeitig genug von einer zu glatten Denkweise verabschieden, die jedem ein sorgenfreies Leben und unbeschränkte Freiheit und unbeschränkten Genuss verspricht.

Ist Unabhängigkeit durch den Reichtum oder vom Reichtum das letzte Ziel? Kant schreibt: »Reich ist man nicht durch das, was man besitzt, sondern mehr durch das, was man mit Würde zu entbehren weiß. Es könnte sein, dass die Menschheit reicher wird, indem sie ärmer wird, und gewinnt, indem sie verliert.«

Warum bewegt oft echte Resignation die Menschen? Weshalb beschleicht uns Unbehagen, die einen bewusst, die anderen, zahlreicheren, unbewusst? Sind wir plötzlich nicht mehr zufrieden mit der Welt, die wir uns selbst aufgebaut haben? Am Anfang unserer Karriere – so merkwürdig das klingen mag – war unsere Welt einfach. Es gab den Imperativ »Arbeiten und Aufbauen«. Zunächst wollten wir Brot, um zu leben. Nachdenken musste später kommen. Aber offenbar ist nicht die ganze Rechnung aufgegangen. Ein Unbehagen hat sich eingestellt, als wir erkannten, dass unsere Wirtschaft in zunehmendem Maße eine Zivilisation hervorbringt, in deren Mittelpunkt ausschließlich die Produktion und Konsumation von Gütern steht. Die Gefahr, in der wir uns ohne Zweifel befinden, ist gekennzeichnet durch die Tatsache, dass deshalb solche Güter, die keinen Marktwert haben, an den Rand der Werteskala geraten. Unsere Wirtschaft hat in sich noch keinen Raum entwickelt für

Bedürfnisse, deren Befriedigung zwar Kosten verursacht, aber keine unmittelbaren Gewinne abwirft. »Der Mensch lebt nicht von Brot allein« – insbesondere dann nicht, wenn er genug davon hat.

Alfred Herrhausen
1930–1989[37]

Ich bin durch Jahre bitterer Armut gegangen, und auch meine Eltern haben als Flüchtlinge in den Jahren 1945 bis 1950 sich oft nicht satt essen können, haben frieren müssen, haben kein Geld und keine Ressourcen gehabt, um Vaters Hungerödeme zu heilen. Das ist grausam. Ich selber habe in der Kriegsgefangenschaft bitterste Entbehrungen erleben müssen, Hunger, Kälte, Krankheit, ohne Möglichkeit, dem zu wehren. Damals war schon ein unerwartetes Stück Brot ein großer Reichtum, den man mit den Kameraden teilen konnte.

Reichtum ist folglich für mich zunächst einmal das Gegenteil von schmerzlichen Entbehrungen. Reichtum hat aber seine Grenzen. Die im Leben wichtigsten Dinge kann kein noch so großer Reichtum erkaufen: dankbare Zufriedenheit, glückliche Beziehungen, die Fähigkeit, die kleinen Freuden am Wegesrand zu sehen und sich dankbar daran zu freuen, die Gabe, lieben zu können.

Franz von Mutius
geb. 1925, zweiter Generaldirektor ILO International Labor Organization a.D., Träger des großen Bundesverdienstkreuzes, in einem Gespräch mit dem Autor am 11. August 1999.

Vor kurzem sagte mir der oberste Chef einer der größten Banken der Welt: »Mein einziges Ziel und meine ganze Motivation, so viel zu arbeiten, ist, möglichst rasch sehr reich zu werden!«

Wenn Menschen mit dieser Einstellung an der Spitze großer Schweizer Unternehmen stehen, muss man sich nicht wundern, dass die Unternehmenskultur trotz gut gehenden Geschäfts vielerorts am Boden liegt. Geld ohne gelebte menschliche Werte ist »wertlos«.

Dr. jur. Roland Rasi
geb. 1945, Generaldirektor Schweizerischer Bankverein a.D., in einem Gespräch mit dem Autor vom 18. August 1999.

Reichtum ist alles andere als ein Garant für Glück. Reichtum ermöglicht uns, Gutes und Schlechtes zu tun, und er ist gleichzeitig Herausforderung, Verpflichtung und Anlass zur Dankbarkeit. Wo der Reichtum nicht mit einer guten Portion Herz kombiniert ist, wird er zur Katastrophe.

Dr. jur. Wolfgang Baumann
geb. 1932, Privatbankier, Basel, in einem Brief an den Autor vom 12. August 1999.

Mit dem Geld verhält es sich wie mit dem Leben: Wer es behalten will, der wird es verlieren. Gemeint ist dabei, sich daran zu klammern, zu dominieren und nicht loslassen zu wollen. Es ist eine Frage der inneren Freiheit, ob und wie wir mit dem Geld wertfrei und weise umzugehen imstande sind.

Werner Baumann
geb. 1931, VR-Präsident des Verwaltungsrates der Kurzentrum Rheinfelden Holding AG, Berater für die Gesellschaft zur Beratung von Führungskräften, in einem Gespräch mit dem Autor vom 12. August 1999.

Wenn du heute Morgen aufgestanden bist und eher gesund als krank warst, hast du ein besseres Los gezogen als die Millionen Menschen, die die nächste Woche nicht mehr erleben werden.

Wenn du noch nie in der Gefahr einer Schlacht, in der Einsamkeit der Gefangenschaft, im Todeskampf der Folterung oder im Schraubstock des Hungers warst, geht es dir besser als 500 Millionen Menschen.

Wenn du zur Kirche, zur Synagoge, zur Moschee oder zum Tempel gehen kannst, ohne Angst haben zu müssen, bedroht, gefoltert oder getötet zu werden, hast du mehr Glück als drei Milliarden Menschen.

Wenn du Essen im Kühlschrank, Kleider am Leib, ein Dach über dem Kopf und einen Platz zum Schlafen hast, bist du reicher als 75 % der Menschen dieser Erde.

Wenn du Geld auf der Bank, in deinem Portemonnaie und im Sparschwein hast, gehörst du zu den privilegiertesten 8 % dieser Welt.

Wenn deine Eltern noch leben und immer noch verheiratet sind, bist du wahrscheinlich schon eine Rarität.

Wenn du diesen Text liest, bist du gesegnet, weil du nicht zu den zwei Milliarden Menschen gehörst, die nicht lesen können.

N.N.

Ich gehöre zu den Tadschiken und stamme aus einer Provinz im Norden. Mein Vater war Gemeinderat, meine Mutter Hausfrau. Meinen Vater habe ich nie gesehen. Er war in russischer Gefangenschaft. Meine Mutter sagte immer, er macht eine lange Reise. Er kam nie zurück. Ich war sechs, als ich verstand, was sie meinte. Wir hatten gerade genug zum Leben. Das Denken, immer mehr haben zu wollen, existierte bei uns nicht. Viele Menschen hier im Westen finden nicht mehr das gesunde Maß für Zufriedenheit. Die Selbstständigkeit der Frauen hier finde ich zwar einerseits gut, andererseits aber darf man nicht das gesunde Maß überschreiten, sonst entsehen Probleme in der Familie, und diese Probleme gefährden irgendwann den Halt in einer Gesellschaft. Ich fahre Auto und treffe mich mit meinen Freundinnen. Ich trage Hosen, Make-up und lackierte Nägel. Der Tschador oder die Burka, das lange Gewand, waren nie Pflicht bei uns. Ich war 17 Jahre und noch Schülerin, als ich heiratete – den Cousin meiner Mutter. Meine Mutter zeigte ihm ein Foto von mir. Dann hat mich meine Mutter gefragt. Wir kennen uns von klein auf. Ich wusste, er ist ein guter Mensch. Ich hätte auch Nein sagen können. Mit ihm ging ich als Botschaftergattin in die Türkei, nach Wien, und seit drei Jahren bin ich in Berlin. In der Beziehung zu meinem Mann gilt: Freiheit bedeutet, freiwillig zu erkennen, wo die Grenzen sind. Ich kann mich in Berlin noch nicht so recht wohl fühlen, bevor Frieden in meinem Land einkehrt. Keinen Frieden im Land heißt keinen Frieden in mir selbst, und außerdem macht es mich traurig, wie wenig die Menschen hier über mein Land wissen. Wir erleben seit 22 Jahren Krieg. Blumenmeere und Schweigeminuten hat es weltweit für Amerika gegeben: Wir aber haben in den vergangenen Jahren Millionen Menschen verloren. Man müsste monatelang schweigen für Afghanistan. Ich vermisse unser Licht und die klare Gebirgsluft. Afghanistan ist ein Land der Farben, ein Land der Musik, des Tanzes und der Gastfreundschaft. »Wenn ein Gast kommt, kommt ein Freund Gottes«, sagt man bei uns.

Anisa Jahon
Ehefrau des Vertreters der afghanischen Nordallianz in Berlin, drei Söhne; in: Welt am Sonntag, 14. Oktober 2001, Nr. 41, in einem Interview mit der Chefreporterin D. von Taube.

Mehr Erfolg?

Viele bemerken sehr spät, dass sie leere Siege errungen haben. Sie erreichten ihre Erfolge auf Kosten von Dingen, von denen sie zu spät bemerkten, dass sie ihnen sehr wichtig waren. So opferten sie in der ersten Hälfte ihrer Karriere ihre Gesundheit, um einen Haufen Geld zu verdienen, in der zweiten Hälfte ihrer Karriere dann den ganzen Haufen Geld, um ihre Gesundheit zurückzuerlangen. Für den Erfolg opferten sie das, was man durch keinen Erfolg bezahlen kann. Sie nahmen in Kauf, dass ihre Familie zerrüttet ist, dass sie schlecht schlafen können, dass sie übermüdet sind, dass sie ihre Wertebasis, die ihnen Selbstwertgefühl gegeben hat, angeknackst haben, dass sie Freude eingebüßt haben, dass sie ihr Wohlgefühl verloren haben.

Auf dem Arbeitsmarkt gibt es heute viele unglückliche Menschen: alle diejenigen, die keine Arbeit mehr haben, und alle diejenigen, die permanent Angst haben, ihre Arbeit zu verlieren. Andrew J. Oswald[38] beklagt, wie wenig sich die Ökonomen dafür interessieren, wie viel Happiness sich eine Volkswirtschaft mit der Verbesserung ihrer ökonomischen Effizienz einkauft. Diese Frage ist eine wesentliche Frage, die mit mehr Nachdruck gestellt werden sollte. Das Maß an Glück, das ein höheres Bruttosozialprodukt bringt, ist so klein, dass man es kaum messen kann, vor allem in Ländern, die schon ziemlich reich sind. Viele gehen irrtümlich von der Annahme aus, dass mehr Geld mehr Glück bedeutet. Die Praxis hat oft das Gegenteil bewiesen. Menschen wissen, dass das persönliche Glück auf der Grundlage einer rein auf dem Bruttosozialprodukt fixierten Wirtschaft fraglicher ist denn je. Es gibt z.B. eine Vielzahl von Studien über Arbeitslose. Arbeitslose bleiben auch dann sehr unglücklich, wenn sie finanziell voll entschädigt werden. Man müsste ihnen etwa das Achtfache bezahlen, um den gleichen Stand an Happiness zu erreichen, den sie mit der Arbeit fanden.

Die Kardinalfrage sollte deswegen vielmehr lauten: Was erhöht unser Glück, was erhöht das Gefühl für den Sinn unseres Daseins? Die normale Ökonomie geht stillschweigend davon aus, dass »mehr Geld gleich mehr Glück« ist.

Wir sollten auch unterscheiden zwischen Wohlfühlglück und Werteglück!

Im Gegensatz zum flüchtigen Zufallsglück verleiht das wertevermittelnde Glück dem Leben Sinn. Nur diejenigen erfahren ein überdauerndes tiefes und erfüllendes Glück, die ihre wahren Motive und Lebensgründe kennen und sich von ihnen durchs Leben tragen lassen.

Woran kann man wirklichen Erfolg messen? Daran, was Menschen in ihrem Leben letztlich Frieden und Wohlgefühl finden lässt! Erfolg ist Erfüllung. Erfüllung ist die Messlatte. Ein erfolgreiches Leben ohne Erfüllung ist kein erfolgreiches Leben. Viele so genannte erfolgreiche Leute sind unerfüllte Menschen.

Die glücklichsten Menschen, die ich gesehen habe, waren Menschen, deren Leben einen Sinn ausstrahlte, auch wenn sie z. T. sogar behindert waren oder ein schweres Schicksal tragen mussten. Es waren Menschen, die irgendeine Aufgabe für andere hatten, die über ihre eigene Selbstverwirklichung hinausging. Diese Menschen haben gewissermaßen als Beigabe Glück empfunden. Menschen, die nur das Ziel des eigenen Glücks haben, bleiben oft enttäuscht. Glück ist immer nur Begleitgabe, Zusatzgeschenk, Folge eines Lebens für andere.

Leisten müssen, um geliebt zu werden?

Wenn wir die Zuneigung eines anderen von unseren ansprechenden Eigenschaften und Reizen abhängig wissen, kommen uns Zweifel, ob diese Zuneigung wirklich uns gilt oder nur bestimmten Aspekten unserer Persönlichkeit. Erfahren wir nur infolge unseres positiven Verhaltens und unserer Leistung Anerkennung, dann ahnen wir, dass die Zuneigung nur so lange anhalten wird, wie wir erfolgreich bleiben und der Erwartungshaltung entsprechen. Was aber, wenn wir nicht stark, sondern hilflos, nicht attraktiv, sondern unscheinbar, nicht überdurchschnittlich, sondern nur mittelmäßig sind? Wir gewinnen unseren Lebensmut, unsere Sicherheit und unser Glück aus Beziehungen, in denen wir uns als die Person, die wir sind, angenommen wissen, d.h. bedingungslos und umfassend, wenn wir erfahren, dass wir nicht erst durch unser Verhalten etwas erkaufen müssen, sondern für die Bezugsperson an sich wertvoll sind. Dann werden wir frei davon, uns nur von unseren Leistungen her zu verstehen und uns von unseren Erfolgen abhängig zu machen.

Nach dem Gesetz der Leistungsgesellschaft werden wir natürlich danach beurteilt, wie nützlich wir für sie sind. Sie taxiert uns wie eine Ware auf dem Markt nach dem Gebrauchswert. Wir werden sortiert und aussortiert. Je nach Beurteilung landen wir in einem anderen Schultypus. Und nach der Schule werden wir weiter beurteilt. Die Intelligenztests, Eignungstests, Fragebögen und Personalakten sind Symbole unserer Zeit. Immer wieder, unser ganzes Leben lang, werden wir so zu einer Art Stellenbewerber, der Platz zu nehmen hat, damit seine Verwendungsmöglichkeiten geprüft werden – von Personalchefs, Managern, Bildungsexperten und Psychologen. Den prüfenden Blick haben sie alle gemeinsam. Und dann werden wir Schubladen zugeordnet wie etwa »geeignet« oder »nicht geeignet«, »qualifiziert«, »unterqualifiziert«, »überqualifiziert« oder »nicht qualifiziert«, »können wir gebrauchen« oder »können wir nicht gebrauchen«, »ist für uns wertvoll« oder »ist für uns wertlos«.

Sind wir nicht mehr nützlich, dann sind wir nicht mehr »sinnvoll« und werden in irgendeiner Form degradiert – beruflich, gesellschaftlich und persönlich. In unserer immer stärker zweckrationalisierten Gesellschaft wird dieser Trend weiter zunehmen. Der Mensch wird ein Mittel zum Zweck, zum Menschenmaterial, zum Werkzeug, zum »human tool«. Wichtig ist unsere Verwendbarkeit, unsere Leistungsfähigkeit, unsere Kompatibilität und die Frage, ob man uns gegebenenfalls noch »updaten« kann. Wer keine Leistungen vorweisen kann, ist wertlos, wer keinen Nutzen bringt, ist entbehrlich. Infolge dieser Beurteilung, der wir ausgesetzt sind, beginnt zwischen uns Menschen ein Kampf um die begehrten Positionen und Plätze. Dieser Konkurrenzkampf isoliert uns voneinander und macht uns zu potenziellen Feinden.

Die Identität, die wir uns selbst schaffen, orientiert sich an sichtbaren und äußerlichen Kriterien. Wir stylen unsere Identität. Wir haben das Bedürfnis, in unseren Augen und in den Augen der anderen etwas Besseres zu sein: intelligenter, interessanter, erfolgreicher, tugendhafter, wohlhabender und auf alle Fälle leistungsfähiger und somit wertvoller als die anderen. Wir sind stolz auf unsere Referenzen, unsere Visitenkarte und unser goldenes Namensschild an der Tür. Wir wollen stolz sein und kämpfen für eigene Leistungen, aber wir wollen uns nicht in geschenkter Liebe geborgen fühlen. Die Folge davon ist, dass wir unseren Eigenwert von der Wertschätzung der anderen Menschen ableiten. Aus der Reaktion anderer Menschen schließen wir auf unseren eigenen Wert. Wenn die Wertschätzung der anderen aber plötzlich nicht mehr da ist, weil wir für sie nicht mehr wertvoll sind, stehen wir vor dem Nichts.

Unsere Identität in der Leistungsgesellschaft ist immer eine erarbeitete Identität. Die Identität aber, die wir im Innersten suchen und die wir zutiefst brauchen, um langfristig in dieser Leistungsgesellschaft als integere Persönlichkeit zu bestehen, ist eine geschenkte Identität. Eine Identität, die nicht wegen unseres Tuns da ist, sondern wegen unseres Seins.

MISSERFOLG. ES IST die Angst vor Misserfolg, die einem Konzernleiter schlaflose Nächte beschert. Ich würde aber behaupten, dass es noch eine andere Gefahr gibt, über die weniger gesprochen wird und die im Endeffekt noch verräterischer sein kann: der Erfolg. Oder präziser: der kurzfristige Erfolg – das, was Unternehmensleiter und Finanzanalysten »das Quartalsschaffen« nennen.

Die Praxis, nach der Konzernchefs Hinweise auf das zu erwartende Quartalsresultat abgeben, Analysten auf Grund dieser Orientierung »Ziele« festlegen und die Unternehmen diese Ziele dann auf den Rappen genau zu erreichen suchen, ist keineswegs neu. In den letzten Jahren hat sich diese Praxis aber so fest in der Börsenkultur verankert, dass jene Männer und Frauen, die eine börsennotierte Firma leiten, oft wenig mehr im Kopf haben als den nächsten Quartalsabschluss. Sie beschäftigen sich nur noch mit kurzfristigem »Erfolg«. Ich nenne das Phänomen die Tyrannei der Quartalszahlen.

Damit Sie mich richtig verstehen: Grundsätzlich ist nichts einzuwenden gegen das Erreichen guter Resultate, Quartal für Quartal. Gerade diese Konsistenz zeichnet eine erstklassige Firma aus, insbesondere wenn sie über längere Zeit steht. Und natürlich kann man nicht langfristig substanzielle Erfolge für die Aktionäre verbuchen, ohne im Laufe der Zeit immer wieder auch kurzfristig überdurchschnittliche Resultate zu erzielen.

Die Tyrannei ist aber etwas schwer Greifbares. Selten zeigt sie ihr wahres Gesicht von Anfang an. Sobald Sie sich aber dem Zwang unterwerfen, das Quartal zu schaffen, beginnen Sie – vielleicht unbewusst, in den Grauzonen Ihres Geschäfts– Kompromisse einzugehen, in jener Spanne zwischen Umsatz und Gewinn. Vielleicht beginnen Sie Dinge zu streichen, die wichtig und für Ihr Unternehmen langfristig entscheidend sein können. Sollen wir auf eine Geschäftsvereinbarung verzichten, weil wir sonst drei Jahre lang Verluste konsolidieren müssen, auch wenn wir überzeugt wären, dass die Investition für das Unternehmen längerfristig mit aller Wahrscheinlichkeit einen positiven Beitrag leisten würde?

Ist meine Überzeugung stark genug, um die Auswirkungen kurzfristig negativer Ergebnisse auf mich zu nehmen und den Aktionären zu sagen: »Wir haben in dieses Unternehmen investiert, und unser Gewinn wird um drei Rappen weniger wachsen als erwartet«? Glauben Sie mir, das sind Fragen, die oft schwer zu beantworten sind.

Und dann gibt es das gegenteilige Szenario: Soll Novartis ihre Bilanz benutzen, um risikoreiche Akquisitionen zu tätigen oder solche, die einfach schlecht zum Unternehmen passen, statt in organisches Wachstum zu investieren? Sicher: Unsere Gewinne und Umsatzströme ließen sich vielleicht kurzfristig verbessern, aber zu welchem Preis?

Oder – und das haben wir in den letzten Monaten leider zu oft gesehen – es kommt zu reinen Zahlenspielen, in deren Folge Sie ein Loch graben, das mit der Zeit tiefer und tiefer wird, stets in der Hoffnung, dass Sie es später wieder auffüllen können. In Wirklichkeit lässt sich dieses Loch aber nicht auf ewig vertuschen.

Ich behaupte, dass das, was diesen Zyklus antreibt, nicht so sehr die Angst vor Misserfolg ist als vielmehr die Sucht nach Erfolg.

Denn die Tyrannei der Quartalsergebnisse ist eine Tyrannei, die man sich letztlich selbst auferlegt. Trotz aller Fehler, die der Börse heutzutage zugeschrieben werden, können Konzernchefs nicht wirklich den Finanzanalysten oder Investoren die Schuld für den Druck der kurzfristigen Performance zuschieben. Vielmehr ist die Vorstellung, ein erfolgreicher Manager zu sein – der sein Unternehmen von einem Gipfel zum nächsten führt und Quartal für Quartal Rekordresultate liefert –, für viele von uns Gift. Es ist ein Verhalten, das vom Gefeiertwerden zur Selbstüberschätzung führt.

Wenn Sie gute Ergebnisse erzielen, werden Sie gefeiert. Und Sie beginnen zu glauben, dass Sie die Person sind, der all dieses Lob gilt. »Hallo, schauen Sie her! Ich bin dieser clevere, talentierte Chef, der auf alles eine Antwort hat.« Man wird von der Außenwelt idealisiert, und es besteht die natürliche Tendenz zu glauben, dass wahr ist, was geschrieben steht. Das ist es jedoch nicht. Kein Konzernchef ist so gut (oder so mies), wie er in den Medien dargestellt wird.

Trotzdem glauben viele ihrer »eigenen« Presse. Dann wird es schwierig, wenn nicht gar unmöglich, den Kurs, auf dem Sie und Ihr Unternehmen sich befinden, zu ändern. Eine innere Stimme flüstert Ihnen zu, dass Sie die Ziele erreichen und weiterhin Rekordergebnisse liefern müssen, koste es, was es wolle, damit die Feier weitergeht. In der Realität geht es aber nicht nur in eine Richtung, es geht auf und ab.

Aus derartigen Zyklen auszubrechen ist schwierig. Besser ist es, gar nicht erst hineinzugeraten. Leider ist auch dies keine einfache Aufgabe. Man muss sich von Anfang an immer und immer wieder eine Frage stellen: Worauf kommt es wirklich an? Welche Maßnahmen sind für den Erfolg dieses Unternehmens und seine Interessengruppen (Aktionäre, Kunden, Mitarbeiter und die Gesellschaft) von entscheidender Bedeutung? Ja, es gibt eine zweite Frage, die sich einschleicht und die – so kontrovers es ist, das zu sagen – fast immer mit einem Nein zu beantworten ist. Die Frage lautet: Spielt der Aktienkurs an einem zufällig gewählten Tag wirklich eine Rolle? Ich denke, es gibt nur zwei Zeitpunkte, an denen er das wirklich tut: wenn das Unternehmen übernommen wird oder wenn es ein anderes Unternehmen übernehmen will. Und sonst: Wen kümmert's? Wenn man seine Aufgabe als Konzernchef erfüllt und das anstrebt, was wirklich zählt, dann werden die Aktionäre längerfristig profitieren.

Es genügt freilich nicht, sich selbst gegenüber aufrichtig zu sein. Für mich bedeutet Transparenz, dass ich aufrichtig kommuniziere, was ich über die Leistung und die Aussichten meines Unternehmens weiß und nicht weiß, welche Zweifel ich hege und wessen ich mir sicher bin. Transparenz soll den Aktionären die Möglichkeit geben, sich eine Meinung über den Konzernleiter zu bilden, ein Urteil zu fällen. Das heißt nicht, dass man naiv sein soll und öffentlich Informationen preisgeben müsste, die dem Unternehmen vom Konkurrenzstandpunkt aus schaden würden. Im Allgemeinen sollte Transparenz einem Außenstehenden ermöglichen, ein faires Urteil sowohl über das Unternehmen als auch über die Stärken des zu Grunde liegenden Geschäfts zu fällen.

Es mag banal klingen, aber ich bin überzeugt, dass meine Fähigkeit, das Vertrauen der Aktionäre in unser Unternehmen aufrechtzuerhalten, im Endeffekt nicht davon abhängt, ob ich das Quartal schaffe, sondern davon, wer ich bin, welchen Grundsätzen ich im Leben folge, wie ich mich verhalte. Was zählt, ist die Persönlichkeit. Und das gilt nicht nur für den Konzernleiter, sondern für das gesamte Führungsteam und die Unternehmenskultur, die es vertritt. Wir arbeiten zwar in einem System, das über Sicherungsmechanismen verfügt, aber sie sind nicht perfekt. Wir können sie zwecks persönlicher Interessen und zur Aufrechterhaltung unseres Rufs oder zu Gunsten eines kurzfristigen Erfolges für eine gewisse Zeit umgehen. Die Versuchung ist allgegenwärtig.

Lassen Sie mich ein Beispiel erwähnen. Vor der Fusion von Novartis verdiente ich als Chef von Sandoz Pharma relativ wenig – jedenfalls viel weniger als meine Konkurrenten in ähnlichen Positionen. Auch nach der Fusion war mein Lohn noch wesentlich geringer als derjenige Gleichgestellter. Heute werde ich ebenso gut wie Konkurrenten in ähnlichen Positionen bezahlt. Das Seltsame ist: Je mehr ich verdiente, desto mehr beschäftigte mich das Geld. Es ist paradox: Als ich nicht mehr so viel über Geld hätte nachdenken müssen, stellte ich fest, dass ich immer mehr darüber nachdachte. Geld korrumpiert.

Ebenso können Sie in eine Situation geraten, in der Sie mehr und mehr um Ihren Ruf besorgt sind und dessen Gefangener werden. Dabei sollten Sie sich darüber keine Sorgen machen. Es ist falsch, sich zu sorgen, ob man im nächsten Monat der Held sein wird. Eines Tages wird der ganze Rummel ohnehin Vergangenheit sein. Erst wenn Sie sich davon frei machen, werden Sie in der Lage sein, als Leiter Ihres Unternehmens das Richtige zu tun. Sonst müssen Sie immer tun, was andere von Ihnen erwarten oder wovon Sie denken, es werde von Ihnen erwartet. Wenn Sie einen guten Ruf als kontinuierlich erfolgreiche Person haben und besorgt sind, Sie könnten Ihren erhabenen Status verlieren, dann werden Sie befangen. Sie werden zum Sklaven der öffentlichen Meinung.

Für mich lautet die Frage, ob ich meinen unausgesprochenen Motiven Aufmerksamkeit widme, dem, was in meinem Kopf und in meinem Herzen abläuft. Das Umfeld, die Gesetze, die Art der Interaktion zwischen Verwaltungsrat und Konzernleiter können einem helfen, auf dem richtigen Weg zu bleiben. Im Endeffekt kommt es auf die eigenen Werte an. Eine fernöstliche Weisheit sagt: »Vom Bösen denk nicht leicht, dass es nicht kommen soll. Auch tropfenweise wird ein Eimer schließlich voll. Mit Bösem füllt der Tor sich an, auch Zoll für Zoll.«

Ein Mensch kann durch das, was um ihn herum geschieht, bestochen werden. Und wenn man nicht aufpasst und seine eigenen Schwächen und Stärken kritisch im Auge behält, erntet man Misserfolg. Deshalb bin ich überzeugt, dass der soziale Rahmen, in dem wir leben, uns unbedingt notwendige Grenzen auferlegt. Aber alle Grenzen und Gesetze sind zu schwach und zu unvollkommen, um jemanden auf dem richtigen Pfad zu halten, der den richtigen Pfad gar nicht begehen will. Wenn Sie betrügen wollen, dann werden Sie dazu wohl immer eine Möglichkeit finden. Sie könnten erwischt werden, viele werden es nicht. Und jedes Mal, wenn Sie nicht erwischt werden, gewinnt die Tyrannei der Selbsttäuschung an Kraft.

Daniel Vasella
Präsident und CEO Novartis, 2002. Aus: Time 2002, Facts 49/2002.

Die Frage, was ich auf dieser Erde für eine Aufgabe habe, treibt mich auch seit Jahren um. Ob ich das je wissen werde? Vielleicht darf ich ja auch einfach mal sein, so sein? Muss ich denn immer etwas tun? Kann ich denn nicht einmal zuschauen, was geschieht?

In der Kindheit bin ich als unfähig, ungehorsam, unwichtig, gefühlsduselig, einfach als nicht richtig abgestempelt worden. Nur meine intellektuellen Leistungen fanden bedingt Anklang – ich sage bedingt, denn wenn ich gute Noten in Französisch hatte, kam sofort die Bemerkung: »Dafür bist du in Mathe eine Null!« Ich war nicht gut genug, um geliebt zu werden.

Die immer wieder neue Anpassung und Anstrengung, besser zu sein, um endlich geliebt zu werden, wurde zum Lebensprogramm und hat dazu geführt, keine eigene Meinung zu haben, so ziemlich alles zu erdulden, bis der totale Zusammenbruch kam.

Die Angst, nicht zu genügen, hatte mich komplett von mir selbst entfernt.

Erst wenn ich ganz zur Ruhe komme, kann ich das alles fühlen, mich wohl fühlen. Dann kann ich auch die tiefe Angst überwinden, die mich immer wieder überfällt, diese Angst, die mich vom Vertrauen und von der Liebe trennt und die ich nicht einfach betäuben darf.

Aus der Annahme meiner selbst – auch mit meiner Angst – entsteht dann ein mitfühlendes Verständnis für andere. Es ist viel Arbeit, sich selbst auf die Schliche zu kommen, viel leichter ist es, andere für das eigene Missgeschick verantwortlich zu machen!

Mein Ziel ist es nun, vertrauensvoll in die Zukunft blicken zu können und das Lähmende der Vergangenheit hinter mir zu lassen, um im Hier und Jetzt leben zu können.

Wenn ich noch einmal leben könnte, würde ich mir wünschen, das Leben spielerischer, angstfreier, vertrauensvoller, fröhlicher und dankbarer genießen zu können.

Gisela de Kostine
geb. 1935, Riehen/Rheinweiler, in einem Brief an den Autor vom 11. Juli 1999.

Wenn ein Mensch seinen Lebenssinn und seinen Selbstwert weitgehend im beruflichen Erfolg sah und seine Existenz in hohem Maße von der Arbeit her definierte, stürzt mit dem Verlust der Arbeit wirklich eine ganze Welt zusammen. Wir dürfen ihn darum betrauern, dass er sich so sehr angepasst hat an den knallharten Mechanismus der Arbeitswelt, in der wir vor allem für unsere Erfolge und Leistungen, für unsere Stellung und unser Haben respektiert und belohnt werden.

Betrauern wir ihn darum, dass er sich vom so genannten veränderten Arbeitsverhältnis so sehr hat bestimmen lassen, dass er darüber alle seine Beziehungen und Kontakte zu Menschen nicht mehr sehen konnte, die ihn so liebten, wie er war. Betrauern wir ihn darum, dass er sich so sehr abhängig gemacht hat vom göttlichen Schein des Arztkittels. Auf Hilfe anderer angewiesen zu sein, ist schwer und bedarf eines mühsamen, lebenslangen Lernprozesses. Und dies, obwohl wir immer wieder neu erfahren, dass uns das Wichtigste im Leben geschenkt wird, dass wir es nicht machen, nicht erzwingen, nicht mit Leistung erreichen können. Alles, was ich habe oder bin, habe ich irgendwie von anderen empfangen: die Sprache, die ich spreche, das Zimmer, in dem ich wohne, die Freiheit, die ich genieße, mein Denken und meinen Glauben. Wir sind abhängig. Woran ist X gestorben? Letztlich ist er wie viele Selbstmörder am Nichts gestorben, das heißt an der inneren Leere, am Gefühl, ohne seine berufliche Stellung nichts und niemand zu sein.

»Letztlich am Nichts gestorben«, Kommentar zum Selbstmord eines bekannten Chefarztes: Zürcher Tagesanzeiger vom 17. Mai 1995.

Ich fragte ein Vorstandsmitglied einer großen Bauunternehmung nach seinem höchsten Ziel. Er sagte: »Vorstandsvorsitzender.« Ich antwortete: »Ich kenne einige, die diese Position erreicht haben, die ganz oben auf der Leiter angekommen sind. Da oben ist ein kleines Schild angebracht, welches aber nur diejenigen lesen können, die eben ganz oben angekommen sind.« Er fragte mich, ob ich ihm denn nicht verraten würde, was da oben stehe. Ich antwortete: »Auf diesem Schildchen steht: Hier Ende der Leiter!« Eine Karriereleiter ist immer begrenzt. Einmal kommt immer das obere Ende.

Johannes Czwalina

In einer Zeitschrift werden zwei Todesanzeigen, die am gleichen Tag in der Basler Zeitung abgedruckt waren, kommentiert, weil die beiden unterschiedlichen Anzeigen ein und derselben Person galten.

Die erste Anzeige war von einem Angehörigen aufgegeben:
»Er fühlte sich den Anforderungen und dem Druck des modernen Wirtschaftslebens nicht mehr gewachsen und wählte als Ausweg den Tod.«

Die zweite Anzeige war vom Arbeitgeber aufgegeben:
»Wir geben den tragischen Hinschied unseres Mitarbeiters und Kadermitgliedes bekannt. Am 5. August ist er kurz vor seinem 51. Geburtstag für uns völlig überraschend aus dem Leben geschieden. Wir verlieren einen jederzeit aufgestellten sympathischen Mitarbeiter.«

Schweizer Illustrierte, August 1988.

Zum Ersten gesagt, möchte ich nicht noch einmal so leben, wie ich es bisher getan hatte. Wenn ich noch einmal leben könnte oder müsste, so würde ich vieles anders machen, aber noch einmal so leben – nein!

Also, noch vor wenigen Jahren war ich total obdachlos und »knastentlassen«; auch aus der psychiatrischen Klinik. Niemand wollte mit mir zu tun haben.

Jeden Tag musste ich eine Schlafstelle für mich finden. Das waren »Heustöcklis«, Büsche und Parkbänke, auch Baustellen. Im Sommer war es kein Problem, draußen zu nächtigen – aber im Winter. Bei Minustemperaturen schlief ich meistens in einem Heuschober, aber ohne Decke und Kopfkissen. Es war so kalt damals, dass ich alle zwei Stunden aufstehen musste, um »wilde Tänze« aufzuführen, da mein ganzer Körper fror. Das »Spielchen« machte ich einige Jahre mit.

Ich habe heute eine Wohnung. In meinem Haus wohnen Drogenabhängige, Dealer und Prostituierte. Ich koche für einige und lade die ein, die verzweifelt sind.

Wenn Sie mich sehen würden, würden Sie mir vielleicht aus dem Weg gehen. Heute macht mir das nichts mehr aus. Ich weiß, dass ich all das Schwere nicht umsonst erlebte. Als ich eine eigene Wohnung bekam, wurde mir klar, dass Gott es war, der mich nicht hatte erfrieren lassen. Er wollte mir noch etwas zeigen auf dieser Welt. So spüre ich Wärme und seine Gegenwart in meinem Herzen. Ich glaube an eine bessere Welt nach dem Tod. Ich kann hier nicht erzählen, weshalb ich glaube, dass mir Gott hier und heute und jeden Tag bis zum Tod etwas zeigen will.

Ich bin genau der und wohne genau dort, wo sich Manager höchstens in ihren Alpträumen schlafloser Nächte befinden, wovor sie die größte Angst haben, einmal dort zu landen. Ich kann ihnen sagen als einer, der da unten angekommen ist: Es ist gar nicht so schlimm. Sie sehen ja, ich bin glücklich. Aber glauben Sie mir, es geht schneller, als man denkt, dass man ganz unten ist, noch schneller als man raufkommt. Aber wer unten ist, der stürzt nicht mehr runter. Glauben Sie mir, ich habe meinen Frieden gefunden.

Peter Tschudin
geb. 1953, Basel, in einem Brief an den Autor vom 15. November 1998.

Mehr Arbeit?

Aristoteles kontrastierte schon damals zwei Lebensformen: die Lebensform des bios politikos – des freien, um das gute Leben bemühten Menschen – gegenüber dem bios chrematikos – der menschlichen Lebensform, die der zielpervertierten, zweckentfremdeten Erweiterung des Reichtums um des Reichtums willen nachgiert.[39] Kein geringerer als Aristoteles wies also schon zu seiner Zeit auf die moralische Gefahr für den Menschen hin, die mit dem Geldverdienen um des Geldverdienens willen verbunden ist: Dieses Denken zerstöre die Existenz einer harmonischen Gemeinschaft.

Auch im biblischen Kontext steht der Leitsatz: »Das Wenige, was ein Gerechter verdient, ist mehr wert als das viele, das ein Gottloser sich erhascht.«[40] Ausbeutung und Wucher gelten als Auswüchse von Egoismus und Gier. Nur der Mensch, der Arbeit als Bestandteil und Segen in seinem Leben anerkennt und der, wie er arbeitet, höher bewertet, als wie viel er verdient, darf langfristig mit Wohlergehen rechnen. Arbeit kann nach diesem Verständnis pervertiert werden, z. B. durch Habsucht oder Arbeitswut. So wird vor Sorge, die zu rastloser Arbeit führt, genauso gewarnt wie vor Müßiggang und Gleichgültigkeit, die im Widerspruch zum Auftrag des Menschen stehen.

Niemand hatte vor hundert Jahren ahnen können, dass es sich einmal als Problem darstellen könnte, dass Menschen eher unter zu wenig als unter zu viel Arbeit leiden würden, selbst dann, wenn ihre Existenzgrundlage trotz zu weniger Arbeit gesichert ist. Vor noch nicht allzu langer Zeit sind viele Menschen unter der äußerst schweren Arbeitslast fast zusammengebrochen und haben ihre Arbeit als Plage empfunden. 1825 betrug die Wochenarbeitszeit der deutschen Arbeitnehmer 82 Stunden, 1875 waren es immer noch 72 Stunden, 1900 betrug die Arbeitszeit 60 Stunden, die Gewerkschaften erreichten einen Zehn-Stunden-Tag, 1913 waren es 57 Stunden, 1918: 48 Stunden, 1932: 42 Stunden, 1941: 50 Stunden, 1950: 48 Stunden, 1956: 48 Stunden (Übergang zur Fünf-Tage-Woche), 1980: 40-Stunden-Woche, 1990: 38,5-Stunden.[41]

Arbeit als sinnstiftendes Fundament zu erkennen zur Wiedererlangung persönlicher Freiheit und Würde, die vielen Arbeitnehmern verloren gegangen ist, ist die Herausforderung, der man sich jetzt stellen muss. Dass dazu ein Umdenken und Abschiednehmen von eingefleischten Denkmustern nötig ist, versteht sich angesichts der gegenwärtigen Arbeitsmarktsituation von selbst. Dass dieser Prozess mit Mühen verbunden ist, ist nicht zu vermeiden. Je eher man diesen Weg beschreitet, desto leichter wird es schlussendlich sein, ihn zu begehen. Je länger man wartet, desto schwieriger wird es. Wir haben nicht mehr alle Zeit der Welt, die immer größer werdende Spaltung zwischen den verzweifelt Überarbeiteten und den wegen Arbeitslosigkeit Verzweifelten zu überwinden.

In der Zukunft darf das Grundmuster nicht nur das eigene Überleben durch Wachstum beinhalten, sondern es muss um Qualitätssteigerung gehen, und zwar nicht nur im Sichtbaren, sondern in der allem zu Grunde liegenden inneren Haltung zur Arbeit. Wenn die bezahlte Arbeit ausgeht, müssen Formen unbezahlter Arbeit als neue Sinnfindung entdeckt und entwickelt werden.

Die Arbeit muss zu einem Gestaltungsprozess werden, der Einzelinitiative, soziales Engagement, Kreativität, physische, psychische und intellektuelle Bildung integriert.[42] Die Würde der Arbeit wurzelt also nicht ausschließlich in ihren objektiven, sondern vor allem auch in ihren subjektiven Dimensionen. Die Arbeit ist ein von Lohn und Anerkennung unabhängiges Gut, weil der Mensch sich durch sie auch selbst verwirklicht und mehr Mensch wird.

Arbeit soll als Erfüllung und Sinn für das eigene Leben verstanden werden. Berufliche Arbeit vermittelt ein soziales

Geflecht, schafft Voraussetzungen für die Entwicklung der eigenen Persönlichkeit. Diese Auswirkung des Arbeitsverhältnisses ist von ebenso großer Bedeutung wie die der materiellen Ausbeute.

Die Voraussetzungen für eine lebensdienliche, langfristig ausgelegte Arbeitswelt liegen nicht primär in der ökonomischen Fragestellung, sondern in der Beantwortung der Grundsatzfrage: Wie wollen wir leben? Eingeschlossen in diese Frage ist die Frage nach dem Sinn des Arbeitens, die Frage nach Recht und Gerechtigkeit.

Über der Würde des Gewinns steht die Würde des Menschen. Wenn diese Würde durch unser wirtschaftliches Umfeld beeinträchtigt wird, muss jeder Einzelne den Weg für sich selbst finden, um diese Würde wiederzuerlangen und neu zu definieren.

Die Lebensqualität der Arbeitenden muss einen höheren Wert und höhere Priorität haben als die Qualität des Produkts ihrer Arbeit. Wenn der Mensch nicht mehr zählt als sein Produkt, wird in gleichem Maße der Käufer, der das Produkt kaufen soll, degradiert, und auch sein Wert wird abnehmen. So wird man sich langfristig die eigene Basis entziehen.

Erlauben Sie mir an dieser Stelle ein Wort über eine Form der Arbeit, die seit jeher unbezahlte Lebensaufgabe ist: die Arbeit der Hausfrauen und Mütter. Je mehr Männer lernen, ihre Arbeit – jenseits des monetären Aspekts – von ihrem Sinn (oder Unsinn) her zu verstehen, desto größer werden in der Regel auch Verständnis und Respekt gegenüber der Lebensaufgabe vieler Hausfrauen und Mütter.

FRAGE: WELCHES IST der Preis für Ihren beruflichen Erfolg?

»Dass für Empfindungen wenig Raum bleibt. Emotionen, Musisches kommen zu kurz, werden abgeschnitten. Tieferes Versenken ist nicht möglich, die Tür ist verschlossen, wenn diese Art von Bedürfnissen sich meldet, drücke ich den Deckel zu. Vielleicht hole ich sie später einmal herauf. Zuweilen spüre ich fast Angst, stärkere Hingabe ans Musische und Emotionale könnte für die übrige Tätigkeit gefährlich werden. Man könnte Motivation und Leistungskraft verlieren. Wenn ich an die Erlösungsgesänge in Bachs Passionen denke ... vor dieser Versuchung schiebe ich einen Riegel mit der rationalen Überlegung: Ewige Werte sind prima, aber wenn wir heute unser Feld nicht bestellen, gibt es nichts zu ernten und das Schöne nützt auch nichts. In meinem jetzigen Lebensabschnitt ist die Ackerarbeit wichtiger ...«

Gaudenz Staehelin, Basel
Interview von Elisabeth Michel-Adler, Redakteurin des »Zürcher Tagesanzeigers«, mit Gaudenz Staehelin, damals Mitglied der Konzernleitung Ciba und Präsident der Basler Handelskammer 1986; Männer im Glashaus, vgl. Michel-Alder, Elisabeth (1986), S. 190.

»PAPA, ES IST ja noch gar nicht dunkel, warum bist du denn schon zu Hause?«

Als mich mein Sohn nach der Arbeit so begrüßte, wusste ich es ganz sicher: Die Entscheidung, die ich getroffen hatte, war allein schon wegen dieser Aussage richtig gewesen. Es war bei mir wie bei jedem erfolgshungrigen Bankangestellten: so schnell wie möglich nach oben! Daneben bin ich allerdings auch ein Mensch, der etwas bewegen, Veränderungen herbeiführen will. Nach meiner Auffassung brauchte ich dazu Macht, zumindest aber eine Führungsposition. Erfreulicherweise stimmte auch gleich das Gehalt, und für die Zukunft wurden Aufstiegsmöglichkeiten in Aussicht gestellt.

Sämtliche Fortbildungschancen hab ich genutzt. Der Erfolg meiner Aktivitäten stellte sich bald in mehr Kunden, mehr

Geschäft, mehr Anerkennung und mehr Gehalt heraus. Dieser Erfolg begründete zunehmend meine Motivation für den Job. So bemerkte ich anfangs nicht, dass sich mein privates Umfeld nach und nach veränderte: Abends die Kinder ins Bett bringen? »Ach Frau, kannst du das nicht machen, ich bin so kaputt!« »Was, heute Abend willst du Besuch einladen? Endlich bin ich mal zu Hause, und ausgerechnet da lädst du Leute ein?« ...

Ich beschäftigte mich auch zu Hause und in der Freizeit gedanklich immer mehr mit Zinsen, Kursen, Krediten und steuerlichen Problemen meiner Kunden. Nach und nach manövrierte ich mich in ein Leben, das fast ausschließlich aus Arbeit bestand. Eines Tages wurde mir die Frage wichtig: Was wollte ich ursprünglich eigentlich erreichen? Ich fragte mich: Kann der Sinn darin bestehen, Reiche immer reicher zu machen und meine Zeit fast ausschließlich in der Bank zu verbringen? Ich wollte etwas verändern; sollte es wirklich nur die Geldbörse meiner Kunden sein? Es kam eine Zeit vieler Gespräche. Dann stellte meine Frau irgendwann die Frage in den Raum, ob ich nicht einfach weniger arbeiten könne. Können Sie sich meine Reaktion vorstellen? »Wie soll das denn gehen? Was soll ich meinen Kunden sagen?« ...

Einige Tage später gab es eine innerbetriebliche Stellenausschreibung: Irgendwie sprach mich diese Ausschreibung stark an. Das war sehr eigenartig, denn der Status dieser Stellung und auch die gehaltliche Dotierung lagen gleich um zwei Stufen niedriger. Dennoch fasste ich den Entschluss, mich um diese Stelle zu bewerben. Allerdings war ich mir nicht sicher, ob ich diese starke Veränderung tatsächlich akzeptieren könnte. Neben Status und Geld würde ich noch andere Privilegien verlieren. Da war zum Beispiel der lieb gewordene Dienstparkplatz, der mir allmorgendlich mindestens fünf Minuten Suche und gelegentliche Mandate wegen Falschparkens ersparte. Ich hatte Führungsaufgaben, hohe Kompetenzen, Unterschriftsvollmacht. Konnte ich darauf verzichten? Ich glaubte »ja« und bewarb mich um die Stelle. Sie bedeutete eben auch den Wegfall von

Überstunden und der in der letzten Zeit doch so belastenden ständigen Beschäftigung mit meinem Job. Bei allen bisherigen Bewerbungen (um höher qualifizierte Stellungen) hatte es jeweils nur ein Vorstellungsgespräch gegeben und die Sache war geritzt. Auf das, was jetzt auf mich zukam, war ich nicht gefasst.

Umgehend nach meiner Bewerbung rief mich der zuständige Personalreferent an und bat um ein sofortiges Gespräch. Darin drückte er sein völliges Unverständnis für meine Entscheidung aus. Er habe mich jahrelang nur als aufstrebenden und engagierten Mitarbeiter kennen gelernt – und jetzt das! Wenn ich nicht krank sei, sollte ich diese Bewerbung schnellstens zurückziehen. Natürlich habe er Verständnis dafür, dass mir meine Familie und meine Lebensqualität wichtig seien – aber einen beruflichen Rückschritt sei das doch nicht wert!

Nachdem ich ihm ein paar Tage später mitgeteilt hatte, dass meine Bewerbung noch galt, erhielt ich die Einladung zu einem weiteren Gespräch. Hier traten erneut der Personalreferent, mein künftiger Chef und ein Vorstandsmitglied zusammen, um sich nochmals einen Eindruck über meine Beweggründe zu verschaffen. Ich erhielt die Stelle – allerdings unter dem Vorbehalt einer dreimonatigen Probezeit. Ich sollte die Möglichkeit erhalten, mich auch später noch anders zu entscheiden. Auch die meisten Kollegen konnten meinen Schritt nicht verstehen.

Seit etwa einem Jahr suche ich mir morgens um sieben einen Parkplatz und gehe in ein Büro, das ich mit drei Kollegen teile – vorher hatte ich ein Einzelzimmer. Die Arbeit ist interessant, aber sie beschäftigt mich täglich nur etwa sieben bis acht Stunden. Sie ist anspruchsvoll, aber macht keinen Stress. Ich habe einen sehr kollegialen und freundlichen Chef. Mit meinen Kollegen haben sich viele interessante Gespräche ergeben, was ich in den Jahren zuvor kaum mehr erlebt habe. Meine Familie sieht mich gewöhnlich ab 17 Uhr, und so bleibt genügend Zeit für ein ausgefülltes Familienleben. An Kunden und die Bank denke ich ab dieser Uhrzeit nicht mehr. Es klingt vielleicht ein wenig schwärmerisch, aber ich habe durch den Arbeitswechsel eine ganz neue Lebensqualität gewonnen.

Das Gefühl, in einer beruflichen Situation allmählich auszubrennen oder sich in eine Richtung verrannt zu haben, die mehr Stress als Befriedigung bringt, sollte Auslöser für eine Kurskorrektur sein. Es geht darum, Wünsche und Ziele, die mit dem Beruf verbunden sind, neu abzustimmen.

Michael Freund
Zeitschrift Kontakt, 4/95, Seite 9–12.

Mehr Macht?

Wenn wir die Geschichte zurückverfolgen und an die Mächtigen der Vergangenheit denken, so können wir diejenigen, die mit Macht richtig umgehen konnten, an den Fingern abzählen. Die Mächtigen dieser Erde haben sich stets bemüht, noch mehr Macht zu erlangen. Der Ausspruch »Süchtig nach Macht« weiß um seinen Ursprung in der Realität. Die Destruktion der Macht entspringt aus dem Verlangen, mehr sein zu wollen.

Lebenslange Freundschaften können im selben Moment zu tödlichen Feindschaften werden, wenn ein Direktionsposten einer Firma neu zu besetzen ist. Viele erfahren täglich am eigenen Leibe, dass interne Konkurrenz ihren anspornenden Charakter verliert und zu bitterem Ernst wird. Klettern, stoßen, schieben – das ist die Sprache der Macht, die zerstört.

Neben Geld und Erfolg übt Macht die größte Faszination aus. Eine alte Lebensweisheit sagt: »Nichts entlarvt einen Menschen so schnell wie der Gebrauch der Macht.« Wir alle sind im Kleinen oder Großen Träger von Macht.

Im Umgang mit Macht spielt also der Charakter eine entscheidende Rolle. Er erweist sich als das Instrument, welches die Macht steuert, und zwar die Macht, die zerstört, wie auch die Macht, die aufbaut.

Wenn Machtausübung eine Frage des Charakters ist, dann lässt sich daraus ableiten, dass Autorität eine wichtige Schlüsselkompetenz ist, denn häufig geht Machtausübung mit dem Verlust von Autorität einher. Wer die ihm zur Verfügung stehenden Machtinstrumente nicht einsetzen muss, verfügt in der Regel in seinem Umfeld über umso mehr Ansehen und damit Autorität. Wer Autorität besitzt, hat bessere Voraussetzungen für den rechten Umgang mit Macht, als derjenige, der keine Autorität besitzt.

Macht im guten Sinne kann sogar Verzicht auf Machtausübung sein. Jeder Akt von Begnadigung, Amnestie und Vergebung spiegelt diesen Verzicht auf eigentlich gerechtfertigte Strafe beziehungsweise Rache wider. Erst hier zeigt sich, ob wir Souveränität über unsere Macht besitzen, wenn wir auch die innere Freiheit besitzen, darauf zu verzichten.

Macht kann auch in die Freiheit führen, wo Stärke die Schwäche nicht übersieht, wo Ordnung nicht Selbstzweck ist, sondern einen sicheren Lebensraum bietet, wo Verantwortungsbewusstsein der Willkür die Stirn bietet, wo der Zweck nicht alle Mittel heiligt, wo Ohnmacht einen Platz hat, wo »oben« und »unten« gemeinsamen Entscheidungen weicht, wo die Würde des Menschen nicht mit Füßen getreten wird.

Das Wort Autorität stammt vom lateinischen »auctoritas«, was so viel wie »Urheber« bedeutet und z. B. auch dem deutschen Wort »Autor« als Sprachwurzel dient. Der autoritative Charakter ist und lebt werteorientiert und kann dadurch zum Urheber von Orientierung auch für andere werden. Der autoritäre Charakter nutzt lediglich die Spielregeln der Macht zu seinem eigenen Vorteil; gerade in einer so dynamischen und komplexen Zeit wie der heutigen brauchen wir im Privat- wie im Berufsleben wieder die Pflege und Anerkennung von Autorität in ihrem positiven Wortsinn.

Machthaber, insbesondere wenn sie herrisch und grausam regiert haben, verlieren nach ihrem Tode oder schon bei Verlust ihres Amtes sofort ihren Ruhm, und an Nachruhm ist nur unter negativen Vorzeichen zu denken. Ganz anders verhält es sich aber mit Autorität. Sie stellt einen Wert unabhängig von der jeweiligen Person dar und wächst oftmals sogar noch nach ihrem Tode. Wir haben also die Möglichkeit, durch das Ein- und Ausüben von Autorität den nachwachsenden Generationen ein Erbe weiterzugeben, einen Nachlass immaterieller Werte. Wenn wir unsere materielle Nachfolge regeln, sollten wir uns auch klar darüber werden, welche immateriellen Werte wir unseren Kindern und Nachfolgern hinterlassen wollen; denn unseren Nachruf werden wir nicht selbst schreiben.

Es wird oft von Machtmissbrauch gesprochen. Dabei vergisst man, dass Macht etwas ist, was zur Verwirklichung des Guten gebraucht werden soll. Was ist Macht zum Guten? Wir wissen alle, dass es nicht genügt, bloß zu erkennen, was für ein Kind, für die Gemeinschaft, für das Allgemeinwohl etc. gut wäre. Die berechtigten und förderlichen Anliegen müssen auch umgesetzt und verwirklicht werden und zum Durchbruch gegen eingerostete Gewohnheiten oder egoistische Einzelinteressen kommen. Es genügt auch nicht, einzusehen, was für die Familie und das Kind schädlich ist, was das Vertrauen untergräbt und die Zukunft verbaut, was die Atmosphäre vergiftet. Man muss sich gegen das Zerstörerische wehren, das Schlechte am Aufkommen hindern oder doch wenigstens so weit wie möglich eindämmen. Werte, die keine Macht haben, können sich nicht durchsetzen, und Macht, die keine Werte hat, kann nichts Gutes bewirken. Wir müssen nach Maßgabe unserer Kraft alle Mächte in dieser Welt unterstützen, die im Dienst unserer Werte stehen.

In Interviews, Gesprächen und Briefen beklagen oft Führungskräfte in der Rückschau auf ihr Leben, dass sie sich nicht konsequenter für das Konstruktive eingesetzt haben, oder sie heben diese Momente positiv hervor, wo sie die Kraft hatten, die Stimme ihres Gewissens über die Stimme der Volksmeinung um sie herum gesetzt zu haben.

Autorität durch Dienen?

Am 13. August 1809 sagte Goethe in Frankfurt: »Das jetzige Unglück der Welt rührt doch meist davon her, dass sich alles zu Herren gebildet hat. Der Adel ist von jeher dienstpflichtig und der erste Staatsdiener.«[43] Am Ende der Weimarer Republik hatte man sich endgültig vom Prinzip des Dienens verabschiedet. Die zwanziger Jahre haben uns das Resultat beschert. Die Beseitigung dieses Staates, die vielleicht weniger seiner faktischen Existenz als vielmehr seiner ideellen Kraft galt, führte uns in eine dunkle Zeit. Das »Prinzip Herrschaft«, das das Ende der Weimarer Republik mit eingeleitet hatte, strebt heute noch – wenn auch in gewandelter Form – in der Wirtschaft nach Vorherrschaft.

Im Geschäftsleben konkurrieren heute mehr denn je zwei sich widerstrebende Gesinnungen: »Herrschen durch Belastbarkeit« gegen »Führen durch Dienen«. Welche Gesinnung wird gewinnen? Menschen, die nicht in die eigene Tasche wirtschaften, genießen im Allgemeinen Autorität und werden gerne um Rat gefragt. Je stärker sie das Dienen verinnerlicht haben, desto eindrücklicher ist ihre Autorität gewachsen. Auch und gerade außerhalb des Geschäftslebens finden wir in der Geschichte zahlreiche Beispiele für den Zusammenhang zwischen Führen und Dienen: Wer ist nicht von der Selbstlosigkeit eines Franz von Assisi, der Aufopferung eines Mahatma Gandhi oder der Selbsthingabe einer Mutter Theresa beeindruckt? Diese und viele andere Menschen wurden durch ihre dienende Haltung zu Führern ganzer Generationen. Warum sollte dieser Umstand nicht auch für uns gelten? [44]

1979 hielt Hans L. Merkle[45], der frühere Bosch-Vorstand, in Frankfurt einen viel beachteten Vortrag zum Thema »Dienen und Führen« und stellte dabei fest, dass Dienen und Führen keine Gegensätze sind, sondern dass Führungseignung aus der Bereitschaft zum Dienen hervorgeht. Führen ist also eine besondere Kategorie des Dienens. Ob man Dienen als Last oder Tugend betrachtet, hängt von der Einstellung des Betrachters ab. Die wahre Fähigkeit zu führen besteht darin, dienen zu lernen. Der Wille zum Dienen darf nicht als Last, sondern sollte wieder als innere Haltung und als Bereitschaft zur Verantwortungsübernahme empfunden werden, zu der man sich entschließt.[46]

MEIN LEBEN WURDE durch die weltpolitischen Ereignisse geformt, in denen ich von Anfang an gefordert war. Das bedeutete Kampf gegen den Totalitarismus, Kampf für die Rechte des Individuums und der Minderheiten, Einsatz für die Verwirklichung christlicher Prinzipien in unserem öffentlichen und gemeinschaftlichen Leben. Diese Ziele sind noch nicht erreicht. Ich habe die Zuversicht, dass es andere gibt, die diesen Kampf fortsetzen werden, wenn ich nicht mehr auf dieser Erde bin.

Otto von Habsburg/Österreich
geb. 1912, Kaiserliche u. Königliche Hoheit, Mitglied des Europäischen Parlaments, Dr. sc. pol. et soc., Pöcking bei Starnberg, Oberbayern.
In einem Brief an den Autor vom 27. November 1998.

UNS IST, WOHER immer, aufgetragen, mit unseren Kräften und Talenten das Gute, Wahre und Schöne zu suchen und, wie Goethe sagt, resolut zu leisten, und zwar ebenso sehr für uns selbst als auch für die Nächsten und die Allgemeinheit schlechthin.

Ich würde mich allerdings konsequenter und zielstrebiger, als ich es getan habe, nach diesen Vorstellungen ausrichten. Letztlich ginge es wieder um Politik, da sie in besonderem Maße dazu berufen ist, in der Welt etwas zu bewirken, um die Dinge zum Besseren zu wenden.

Prof. Dr. Leo Schürmann
geb. 1917, Anwalt und Notar, Olten.
In einem Brief an den Autor vom 1. Februar 1999.

Sie bitten mich, zum Thema »Was ich anders machen würde« einige Zeilen zu schreiben. Dies ist für mich, der wegen seiner politischen Vergangenheit in Haft ist, nicht unproblematisch. Mit dem Staatsanwalt im Rücken lassen sich persönliche Einsichten nur schwerlich unbefangen zu Papier bringen.

Anders machen, das ist für mich die Frage, was ich besser machen würde.

Und das wäre – wie manche Zeitgenossen von mir erwarten – keineswegs eine Abkehr von meiner Weltanschauung. Sie war und ist mir wie ein Kompass, ohne den man orientierungslos ist. Ich sehe meine Vergangenheit, meine Gegenwart und Zukunft mit den Augen eines Sozialisten, der gelernt hat, Realitäten dialektisch und damit auch kritisch zu beurteilen.

Wenn ich zurückblicke, bleibt mein Haupteindruck: Ich hatte viel Glück in meinem Leben.

Mit acht Jahren – so alt war ich, als der Zweite Weltkrieg zu Ende ging – trifft man seine Entscheidungen ja noch nicht allein. Die Erlebnisse von Krieg und Umsiedlung aus Kolberg (Hinterpommern, heute Polen) haben mich früh sagen lassen: Nie wieder dürfen Leute Macht bekommen, die Kriege führen. Zwei Menschen haben mich darin bestärkt. Ein Offizier, der in meiner neuen Heimatstadt Damgarten (damals Vorpommern) in der sowjetischen Kommandantur als Dolmetscher arbeitete. Entgegen der damals noch landläufigen Meinung, die Russen seien »bolschewistische Unmenschen«, wurde mir der Mann in sowjetischer Uniform bald wie ein väterlicher Freund. Von ihm lernte ich nicht nur die russischen Worte für Brot, Zucker, Milch und Brei. Seinen vollen Kochgeschirren verdanke ich auch, dass ich trotz schwerer Erkrankung körperlich wieder auf die Beine kam. Und dann war da noch der Vater eines Mitschülers. Er kam ausgehungert, aber mit viel Mut für den Aufbau einer neuen Gesellschaft aus einem Konzentrationslager der Nazis. Er versuchte mir jeden Tag klar zu machen: Es gibt nichts Unpolitisches auf der Welt. Wer sich unpolitisch wähnt, hilft nur jenen, die ihre Politik zum Schaden des Volkes machen.

Ich lernte Schritt für Schritt, politisch zu denken und mir immer wieder die uralte Frage zu stellen: Wem dient es?

Ich wurde Mitglied einer neu entstandenen antifaschistischen Kinderorganisation. Der Antifaschismus wurde mir nicht verordnet. Ich habe ihn verinnerlicht. Später las ich weniger Karl May, dafür aber Karl Marx. Er wurde mein weltanschaulicher Lehrmeister. Als meine Mutter 1947 mit mir zu meiner Schwester in den Westen fuhr, die der Krieg nach Westerland/Sylt verschlagen hatte, wollte sie ursprünglich mit mir dort bleiben. Auf mein Drängen hin fuhren wir zurück in Deutschlands Osten. Ich weiß nicht, wie mein Leben verlaufen wäre, wenn ich im Westen geblieben wäre. Jedenfalls hätte ich nie das Glück gehabt, an einem Entwurf für eine Gesellschaft mitzuarbeiten, die es bisher in Deutschland noch nie gegeben hatte. Die DDR wurde mein Staat. Nazis hatten in diesem Lande nichts mehr zu sagen. Die Kriegsverbrecher wurden bestraft. Die Groß- und Schlüsselindustrie ging in Volkseigentum über. Der Großgrundbesitz wurde den Bauern übergeben. Arbeiter und Bauern kamen auf die Universitäten, ohne Studiengebühren und mit Stipendium. Der Mensch sollte des Menschen Freund und nicht sein Wolf sein. Die Ausbeutung des Menschen durch den Menschen sollte aufhören. Solidarität untereinander und Freundschaft zu anderen Völkern waren das Gebot der Stunde. Das waren humanistische Ideale, die mich begeisterten. Natürlich sah ich später auch die Kluft zwischen Ideal und Wirklichkeit. Immer aber war meine Maxime: Diese Kluft lässt sich nur durch harte Arbeit beseitigen. Die Realität muss dem Ideal immer mehr angepasst werden. Nicht alles hat funktioniert, wie es die Theorie vorsah. Viel ist uns danebengegangen. Manches haben wir nicht besser gekonnt. Schuld daran war auch unser historischer Hochmut, der uns glauben machte, den Sieg schon gesetzmäßig in der Tasche zu haben. Manche von uns haben sich auch eingebildet, man brauche nicht mehr um jeden einzelnen Menschen zu kämpfen. Schließlich haben wir verloren.

Die Spaltung der Welt führte auch zur deutschen Spaltung, nicht ohne Schuld beider Seiten. Der DDR wurde ihr Existenzrecht von Anfang an abgesprochen. Das Land im Osten war nicht nur zerstört, es war ärmer als der Westen. Unsere sowjetische Siegermacht lag selbst am Boden. Sie konnte uns keinen Marshallplan geben. Während die Bundesrepublik als Schaufenster aufpoliert wurde, zahlten wir im Osten für ganz Deutschland die Reparationen an die Sowjetunion. Die Menschen in der DDR haben unter komplizierten Bedingungen einen Staat aufgebaut, der ihnen Arbeit, Brot und Frieden brachte, Mitglied der UNO wurde und von 134 Staaten der Welt völkerrechtlich anerkannt war. Ich hatte die Möglichkeit, diesen Prozess aktiv mitzugestalten. Nicht nur – wie es heute heißt – als »Bonze«. Ich war in der DDR Schüler, Lehrling, Student, Soldat, Lehrer, FDJ- und SED-Funktionär. Meine erste Funktion war die eines Schülersprechers. Meine letzte war Staatsratsvorsitzender. Meine Erfahrungen reichen vom Schülerrat einer Acht-Klassen-Schule bis zum Staatsrat der DDR. Über 40 Jahre war dieses Land auch mein Land. Es ist nicht Lernunfähigkeit, wenn ich trotz historischer Niederlage nicht bereit bin, meine Vergangenheit auf den Müllhaufen der Geschichte zu werfen. Untergegangen ist nicht die Idee des Sozialismus. Untergegangen ist ein von der Elbe bis zum Stillen Ozean sowjetisch geprägtes Sozialismusmodell, das nicht mehr lebensfähig war. Es schmerzt mich, dass es auch in der DDR Unrecht gab. Unrecht ist nicht zu rechtfertigen. Auch jeder Tote oder Verletzte an der Grenze, die quer durch Europa verlief und zwei Militärblöcke und Gesellschaftssysteme voneinander trennte, war einer zu viel. Ich habe vor Gericht gesagt: Ich betrachte es als meine Lebensniederlage, dass wir in der DDR nicht in der Lage waren, Opfer an der Grenze zu verhindern. Ich wehre mich aber, das Unrecht des Kalten Krieges allein der DDR anzulasten. Auch in der Bundesrepublik gab und gibt es Unrecht: Berufsverbote, Notstandsgesetze, Parteien- und Organisationsverbote wie der KPD und der FDJ, Kontaktsperre von bundesdeutschen Beamten mit DDR-Bürgern ... Die vier Großmächte hatten in Deutschland die beiden Staaten jeweils nach ihrem Muster geformt. Als die Großmacht Sowjetunion den Wettstreit mit den USA verloren hatte, waren auch die Tage der DDR gezählt. Ich betrachte es als Glück meines Lebens, dass ich an verantwortlicher Stelle beitragen konnte, dass es im Herbst 1989 keine Gewalt gab. Dies entsprach nicht irgendeiner Laune, sondern war Ausdruck meiner sozialistischen Weltanschauung. Wäre am 9. November 1989 auch nur ein Schuss gefallen, die gesamte europäische Geschichte hätte schlimme Wendungen nehmen können. Wir sind ohne Gewalt abgetreten, haben nicht die Türen hinter uns zugeschlagen. So ist das Ende des Sozialismus nicht mit Blut befleckt. Das gibt unseren Enkeln die historische Möglichkeit, es besser zu machen als wir.

Ich sehe meine Haft nicht als das Resultat einer Kette von persönlichen Fehlern. Sicher, Menschen machen Geschichte. Aber sie machen sie unter bestimmten vorgefundenen Bedingungen, unter internationalen Zusammenhängen und im Widerstand gegen ihre Widersacher. Sie raten mir, den Menschen, wie Sie sagen, »die es nicht gut mit mir meinen«, zu verzeihen. Ich bin von Natur aus nicht nachtragend. Zudem war mir schon zu Zeiten, als die DDR noch bestand, bewusst, dass uns die Herrschenden der Bundesrepublik nie verziehen haben oder verzeihen werden, dass die DDR überhaupt existierte. Daraus erklärt sich unter anderem auch noch 13 Jahre nach der Herstellung der staatlichen Einheit Deutschlands eine offizielle Mentalität, alles, was mit der DDR in Verbindung stand, zu verteufeln. Obwohl mich dies tief ins Herz trifft, weil damit die Lebensläufe von Millionen Menschen aus der DDR entwertet werden, nehme ich auch das nicht persönlich. Dass dies so kommen würde, darüber hatte ich nie Illusionen. Es ist Ausdruck einer antikommunistischen Grundhaltung.

Ich bin kein gebrochener Mann. Ich weiß, was ich geleistet habe. Und ich weiß, welche Fehler ich gemacht habe. Ich bin deshalb keineswegs – wie dies manchmal in Medien berichtet wird – isoliert. Ich habe viele Freunde. Solche, die es schon vor 1990 waren. Und viele neue, auch aus dem Westen Deutschlands. Seit meinem Haftantritt im Januar 2000 habe ich über 28.000 Briefe und Postkarten erhalten. Die Schreiber sind in erster Linie Menschen, die es nicht böse, sondern gut mit mir meinen. Sie vermitteln mir das tiefe Gefühl von Solidarität. Ihnen fühle ich mich besonders verbunden.

Wenn ich nun unter gleichen Bedingungen mein Leben noch einmal führen dürfte, würde ich im Detail sicher sehr viel anders machen. Meine Grundentscheidung aber würde ich wieder für den Sozialismus treffen. Und was wäre bei dieser Grundentscheidung besser zu machen? Mit den heutigen Erfahrungen könnte ich beitragen, dass Sozialismus und Demokratie eine unzertrennliche Einheit sind.

Egon Krenz
der letzte Staatsrats- und Parteivorsitzende der DDR,
in einem Brief an den Autor vom 13. Mai 2003.

Egon Krenz war Staats- und Parteichef der untergehenden DDR. Am 18. Oktober 1989 löste er Erich Honecker als Generalsekretär der DDR-Einheitspartei SED ab, am 24. Oktober 1989 übernahm er von diesem das Amt des Staatsratsvorsitzenden.
Unter Krenz öffnete die DDR-Führung am 9. November 1989 die Grenze zur Bundesrepublik Deutschland. Im Dezember trat Krenz von seinen Ämtern zurück. Im Januar 1990 wurde er aus der SED/PDS ausgeschlossen.
Egon Krenz wurde 1937 in Kolberg (Pommern, heute Polen) als Sohn eines Schneiders geboren. Er ließ sich zum Lehrer ausbilden, arbeitete dann in führenden Funktionen für die DDR-Jugendorganisation FDJ und für die Pionierorganisation »Ernst Thälmann«.
1973 bis 1989 war Krenz Mitglied des Zentralkomitees der SED und 1983 bis 1989 auch Mitglied des Politbüros. Im November 1999 bestätigt der Bundesgerichtshof in Leipzig gegen Egon Krenz eine Freiheitsstrafe von sechs Jahren und sechs Monaten. Das Berliner Landgericht hatte die Strafe im August 1997 wegen Totschlags von vier Flüchtlingen an der deutsch-deutschen Grenze ausgesprochen. Mit dem Urteil gegen Krenz und weitere Vertreter der DDR-Staats-

führung wurden die »Schreibtischtäter« für das DDR-Grenzregime strafrechtlich zur Verantwortung gezogen. Egon Krenz verbüßt die Strafe seit Januar 2000 in der Berliner Haftanstalt Plötzensee im offenen Vollzug. Mehrere Gnadengesuche von Bürgern aus Ost- und Westdeutschland wurden bisher abgelehnt, ebenso ein Antrag auf vorzeitige Entlassung.

OB ES BESSER wird
wenn es anders wird
weiß ich nicht.
Dass es anders werden muss
wenn es besser werden soll
ist gewiss.

Georg Christoph Lichtenberg
1742–1799

Mehr Gerechtigkeit?

Es ist unmöglich, durchs Leben zu ziehen, ohne einen Anteil an Schicksalsschlägen, ungerechter und unfairer Behandlung zu erleben. Diese Tatsachen des Lebens treffen sowohl auf uns als auch auf unsere Familienmitglieder und Freunde zu. Sie tragen dazu bei, Menschen zu prägen. Einige werden bitter und grollen zeitlebens gegenüber den Ungerechtigkeiten, die sie erleiden mussten, andere werden reifer, nüchterner und liebesfähiger, weil sie verzeihen konnten. Keiner wird bestreiten, dass es sehr anspruchsvoll sein kann, angesichts erlebter Ungerechtigkeiten seelisch heil, sensibel, wahrnehmungsfähig und liebesfähig zu bleiben oder zu werden. Ein alter Bekannter sagte mir mal: »Unrecht, was dir geschieht, macht dich bitter, es sei denn du betrachtest es als einen Pflug auf dem Ackerfeld deines Lebens und deines Charakters. Dann wirst du selbst und dann werden andere davon profitieren.« Etwas, was mich mein Leben immer sehr beeindruckt hat, war die Begegnung mit Menschen, die große Ungerechtigkeiten erleiden mussten und trotzdem keinerlei Spuren von Bitterkeit in sich trugen. Von diesen Menschen wollte ich lernen. Auf dieser Welt gibt es keine Gerechtigkeit. Wer darauf wartet, wartet vergeblich und kann nur bitter werden. Trotz dieser nüchternen Erkenntnis, alles zu tun, für die Gerechtigkeit ohne Bitterkeit sich einzusetzen und zu kämpfen, habe ich von den Menschen, die mir Vorbilder wurden, gelernt.

Am Abend des 29. Oktober 1987 briet Arvin McGee Jr. sich drei Spiegeleier, aß dazu Maisbrot, zum Nachtisch Honig-Smacks. Er setzte sich mit seinem Teller vor den Fernseher, die «Bill-Cosby-Show« lief, aber im Nebenzimmer schlief die kleine Tochter seiner Freundin, also hatte McGee den Ton leise gedreht. Es war ein einsames Mahl, ohne Zeugen.

Nach dem Essen betete McGee, rollte sich auf dem Sofa zusammen, schlief ein.

Am Abend des 26. Februar 2002 fuhren Arvin McGee Jr., seine Mutter, Brüder, Schwestern, Anwälte zu «Pearl's Restaurant«. Ein großer Tisch war reserviert, und McGee, Held des Abends, aß gebratenes Huhn, Berge von Kartoffeln und gönnte sich zwei Erdbeershakes. Alle lachten und weinten durcheinander. Es war ein Festessen.

Zwischen den beiden Mahlzeiten lagen 14 Jahre, 3 Monate, 28 Tage. Für Arvin McGee aus Tulsa, Oklahoma, war es die Hölle. »Ich war lebendig begraben.«

Denn der schwarze Hilfsarbeiter und Tellerwäscher, groß, stark, wortkarg, das linke Knie kaputt vom Football, war verurteilt worden, zu 298 Jahren Gefängnis, war schuldig befunden worden in einem schweren Fall von Raub, Entführung, Vergewaltigung. Und war unschuldig.

Während McGee an jenem Abend vor 14 Jahren gemütlich seine Spiegeleier vertilgte und sich dann aufs Sofa legte, wurde in einer Reinigung in der 21. Straße von Tulsa die Angestellte Cindy B. überfallen. Sie war weiß, rothaarig und damals 20 Jahre jung. Der Täter war ein Schwarzer.

Ein Kunde, hatte sie gedacht, bis der Mann sie plötzlich packte, ihr die Arme nach hinten verdrehte und sie in die winzige Angestellten-Toilette schob. Dort fesselte er sie mit Textil-Tape.

Der Mann hatte enorme Kräfte. Wie einen Kleidersack, erinnert sich Cindy B., warf er sie über die Schulter, trug sie über den dunklen Parkplatz zu ihrem eigenen Auto und fuhr mit ihr in einen Wald am Stadtrand, wo er sie vergewaltigte, mehrmals und in verschiedenen Stellungen. Er war nicht maskiert, Cindy

B. konnte sein Gesicht erkennen, sie wimmerte, sie flehte um ihr Leben.

Dann sperrte er sie in den Kofferraum. Aus der Wäschereikasse hatte er 85 Dollar und 30 Cent genommen.

Cindy B., verletzt und gedemütigt, wollte nur noch eines: Gerechtigkeit. Sie konnte den Täter beschreiben, vor allem sein Gesicht. Das Oklahoma State Bureau of Investigation ließ Zeichnungen anfertigen, vier Monate später erkannte ein Polizist den Mann. Arvin McGee staunte sehr, als die Handschellen klickten. »Ich dachte, hey, das bin doch nicht ich, dem dieser Scheiß hier passiert.«

Es gab drei Verhandlungen. Die Aussagen der Hauptzeugin Cindy B. waren widersprüchlich. Die Sperma-Analyse ergab, dass McGee der Täter gewesen sein konnte – dass aber auch 19 Prozent der schwarzen Bevölkerung in Frage kämen. In der dritten Verhandlung jedoch, vom 20. bis zum 22. Juni 1989, identifizierte Cindy B. diesen und keinen anderen Mann als den Vergewaltiger. Die Jury war beeindruckt von ihrer Klarheit. Cindy B. bekam Gerechtigkeit, Arvin McGee Jr. bekam 298 Jahre. McGee, groß, stark, wortkarg, wurde schwarz vor Augen. Er war 26, sein Sohn war vier Monate alt.

Wie hält man das aus?

Im Joseph Harp Correctional Center in Lexington gibt es 490 Zellen für etwa tausend Häftlinge. McGee verbrachte fast eineinhalb Jahrzehnte in einer Zweimannzelle, hatte 16 wechselnde Zellengenossen, Vergewaltiger, Kinderschänder, Räuber. Er verstand sich mit allen, und allen schwor er, dass er unschuldig sei – »manche glaubten's, aber die meisten nicht«. Man schlug ihm vor, seine Schuld zu gestehen. Er könnte mit einer Strafmilderung rechnen. »Das ging nicht, weil ich's doch gar nicht war.«

Er spielte Football, machte seinen College-Abschluss, freute sich auf die Sonntage, dann gab es Hühnchen. Zweimal im Monat telefonierte er mit seinem Sohn, der auf den Namen Derel getauft wurde, während der Vater im Gefängnis hockte, älter wurde, Jahr um Jahr, und Gott um ein Wunder bat.

»Ich sagte, was hier mit mir passiert, ist einfach nicht richtig, also bitte, Gott, tu was, regle das.«

Das Wunder hieß »DNA Forensic Testing Program«. Das Wunder bestand darin, dass die Rechtsanwältin Julie Gardner, 30, brünett, hübsch, im September 2000 den Fall auf den Schreibtisch bekam. Julie Gardners Job sind Fälle wie dieser. Sie fuhr zum Lagerhaus der Gerichtsmedizin. Fand nach zwei Tagen Suche eine staubige Pappkiste, darin die Spermaproben, die man von Cindy B.s Schamhaar genommen hatte. Die Proben wurden mit McGees frischem Sperma verglichen, die DNA war nicht identisch. Die Wahrscheinlichkeit, dass McGee der Vergewaltiger war, lag bei eins zu acht Milliarden.

Julie Gardner weinte, als sie im Besucherraum des Gefängnisses ihrem Mandanten das Ergebnis mitteilte. McGee wurde schwarz vor Augen, er war jetzt 39, und er war frei.

Die Entschädigung, sagen seine Anwälte, könne zwischen 500 Dollar und zehn Millionen liegen. McGee will aber keine Zeit verschwenden, indem er zu viel über Geld und Prozesse nachdenkt.

Oder indem er Cindy B. etwas nachträgt. »Das Mädchen hat sich geirrt, die Sache ist erledigt, ich hab ihr verziehen«, sagt er. »Nun muss ich mich um meinen Jungen kümmern. Gott hat ein Wunder getan, jetzt werd ich mich revanchieren.«

Der Spiegel, Ausgabe 13, Seite 143 vom 25.März 2002.

Mehr an Lebensjahren?

Zum Deprimierendsten im Leben gehört es, Menschen zu begegnen, die keine Hoffnung mehr haben.
Kinder haben Hoffnung: Wenn ich in die Schule komme dann ...
Wenn ich meinen Schulabschluss habe, dann ...
Wenn ich meine Lehre oder mein Studium abgeschlossen habe, dann ...
Wenn ich einmal im Beruf stehe und mein eigenes Geld verdiene, dann ...
Wenn ich einmal verheiratet bin und Familie habe, dann ...
Wenn ich einmal Verantwortung habe, dann ...
Wenn ich mir etwas leisten kann, dann ...

Je älter die Menschen werden, desto mehr vergeht ihnen die Hoffnung und desto mehr sieht man ihnen die Resignation in ihren Augen an. Wir begegnen auch Menschen, die keine Hoffnung mehr haben. Sie hatten alle ihre Hoffnung beispielsweise auf die Erfüllung in der Arbeit gesetzt, und diese haben sie nicht mehr. Sie sehen nichts mehr vor sich. Sie leben von Erinnerungen und bitteren Erfahrungen, von kurzfristigen Zielen, ohne eine Langzeitperspektive. Je mehr ihnen ein übergeordnetes Ziel fehlt, desto sektiererischer gehen sie bisweilen ihre Teilziele an, diese könnten ja die letzten sein. Früher haben sie immer in der Zukunft gelebt, jetzt haben sie nur noch die Gegenwart, die sie nicht ertragen können.

Die Kurzfristigkeit des Wirtschaftens gerät in Konflikt mit dem menschlichen Charakter, dessen Sehnsüchte auf Langfristigkeit und Verlässlichkeit angelegt sind. Die Schnelligkeit des menschlichen Verfallsdatums tritt heute wesentlich spürbarer nach außen.

Wir leben unter dem Gesetz einer ablaufenden Zeituhr. Vergänglichkeit als Wesensmerkmal des Menschseins führt zur Einsicht: »Die Zeit vergeht, ich kann nichts festhalten.« Das Vorübergehen der Zeit wird oft als sehr schmerzhaft erfahren. Insbesondere das Älterwerden stellt für einige Menschen ein riesiges Problem dar. Oft denken sie mehrmals am Tage darüber nach und haben in ihrer oberflächlichen Umgebung niemanden, mit dem sie über ihre innere Not sprechen können.

Jemand sagte: »Älter zu werden ist kein Job für Feiglinge.« Sie leiden unter der Wahrnehmung, dass die Zeit knapp wird, und spüren, dass nicht die von ihnen angehäuften Besitzstände, sondern ihre noch verbleibende Lebenszeit zum kostbarsten Rohstoff wird. Das unaufhaltsame Fortschreiten der Verknappung ihrer Zeit beunruhigt sie.

Das Bewusstsein der Spannung zwischen ablaufender Zeit und dem Bedürfnis nach bleibenden Werten und Geborgenheit lässt Unruhe aufkommen und ist normalerweise der Auslöser für unsere Fragen nach dem Sinn.

Spätestens im mittleren Alter erkennen wir plötzlich, dass die noch vor uns liegende Zeit kürzer ist als die bereits gelebte Zeit. Uns wird die Begrenztheit bewusst: die Begrenztheit unserer physischen Kräfte, die Begrenztheit unserer Beziehungen, wenn wir realisieren, dass unsere Eltern alt geworden sind und sterben, die Begrenztheit unserer beruflichen Optionen. Wer aber nur so gepolt ist: »Ich bin nur etwas, wenn es immer weiter und immer höher geht«, der kommt unweigerlich in die Enge, weil seine Weltvorstellung immer weniger mit seiner physischen Wirklichkeit übereinstimmt, je älter er wird.

Die in diesem Alter häufig auftauchenden Depressionen sind nur eine natürliche Folge und ein natürliches Signal, wenn die Seele überfordert ist mit dem, was das verkürzte Weltbild ihr zu denken vorschreibt. Depression als seelische Sabotage.

Vorteile?

Mit der Mitte unseres Lebens steht die Frage im Vordergrund: Wie kann ich das (wenige) Leben, das noch vor mir liegt, gegenüber dem mehr Leben, das schon hinter mir liegt, so leben, dass es trotzdem Sinn gibt?

Doch anstatt die nun verbleibende Zeit sinnvoll zu gestalten, indem man sich auch ab und zu ein paar Augenblicke der Selbstreflexion und Kontemplation gönnt, erleben wir in der Realität, dass die Zeit immer knapper und der Geschäftsalltag immer hektischer wird. Wenn man sich der inneren Mahnung zur Selbstreflexion in den guten Jahren nicht stellt, holt einen diese Frage irgendwann ein. Je früher wir uns die Frage stellen: »Was muss ich noch tun, bevor ich sterbe?«, desto mehr Sinn werden wir für unser verbleibendes Leben finden. Die Krise gegen Ende unseres Lebens hat noch ein etwas anderes Gesicht als die Identitätskrise in jüngeren Jahren. Wir könnten sie mit den Worten beschreiben: »Ich bin, was von mir bleibt.«

Eine ältere Frau beschrieb ihre Situation so: »Alles schmerzt, und was nicht schmerzt, funktioniert nicht. Ich fühle mich wie am Abend vorher und bin nirgendwo gewesen. Ein tropfender Wasserhahn verursacht einen unkontrollierbaren Druck in der Blase. Ich brauche Brillen, um meine Brillen zu finden. Ich sitze in einem Schaukelstuhl und bringe ihn nicht zum Schaukeln. Mein Rücken krümmt sich auch ohne Last. Mein Haus wird leer, mein Arzneischrank immer voller. Ich kenne alle Antworten, doch niemand stellt mir dazu die Fragen.«

ICH BIN JETZT 64 Jahre alt. Da meldet sich immer mehr die andere Stimme, die direkt aus dem Herzen kommt, die sich nicht mehr mit einem Gläschen hier und einem Pillchen dort zum Schweigen bringen lässt.

In meinem Alter hat man nur ein Problem: die Angst, selber ein Pflegefall, abhängig zu werden. Von was soll ich denn jetzt noch träumen? Ich habe ein schönes Leben hinter mir, ein interessantes, aufregendes vor allem. Trotzdem plagt mich die Frage: Was habe ich mit meinem Leben gemacht, was habe ich geleistet? Aber man darf sich nicht zu viel mit sich selbst beschäftigen. Das steht vor dem eigenen Glück. Aber was ist Glück? Ich wünsche mir nichts sehnlicher als eine neue Herausforderung.

Dieses Jahr habe ich mir etwas Besonderes vorgenommen: Ich schreibe mir selbst zu Weihnachten ein Buch. Nur für mich allein.

Hermann Weber
(Mäni National), geb 1935. Redakteur/Moderator SR DRS + SF DRS, 1960–1995/Schweizer TV-Idol. In einem Brief an den Autor vom 6. Januar 1999.

MAN IST SCHWACH, man hat dieses und jenes Zipperlein, eigentlich nichts Ernstes und doch etwas sehr Ernstes: Man nimmt die ersten unwiderbringlichen Verluste der Lebenskraft wahr. Man weiß: Was ich da nicht mehr kann, das werde ich niemals wieder können.

Die beliebten Persönlichkeitstests in Illustrierten sind relativ leicht zu lösen, wenn man die Punktzahl der Antworten betrachtet. So hatte in einem Text, in dem es um die Neigung zur Depression ging, derjenige »keine Probleme«, der Fragen wie »Haben Sie Schuldgefühle?« oder »Sind Sie abends niedergeschlagen?« mit »Nein« beantworten konnte.

Wer aber auf die Frage »Denken Sie oft an Sterben und Tod?« nur »Ja« sagen konnte, hatte die meisten negativen

Punkte. Das ist schon seltsam, aber typisch für unser heutiges Denken. Schon der Gedanke an Sterben und Tod wird als so destruktiv und krank betrachtet, dass ihn nur ein Depressiver hegen kann. Das Alter ist doch nichts als der Weg, der zu IHM führt. Für den Christen ist es der Weg zur Auferstehung, zur Erlösung, zu Jesus. Für den, der noch in einfachen Bildern seiner Kindheit glaubt, ist es die Heimkehr zu allen Geliebten, die dort auf uns warten.

Was ist das für eine Welt? Was sind das für Psychologen, die es für depressiv halten, wenn man an all diese Dinge denkt? Wie lassen sie uns alte Menschen dadurch im Stich.

Wir brauchen, wenn wir ans Sterben denken, keine Therapie auf der Coach, sondern wir brauchen Menschen, ihr Verständnis, ihre Liebe. Das Alter ist die Vorbereitung auf den endgültigen Abschied, und dieser Lebensabschnitt sollte doch genutzt werden. Ich möchte in aller Ruhe zurückblicken und die Stationen meines Lebens bedenken. Wie ist das nur alles gewesen? Kann ich das noch zu Ende führen, was ich vollenden möchte? Kann ich noch etwas von dem gutmachen, was ich unterlassen habe? Was kann ich den Kindern noch sagen? Wie soll mein Testament aussehen?

Was wir alten Menschen brauchen, ist eigentlich wenig: Wir wollen nicht im Stich gelassen werden, wir brauchen ein wenig Geduld, wir brauchen menschliche Nähe, dann können wir selber in unserer klein gewordenen Welt leben und arbeiten und müßig sein, wie es uns gegeben ist, und wir können die Jahre nützen, die uns bleiben.

Sybil Gräfin Schönfeldt
11. April 1998
Autorin des Buches »Die Jahre, die uns bleiben«,
erschienen Piper Verlag, München.

Schmerzvolles?

Schmerzvolles?

Beschäftigt dich die Frage, warum dich der Schlag getroffen hat?

Ja, ich bin den Ursachen nachgegangen. Dahinter liegt das eigene Leben und wie ich damit umgegangen bin. Das ist der Stoff, über den ich nachdenke und frage, was hätte ich anders machen können. Ich hatte vielfach empfunden: Du willst so nicht mehr leben. Mir war bewusst, dass ich physisch und natürlich auch psychisch unter extremem Druck stand. Ich habe mich bisweilen fast beschworen: Hör auf, so zu leben. Du kannst und willst die Last und den Druck nicht mehr tragen, dem du in deiner Arbeit täglich ausgesetzt bist. Sobald es mir zwischendurch besser ging, habe ich in der Zeit der Leichtigkeit und Drucklosigkeit dann wieder verdrängt, dass ich in der anderen Zeit immer gegen meinen Körper arbeitete. Wenn ich im Blick auf meine jetzige Behinderung – ich bin jetzt wirklich behindert – mein Leben Revue passieren lasse, frage ich natürlich auch: Hättest du nicht etwas ganz anderes tun können, als in die Politik zu gehen? Natürlich, aber ich würde mich heute wahrscheinlich wieder genauso entscheiden.

Wenn ich daran zurückdenke, an dieses politische »Mitmachen«, ohne es vielfach wirklich zu wollen, dann stimmt mich das nicht gerade fröhlich, und manchmal erschreckt es mich auch. Dass ich mit der Folge des Schlaganfalls fast konsequent gegen meinen Körper gelebt und gearbeitet habe, hängt natürlich auch mit der Eitelkeit zusammen. Vielleicht auch mit einer gewissen Unfähigkeit, sich bescheiden zu können. Aber das ist eine sehr ambivalente Einschätzung, denn in dieser Welt soll man auch versuchen, zu wirken und mitzugestalten, und das ist immer eine Gratwanderung zwischen dienen und »etwas sein wollen«.

Hat sich durch deinen Schlaganfall dein Verhältnis zu dir selbst und zu Gott verändert?

Wir wissen, dass das menschliche Leben ein kontinuierliches Zugehen auf den Tod ist. Dieses Wissen gründet aber im letzten auf Hörensagen. Wir wissen es immer nur von und über andere. Wenn du so einen »verpasst kriegst«, dich gänzlich unvorbereitet der Schlag trifft, dann ist dies eine tiefe, persönliche und radikale Erfahrung der eigenen Endlichkeit. Jetzt hast du wirklich über die Kante geschaut. Während wir uns im so genannten Normalfall eigentlich nur millimeterweise an den Tod heranschieben, ist der Schlaganfall ein Riesensprung zum Tode hin. Natürlich ändert das dein Verhältnis zu Gott, zum Leben und zum Tod. Heute bin ich stiller in diesen Dingen und berufe mich nicht so sehr auf das, was ich gelesen und im Gespräch erfahren habe, vielmehr ist mein Verhältnis zu Gott unmittelbarer und persönlicher geworden, entlastet von all den theologischen Sentenzen und feinsinnigen Betrachtungen. Wenn du dich einmal so nackt und bloß empfindest, wird die Substanz deines Glaubens allen dialektischen und intellektuellen Geklingels entkleidet.

In jeder Sekunde sagen unzählige Menschen: Ich will nicht mehr, ich kann nicht mehr, ich muss mich diesem Druck entziehen und so geht es nicht mehr weiter. Ich kann diese Verkrümmung mit mir selbst nicht mehr ertragen. Kannst du denen etwas sagen?

Ich würde denen natürlich heute etwas anderes sagen, als ich es ihnen zur Zeit meiner aktiven Tätigkeit in Niedersachsen gesagt hätte. Ich würde ihnen nahe bringen, deutlicher nein zu sagen und sich nicht nur noch zum Objekt anderer Interessen machen zu lassen. Das ist heute noch viel schlimmer geworden: Das Eindringen der Ökonomie in alle Lebenssachverhalte macht uns immer mehr zu Vätern oder Müttern der Sachzwänge. Und natürlich wird auch Gott immer mehr in Frage gestellt, wenn er nicht schon den meisten vollends abhanden gekommen ist. Man kann heute sagen, dass die Welt der Waren das Wahre im Glauben verdrängt hat.

Aber heute mit meinem doch im Grunde erfüllten Leben anderen zu sagen, sagt nein, ist natürlich auch nicht überzeugend, und vielleicht ist es eine Überforderung an beide. Ich habe es damals ja auch nicht getan. Ich formuliere das ohne Melancholie. Ich denke nur, dass diese Art Ratschläge wenig taugen.

Werner Remmers
geb. 1930, Politiker. Sein ehemaliger Ministerialbüroleiter Bernhard Kauffmann, heute Präsident der Stiftung Weimarer Klassik, führte mit ihm nach seinem Schlaganfall am 4.11.1999 dieses Gespräch.[47]

WENN ICH NOCH einmal leben würde, so würde ich nicht darüber hadern, dass ich mich mit einem Herzfehler durchschleppen musste; ich würde darin eine Schranke erkennen, die eine höhere Weisheit meinem zu Hochmut und Selbstüberschätzung neigenden Wesen auferlegt hat.

Wenn ich noch einmal leben würde, so würde ich es als ein Stück Nachfolge Christi annehmen, dass mein Dienst am Evangelium mich mit Menschen zusammenbrachte, die sich diesem verweigerten.

Ich würde die Chance wahrnehmen, im Leiden reifer, geduldiger, liebender zu werden.

Wenn ich noch einmal leben könnte, so würde ich alle Quellen des Glücks – kreatives Schaffen, Schreiben, geschlechtliches Eros – noch völliger dem einen zentralen Glück ein- und unterordnen: Gott zu gehören und Ihm zu dienen.

Prof. Dr. theol. Eduard Buess
geb. 1913, emeritierter Professor der Universität Basel, in einem Brief an den Autor vom 11. Juli 1998.

Im Januar hatte ich mich entschlossen, diese Reise mit meinem Kollegen mitzumachen, einem jungen, sechsunddreißigjährigen Mann, Vater von drei Jungen.

In dem Teil des Flugzeugs, in dem wir saßen, gab es keine zwei zusammensitzenden Personen, wie Mann und Frau, die gleichzeitig überlebt hätten, sondern nur hier und da mal einer. Wäre mein Partner zusammen mit seiner Frau gereist, so wären wahrscheinlich beide umgekommen. So aber haben die Kinder noch ihre Mutter behalten und sind keine Waisen.

Meine Mutter ist eine Christin alter Prägung. Jedes Mal, wenn wir eine Reise antreten, beten wir. Auch an diesem Tag betete meine Mutter: »Gott, du bewahrst meinen Sohn auf dem Hinweg wie auf dem Rückweg.« Es war nichts Außergewöhnliches, dass meine Mutter so betete. Was aber außergewöhnlich war, war, dass meine Mutter, was sie sonst nie getan hat, plötzlich anfing zu weinen. Ich habe Mutter bis dahin nie weinen sehen.

Zunächst flogen wir nach New York, um dort vollzutanken. Dann ging es über den Atlantik in Richtung Gran Canaria, ungefähr 70 Meilen von Nord-West-Afrika entfernt. Etwa 15 Flugminuten vor Gran Canaria sagte der Pilot über Lautsprecher, wir dürften nicht, wie es geplant war, in Las Palmas landen. Dort wollten wir nämlich ein griechisches Schiff besteigen. Deswegen müssten alle Flugzeuge umgeleitet werden. Wir sollten auf Teneriffa landen.

Man sagte uns zunächst, wir dürften nicht aussteigen. So saßen wir geschlagene vier Stunden im Flugzeug. Und ironischerweise parkte direkt neben uns die KLM 747. Vier Stunden standen wir Seite an Seite, um auf die Starterlaubnis zu warten. Schließlich erlaubte man uns, ein wenig ums Flugzeug herumzulaufen. Wenn man vier Stunden wartet, weiß man nicht mehr, worüber man sprechen soll. So hörte ich mich plötzlich sagen: »Ich frage mich, wie lange der Dicke da drüben schon eine Glatze hat?« und: »Diese Frau ist ja unmöglich angezogen!« Und dann sagte ich: »Tim, ich weiß überhaupt nicht, warum ich hier eigentlich im Flugzeug bin?« Ich sagte: »Guck mal, da ist eine Frau, die hat einen Gips am Körper, und dort ist eine, die trägt ihren linken Arm im Gips, und da kommt einer mit zwei Krücken, der zieht sich den Gang lang.« Ich sagte: »Es kommt mir vor wie ein Film, den ich vor nicht allzu langer Zeit im Fernsehen gesehen habe.« Der Titel des Films hieß: Schiff voller Narren. Der Film erzählte von einem Schiff voller Menschen, die alle in einer glücklichen Stimmung waren, als sie auf die Reise gingen. Aber was sie nicht wussten, war: Sie waren alle tot. Und sie alle segelten mit dem Schiff in die Ewigkeit. Und ich sagte: »Wenn ich im Flugzeug so umherschaue, dann werde ich daran erinnert. Diese Leute segeln einfach so in die Ewigkeit!« Und ich sagte dies so leicht dahin. Ich wusste in jenem Augenblick nicht, dass die meisten dieser Menschen schon zehn Minuten später in der Ewigkeit wären. Das letzte Wort, das ich zu meinem Partner sagte, war: »Ewigkeit« ... Und dann sah ich, wie die KLM an uns vorbeirollte. Ich nahm mein Kopfkissen, legte meinen Kopf zur Ruhe, schloss die Augen – in ein paar Sekunden würden auch wir rollen. Plötzlich fühlte ich, wie unser Flugzeug zur Seite weggerissen wurde, und mir wurde sofort klar: Wir sind in Schwierigkeiten. Als der Pilot auf die Rollbahn herausrollte, entdeckte er mit Entsetzen, dass die Lichter mit voller Geschwindigkeit auf uns zurasten – 185 Meilen Stundengeschwindigkeit –, und wir befanden uns auf der Rollbahn! ... Die erste Klasse brach nach vorn weg und wurde vollkommen abgetrennt. Aus diesem Teil kamen die meisten Überlebenden. Ich saß im mittleren Teil, hier gab es ein paar Überlebende. Im Schwanz überlebte niemand. Sofort hatten wir überall Feuer. Ich kann mich nicht entsinnen, dass es eine Sekunde ohne Feuer gab. Das Innere des Flugzeugs schwamm in Benzin. Wie ich aufgestanden bin und mich von meinem Sitzgurt gelöst habe, weiß ich nicht mehr. Neben mir zur Linken am Fenster hatte eine sechsundachtzigjährige Frau gesessen, rechts neben mir ihre fünfundsechzigjährige Tochter und direkt vor mir mein Geschäftspartner. Das Erste, was ich tat, als ich auf meinen Füßen stand, war, dass ich mich ihnen zuwandte, um zu sehen, ob ich ihnen helfen könnte. Aber sie waren schon auf dem Fußboden am Verkohlen. Ich vermochte nichts mehr zu tun. Blitzschnell wandte ich mich meinem Partner vor mir zu. Ich habe ihn überhaupt nicht mehr entdeckt. Er war weg. Überall um mich herum verbrannten die Leute. Solange ich lebe, werde ich das nie vergessen können. Die Haare brannten, die Kleider brannten, sie bluteten aus allen möglichen Wunden. Durch fliegende Metallteile waren sie zerschnitten. Viele Dinge, Flugzeugteile, Gepäckteile, flogen durch die Luft. Die Hitze war so enorm, dass man nicht mehr atmen konnte, wie in einem Feuerofen. Ich dachte, in wenigen Augenblicken würde mein Fleisch abwellen. Ich werde niemals die Geräusche im Flugzeug vergessen: die Explosionen, die Stichflammen, die Schreie der Menschen. Sie schrien nach ihren Geliebten, sie schrien um Hilfe, sie schrien aus Schmerzen. Zu meinem Entsetzen hörte ich viele Menschen, die fluchten. Niemals war ich darauf vorbereitet. In dem Augenblick der Krise reagierst du mit deinem wahren Ich. Du bist dann das, womit du dich zuvor programmiert hast. Wenn du geflucht oder gelästert hast, wirst du auch in den Krisenmomenten fluchen und lästern. Das Erste, was ich laut schrie, war: »Jesus«.

583 Menschen waren sofort tot, zehn sind später an den Folgen gestorben. 114 waren so verkohlt, dass man sie nicht mehr identifizieren konnte. Zu ihnen gehörte mein Partner und die beiden Damen neben mir. Und mitten drin war ich ohne irgendeine Brandwunde. Inmitten dieser Hölle dachte ich an meine Mutter. Ich sah ihre Tränen, und plötzlich fühlte ich, wie mich der Mut ergriff. Ich fühlte großen Frieden. In diesem Augenblick war es mir egal, ob ich leben oder sterben würde. Ich wusste genau: Würde ich sterben, wäre ich bei Gott, würde ich leben, ist er bei mir. Ich glaube, dies war der größte Friede, den ich je in meinem Leben verspürte. Ich

weiß, dass Christen in beiden Flugzeugen gestorben sind. Ich könnte mir vorstellen, dass einige von ihnen in diesem Augenblick den gleichen Frieden verspürt haben wie ich. Nicht, dass ich besser wäre oder es mehr verdient hätte – das Einzige, was ich weiß, ist dies: Bevor ich von zu Hause wegging, haben wir gebetet um Bewahrung auf der Hinreise und um Bewahrung auf der Rückreise. Als ein Gegenstand auf mich zuflog, sah ich nach oben und bemerkte dabei in der Decke des Flugzeugs ein Loch. Ich kann mich zwar daran erinnern, dass ich das Loch sah. Und ich weiß auch, dass ich hindurchkam. Aber ich habe keine Ahnung mehr, wie ich hochkam. Als ich mich durch das Loch zog, war der Metallrand scharf wie ein Messer. Und als ich mein Körpergewicht hochzog, zerschnitt es mir meine ganzen Hände. Aber wenn du um dein Leben kämpfst, sind zerschnittene Hände nichts! Als ich aus dem Flugzeug herauskam, hingen zwei meiner Finger nur noch an dünnen Fäden. Wenn du 52 Jahre alt bist und 260 Pfund wiegst, dann kann man so etwas nicht aus eigener Kraft tun. Da bedarf es der Hilfe Gottes.

Ich sprang und landete auf dem Flügel. Und ich fing an, abzurutschen, denn alles war glitschig durch das ausgelaufene Benzin. Das Flugzeug wurde durch weitere Explosionen erschüttert. Es war kaum möglich zu stehen. Unter mir auf dem Boden befanden sich acht Leute, die aus dem Flugzeug herausgekommen waren. Als ich dort stand, kamen zwei Frauen aus dem Wrack heraus, mit den Händen zuerst, als würden sie schwimmen. Und beim Herunterspringen landeten sie auf anderen Menschen und töteten sie und wurden selbst getötet, weil andere nachsprangen. Die Maschinen liefen hochtourig und Feuer war in jeder Turbine. Mir war klar: Es waren nur noch Sekunden, bis die ganze Maschine in die Luft flöge. So gibt es keine Wahl! Ich sprang 30–35 Fuß tief, etwa 10 Meter! Es war für mich ein langer Weg. Als ich auf dem Boden landete, hörte ich, wie die Knochen brachen. Dann konnte ich noch irgendwie über das Flugfeld laufen. Als ich etwa 50 Meter vom

Flugzeug entfernt war, gab es zwei Detonationen und unser Flugzeug wurde zerfetzt. Danach explodierte auch die KLM. Ich könnte noch viel erzählen, aber etwas möchte ich noch erwähnen: Ich werde niemals die Liebe der Menschen auf den Kanarischen Inseln vergessen. Die Menschen rannten aus ihren Häusern auf das Flugfeld und brachten Decken, Kleider und Wasser. Einige von ihnen zogen die Menschen unter Lebensgefahr aus dem Flugzeug heraus. Einige haben dabei ihr Leben verloren. Ein junger Mann hat mich in seinen Wagen gesetzt. Mit meinem Blut habe ich sein ganzes Polster versaut und ich wollte mich entschuldigen. Er sagte: »Das macht gar nichts!« Es war regnerisch und sein Scheibenwischer funktionierte nicht. So hat er aus dem Fenster herausgehangen und die Scheiben beim Fahren sauber gemacht. Und mit der anderen Hand lag er auf der Hupe. Vor dem Krankenhaus standen zwei Schlangen von Menschen, um Blut zu spenden. Als unsere Versicherungsagenturen kamen, um die Rechnungen zu bezahlen, sagten sie: »Sie schulden uns nichts!« Sie haben keinen Pfennig genommen.

Fast jeder geht irgendwann und irgendwie durch sein eigenes »Jet-Unglück«. Entweder du bist schon durch eine solche Krise marschiert oder du befindest dich vielleicht gerade in einer solchen oder sie kommt noch. Es müssen nicht immer zwei Flugzeuge sein, die ineinander stoßen: in den Ehen, körperlich, geistig, finanziell usw. Aber worin deine Krise auch immer bestehen könnte, wirf deine Schulter zurück und leg deinen Kopf hoch und denke daran, dass dein Unglück nicht das letzte Wort hat.

Norman Williams
Aus einem auf Tonband aufgezeichneten authentischen Bericht im Januar 1988 z.Hd. des Autors.
576 Menschen fanden in den Flammen der explodierenden Maschinen den Tod, als auf dem Flugplatz Los Rodeos von Santa Cruz auf der spanischen Ferieninsel Teneriffa zwei nahezu vollbesetzte Boeings 747 im Nebel auf der Startbahn am Sonntagabend,

den 27. März 1977, zusammenstießen. 89 Menschen überlebten zum Teil schwerverletzt. Beide Maschinen explodierten und brannten binnen fünf Minuten völlig aus. (dpa 28. März 1977 und Time Magazin 11. April 1977)

Weniger Fehler machen?

Wenn ich noch einmal leben dürfte, würde mir angst und bang. »Das Leben noch einmal leben« wäre über weite Strecken eine schmerzliche Erfahrung. All die peinlichen, schockierenden, lächerlichen, beschämenden Momente zum Beispiel würden, wie die Vergangenheit überhaupt, nicht vom gnädigen Mantel des Vergessens zugedeckt.

Vergangenheit wäre wieder Gegenwart, der wir – bei absolut identischen persönlichen und sozialen Eckwerten, also ohne unser Wissen von heute und ohne unsere im Laufe der Jahre weiterentwickelte Persönlichkeit – gegenüberstünden.

Die Folge: Wir wären zu einer Existenz als Wiederholungstäter verurteilt.

Dieses Szenario lehrte mich, das laufende Leben zu nutzen und Folgen meiner früheren Fehlleistungen zu korrigieren. Das bringt den Betroffenen etwas und mir auch.

Hermann Weber
(Mäni National), geb. 1935. Redakteur/Moderator SR DRS + SF DRS, 1960–1995. In einem Brief an den Autor vom 6. Januar 1999.

Aspekte wie Sehnsucht und Sinn schweben mir im jetzigen Leben vor wie auch in einem denkbar zukünftigen.

Wenn man bedenkt, was man alles verpasst oder nicht gemacht hat, könnte man total deprimiert sein. Aber die Erfahrung lehrt einen, dass der Weg selbst mit seinen Kämpfen und Nöten, aber auch mit seinen Erlebnissen von Erfüllung und Schönheit wichtiger sein kann als das Ziel, um das man immer strebend sich bemüht.

Dr. Ernst Beyeler
Gründer der Fondation Beyeler in Riehen bei Basel.
In einem Brief an den Autor im Juli 2001.

Soll man sich das wünschen, es anders gemacht zu haben? Ist das die Alternative zur Selbstzufriedenheit? Und wenn man es anders gemacht hätte – so wie man es heute wünscht –, wäre dann alles in Ordnung? Schwerlich. Die Negativbilanz wäre vielleicht kürzer. Das ist schon etwas. Alles ist es nicht.

Wie man es heute wünscht – so hätte man es damals wünschen sollen. Und wissen, erkennen, beurteilen, am besten mit der Erfahrung von heute. Eine ideale Kombination: Jahrzehnte jünger sein, alle Chancen noch offen und dazu die Erfahrungen und Einsichten schon vorhanden, die noch lange brauchen sollten, um zu wachsen.

Ganz schön unrealistisch. Damals waren meine Einsichten und meine Kraft zu bescheiden, es besser zu machen. Heute ist Bescheidenheit angesagt bei nachträglichen Änderungswünschen.

Ein anderer gewesen zu sein, kann und sollte man sich nicht wünschen. Damals hätte ich gern von anderen Menschen etwas gehabt: Sportlichkeit, gutes Aussehen, Charme. Später war es Klugheit, Disziplin, dann Weisheit und Kraft. Das hat nämlich gewechselt. Mancher, dem ich in der Jugend gern gleich gewesen wäre, erschien mir Jahre später durchaus nicht mehr als Vorbild. Andere waren an seine Stelle getreten. Gut, dass ich niemals hatte tauschen können.

Also alles bestens im Rückblick? Nein, wirklich nicht. Fehler fallen mir viele ein. Kleine, lächerliche, aus Leichtfertigkeit begangene, aber auch größere, bei denen Verblendung eine Rolle gespielt hat, und leider auch die peinlichen, die mich danach an meinem Charakter zweifeln ließen.

Ja, da würde ich gern manches ungeschehen machen und nachträglich auf den richtigen Weg bringen. Warum bloß habe ich das damals nicht geschafft? Eine müßige Frage. Die Gaben und Einsichten, die ich hatte, hatte ich. Andere, hoffentlich bessere, kamen im Laufe der Jahre hinzu. Und einige sollten möglichst noch kommen. Dazu wünsche ich mir die Fähigkeit, sie recht zu nutzen.

Schmerzvolles?

In jedem Fall kommt so und so ein unzulängliches Leben bei dem Rückblick heraus. Eines, für das ich Gottes Vergebung brauche – und auch viel Nachsicht bei Menschen. Die habe ich oft genug erlebt, auch Liebe, Freundschaft, Hilfsbereitschaft. So ist ein Lebenslauf entstanden, für den ich dankbar bin, Gott zuerst und Menschen auch. Ja, vielleicht hätte manches besser verlaufen können. Aber mir das nachträglich auszumalen und zu wünschen, halte ich für wenig sinnvoll.

Dr. Jürgen Schmude, Moers
geb. 9. Juni 1936 in Insterburg (Ostpreußen),
verheiratet, zwei Kinder.
Von 1969 bis 1994 Mitglied des Deutschen Bundestages.
1978 bis 1981 war er Bundesminister für Bildung und Wissenschaft, 1981 bis 1982 Bundesminister der Justiz, kurzfristig auch Bundesminister des Innern. Im Mai 1985 wurde er zum Präses der Synode der EKD gewählt. Am Ende seiner dritten Amtsperiode schied er im Mai 2003 aus dem Präsesamt aus.

Die Folgen des Luftkrieges im 2. Weltkrieg führten dazu, dass meine Eltern mich 1944 auf einem Bauernhof im Westfälischen unterbrachten. Hier verlebte ich als 11-Jähriger eine vergleichsweise wunderbare, bis ins Jahr 1945 hineinreichende Zeit, u.a. den Einmarsch der Alliierten.

In Anwesenheit eines so genannten Wehr-Hitlerjungen erzählte ich im Sommer 1944 in großer Runde bei einem Abendessen einen Witz, von dem ich später erfuhr, dass wegen desselben Witzes eine Frau vom so genannten Volksgerichtshof zum Tode verurteilt worden und trotz Intervention höchster militärischer Stellen hingerichtet worden war. Ihr Mann war Generalstabsoffizier. Meine von mir als harmlos eingestufte Erzählung dieses Witzes führte zu einer wahren Untersuchungswelle, sowohl bei meinen Eltern in Solingen wie auch auf dem Bauernhof. Mehrfach wurde ich selbst peinlich genau nach der Herkunft des Witzes befragt, die ich beim besten Willen vergessen hatte.

Erst als ich 30 Jahre später in einer Sendung über den Volksgerichtshof von den Folgen der Erzählung dieses Witzes für die Frau des Generalstabsoffiziers erfuhr, wurde mir bewusst, in welche Gefahr ich damit andere, z. B. meine Eltern und auch meine westfälischen Gastgeber, durch meine unbedachte Äußerung gebracht hatte.

Das ist ein Ereignis, das ich lieber ungeschehen machen würde. Dennoch habe ich zwei Erkenntnisse daraus bleibend gewonnen. Erstens: Ein Staat, der auf Denunzianten setzt, ist ein schreckliches Unheil für die Menschen. Zweitens: Wir schätzen meist nicht hoch genug ein, dass wir heute Informationen offen austauschen können, sollten aber gerade deshalb verantwortungsvoll mit ihnen umgehen, um andere Menschen vor ungerechtfertigten Angriffen zu schützen.

Dr. jur. Dr. h. c. Gerhard W. Wittkämper,
geb. 1933, Universitätsprofessor.

WENN ICH NOCH EINMAL leben könnte, würde ich versuchen, Folgendes anders zu machen: Es bedrückt mich ab und zu, dass ich mich bei meinen Kindern über meinen Mann beklagte. Wir hatten finanziell zu kämpfen. Leider ist er vor fünf Jahren gestorben. Meine Kinder sagen trotzdem zu mir: »Mutter, du hast es gut gemacht.« Das gibt mir Zuversicht.

Hedi Zürcher
Frutigen CH, 2001.[48]

NICHT UNSERE DEFIZITE sind unsere eigentlichen Behinderungen. Einer meiner Lehrer sagte einmal zu mir: »Es gibt nur drei wirkliche Behinderungen: zu viel Geld, zu viel Schönheit und zu viel Status.« Sie hindern uns daran, uns dem Leben mit seinen Höhen und Tiefen zu stellen.

Maria Danioth
Psychotherapeutin.[49]

Schmerzvolles?

VIELES WÜRDE ICH anders machen. Als alleinstehende berufstätige Mutter kannte ich über Jahre keinen einzigen freien Nachmittag in der Woche. Aber ich war damals viel zu perfektionistisch im Haushalt und im Garten. Zudem konnte ich nirgends nein sagen, habe überall geholfen, wo Hilfe gefragt war. Heute mit erst 66 Jahren reichen die Kräfte nicht einmal mehr für einen Tagesausflug. Tagsüber muss ich mich immer wieder hinlegen. Die Ärzte sagen, ich sei einfach verbraucht. Natürlich stimmt mich das traurig.

M.S. in Winterthur
Verfasserin dem Autor bekannt.

WENN ICH ALS 80-Jähriger beobachte, wie meine Enkel und Urenkel und auch die Kinder in der Nachbarschaft in einer lockeren Weise, mit viel Freiheit und wenig Strenge, erzogen werden, merke ich, dass ich bei der Erziehung meiner drei Kinder vieles hätte anders machen müssen.

Lag es an der Nachkriegszeit oder den Verhältnissen, in denen wir lebten? Ich weiß es nicht. Heute tut es mir leid, dass ich ein strenger Vater war. Aus verkehrter Rücksichtnahme auf die Mitbewohner und Nachbarn, die nicht gestört werden sollten, verlangte ich, dass sich unsere drei immer ruhig und »artig« verhielten. Wenn sie die Veranlagung gehabt hätten, wären sie durch mein falsches Verhalten echte Duckmäuser geworden.

Kinder sollten immer der Mittelpunkt der Familie sein und die Möglichkeit haben, sich zu selbstständigen Persönlichkeiten zu entwickeln. Dazu gehört eben auch, dass sie ihre Freuden und auch Sorgen mal laut zum Ausdruck bringen. Dies habe ich damals leider nicht so gesehen. Heute würde ich vieles anders machen. Dankbar bin ich, dass aus unseren Kindern frohe Menschen geworden sind.

Walter Knöspel
Verwaltungsleiter i.R., Bad Blankenburg.

Es gibt viele Möglichkeiten zwischen Resignation und Utopie

Ein Gespräch des Herausgebers mit Dr. Lüling

Hrsg.: Wenn Sie Ihr Leben noch einmal inszenieren dürften – was würden Sie anders machen?

Lüling: Wollen Sie es spontan oder fundiert?

Hrsg.: Lieber spontan!

Lüling: Mein Leben war sehr interessant – es hatte große Spannungsbogen, aber es war nicht immer einfach. Doch ich würde jeden Tag noch einmal genau so leben wollen.

Hrsg.: Auch die schweren Zeiten?

Lüling: Auch die. Aber ich würde sie in gewissem Sinne »umarmen«.

Hrsg.: Wie meinen Sie das?

Lüling: Von Andreas Felger gibt es ein Holzrelief: Ein uriger Weinstock musste seinen Weg durch schwere Felsbrocken finden. Jetzt liegen die wuchtigen Steine auf den knorrigen Wurzeln und bewahren die Weinreben mit ihren überschweren Trauben vorm Fallen. Die dunklen Zeiten, die schweren Strecken haben einen wichtigen Sinn. Wenn wir vor ihnen nicht fliehen, wenn wir ihnen – sozusagen mit unserem Herzen – nahe kommen, entdecken wir Kostbares.

Hrsg.: Ein tiefes Bild! – Und was würden Sie heute anders machen?

Lüling: Das lässt sich nicht mit einem Satz beantworten. Hätte ich die heutigen Erfahrungen schon mit zwanzig oder fünfundzwanzig gehabt, dann hätte ich sicher manche Fehler vermieden und manche Entscheidung weiser getroffen. Aber auch die Fehler gehören zu unserem Leben, und wir müssen sie bejahen als ein Stück von uns. Das macht es übrigens leichter, auch mit den Fehlern anderer leichtherziger und konstruktiv umzugehen.

Hrsg.: Und Ihr Berufsweg? Sie haben ja eine breite Spanne: von Schauspielausbildung und Arbeit im Theater- und Filmbereich bis hin zu Ihren praktischen Erfahrungen in der Wirtschaft,

Theologie, Psychologie, Management. Wie würden Sie Ihre Akzente setzen, wenn Sie noch mal zwanzig wären?
LÜLING: Ich würde versuchen, mehr über den Menschen zu lernen. Vielleicht bereits meine Kindheit ein wenig anders leben. Vermutlich noch mehr kreative Jugendstreiche verüben und Hobbys intensiver und ganzheitlicher betreiben.
HRSG.: Und für welches Land würden Sie sich entscheiden?
LÜLING: Für Deutschland – aber in Südfrankreich würde ich einen kleinen Weinberg anlegen.
HRSG.: Sie beraten Unternehmen und Führungskräfte. Gibt es irgendetwas, das Sie auch für diesen Bereich anders angehen würden, wenn Sie noch einmal jung wären?
LÜLING: Ich würde früher aufhören, die Menschen »trainieren« zu wollen, und eher anfangen, Coaching von innen nach außen zu betreiben.
HRSG.: Was heißt das für Sie?
LÜLING: Bei den meisten Menschen liegen die wichtigsten Quellen für Veränderungen ja in ihnen selbst. Weil auch die Ursachen für ihre Nöte und Grenzen in ihnen selbst liegen – zumeist in ihrer Kindheit. Viele flüchten unbewusst in die Opferrolle und sitzen dann fest. Aber es ist wichtig, für den eigenen Beitrag an der aktuellen Situation die Verantwortung zu übernehmen und von da her konkrete Schritte zu setzen. Früher habe ich mehr getröstet und gefordert. Heute versuche ich eher, den Menschen zu helfen, an den Punkt zu kommen, den sie selbst verändern können. Wenn ich noch einmal zwanzig wäre, dann würde ich mich früher intensiv mit der Frage beschäftigen, was man tun kann, um diesen Punkt zu finden, und welche Schritte man setzen kann, damit Gemeinschaft, Kommunikation, Freundschaft, Ehe, Teamwork auch wirklich gelingen. Viele Menschen brauchen heute viel zu lange, um von der Vielfalt der Informationen zum Praxiskern, zu einer konkreten Veränderungsarbeit vorzustoßen. Ich würde früher versuchen, mit Menschen an einfachen, mutigen Lösungen für die Gestaltung des Zusammenlebens zu arbeiten. Weniger

auf »Techniken« setzen, mehr auf konkret gelebte Lebens-Schritte.

HRSG.: Kennen Sie ein Patentrezept?

LÜLING: Das gibt es nicht. Doch es gibt viele Möglichkeiten zwischen der Resignation, die nichts Neues mehr erwartet, und utopischen Entwürfen, die wunderbar klingen, die aber im Grunde schreckliche Träume sind, weil sie uns von der Wirklichkeit wegziehen. Es gibt in jeder Krise eine Chance – die wir erkennen und dann die ersten zwei Schritte setzen können. Das geht aber nur dann, wenn wir es vermögen, uns eine Veränderung vorzustellen – wenn wir etwas Neues glauben.

HRSG.: Meinen Sie das im religiösen Sinne?

LÜLING: In der Wissenschaft, im Beruf, auch in persönlichen, privaten Beziehungen gibt es Veränderungen praktisch nur, wenn wir ein inneres Bild von der Möglichkeit eines neuen Ansatzes haben, das Bild einer positiven Veränderung. Natürlich gilt das auch für die religiöse Seite unseres Lebens.

HRSG.: Was heißt das für Sie persönlich?

LÜLING: Christ sein ist für mich ein Geschenk, aber auch eine Aufgabe. Wir sollten mehr lachen, echt und unverkrampft beten und mehr wagen. Wir haben einen Gott, der redet und handelt. Ich würde viel darum geben, wenn ich als Kind schon das über ihn gewusst hätte, was ich heute weiß. Ich hätte ihn viel früher beim Wort genommen und spontaner, unkonventioneller, ganzherziger mit ihm gelebt. Man kann sagen, ich wäre mit ihm mutiger über die kleinen und großen Mauern des Lebens gesprungen, hätte mit ihm lockerer, aber konkreter gewagt.

HRSG.: So etwa: einen Schuss klarsichtigen, genussvollen Sonntag im Alltag?

LÜLING: Das ist ein gutes Bild, aber sicher gehört auch das Opfer dazu. Man kann nie etwas Großes erreichen ohne Opfer. Das weiß schon jeder Sportler und jede Künstlerin.

HRSG.: Was würden Sie jungen Leuten heute als Rat mit auf den Weg geben?

Schmerzvolles?

LÜLING: Jede und jeder muss seinen Weg selbst finden. Aber wir sollten das Leben intensiver abklopfen nach dem, was wirklich trägt. Massenkulturen enden immer im Nichts. Es ist wichtig, dass jeder weiß, wofür er da ist; und für seinen persönlichen Lebensstil bewusst Freundschaften aufbaut. Freundschaften sind kostbar. Es macht Sinn, sie zu pflegen, sich gegenseitig zu helfen, die eigene Lebenskultur auch umzusetzen. Wenn ich dieses Leben als Geschenk annehme, entdecke ich, dass auch der schwerste Tag Lichtstrahlen der Freude hat: nicht nur eine gelungene, sauber durchstrukturierte Arbeit wird dann ein Dank an den Schöpfer, sondern auch ein Spiel der Natur, ein gutes Glas Wein mit meiner Frau und Freunden, ein Stück kräftiger Käse, Eis mit Sahne – jetzt wissen Sie auch, was ich gerne esse.

Ansonsten bewegt mich ein Satz des Amerikaners Jim Elliot, der als junger Mann in Südamerika ermordet wurde, als er einem Kopfjägerstamm das Kostbarste schenken wollte, was er hatte. Elliot schrieb einmal in sein Tagebuch: »Der ist nicht dumm, der das wegschenkt, was er nicht behalten kann, um das zu gewinnen, was er nicht verlieren kann.« Ich versuche, jeden Tag mich am Schönen zu freuen, in das Schwere wachsam hineinzuhören und mich in allem von einer ganz langfristigen Perspektive leiten zu lassen. Hier finden auch mein Privatleben und Beruf zusammen: Ich denke und lebe sehr stark von der Zukunft her. Aber das mit vollem Herzen. Ich glaube, dass gerade viele junge Leute ein Gespür für das Echte haben und hier rasch fündig werden können. Am schönsten ist unser Leben, glaube ich, wenn es wie frische Erde ist – und dabei einen Geruch vom Himmel hat, der innen ganz stark ist.

HRSG.: Das ist ein schöner Leitsatz fürs Leben.

LÜLING: Wir probieren das. Und das würde ich gern beibehalten, wenn ich ein zweites Mal – wie Sie sagten – mein Leben inszenieren dürfte. Aber vielleicht ist es auch gut, dass wir nicht noch einmal alles von vorn an leben, sondern die Vergangenheit annehmen und bewältigen dürfen. Und beherzt die Chancen der Veränderung ergreifen, die wir heute haben. Und Chancen haben wir jeden Tag, mehr, als wir denken.

Hrsg.: Vielen Dank für das Gespräch.

Dr. Hartmut Christian Lüling
geb. 1947, Berater von Führungskräften, Mitbegründer und Leiter des Arthur Rich Institutes in Karlsruhe.

Manchmal frage ich mich schon, wie mein Leben verlaufen wäre, wenn ich diese oder jene Entscheidung anders getroffen hätte oder unter anderen gesellschaftlichen Rahmenbedingungen hätte treffen können. Die Fehler, die ich gestern gemacht habe, kann ich nicht mehr rückgängig machen. Aber ich kann mich heute, in einer möglicherweise ähnlichen Situation anders und – hoffentlich! – richtig entscheiden, z. B. nun den Stift aus der Hand legen und die schon lange versprochene Partie »Mensch ärgere dich nicht« mit meinem Sohn spielen. Und zwar nicht morgen oder im nächsten Urlaub, sondern jetzt und sofort.

Und ab morgen mache ich dann ganz neue Fehler – garantiert!

Helvi Bertram
Dipl.-Ökonomin, Dortmund.

Weniger Scheitern?

Nach Karl Jaspers ist das Scheitern ein schicksalhaftes Erlebnis in der Begegnung mit Grenzsituationen, welches den Menschen vor das Nichts stellt.[50] Es ist der Tiefpunkt, wo ein bisheriger Weg aufhört und ein neuer Weg noch nicht sichtbar ist. Dieses Ereignis wird nicht gemacht, sondern bricht unvermittelt über den Betroffenen herein. Die Situation lässt sich nicht mehr durch die Ratio steuern. Sie ist unkontrollierbar. Der Betroffene fühlt sich gelähmt.

Jeder Mensch, der nach einer persönlichen Krise wieder auflebte, erinnert sich besonders an diese Phase. Kaum einer der Menschen, die den beschriebenen Trauerprozess durchgemacht haben, will die Krise im Nachhinein missen. Er hat letztendlich überaus wertvolle Erfahrungen über das Leben im Allgemeinen und sich selbst im Besonderen gewonnen. Als gestärkte Persönlichkeit hat er seinen neuen Weg eingeschlagen. So können Phasen des Scheiterns dazu beitragen, neue Perspektiven zu erhalten, Authentizität zurückzugewinnen, an der Persönlichkeit zu wachsen, größere Nüchternheit und bessere Selbsteinschätzung zu erlangen. Krisen haben manchen Menschen zur Persönlichkeitsreifung verholfen, weil sie gezwungen wurden, sich so wahrzunehmen, wie sie wirklich sind. Menschen, die ihre Krisen hinter sich haben, denken also nicht selten mit Achtung an die schwere Zeit zurück. Gier nach Besitz, Geld und Macht hat in ihrem Leben an Faszination verloren. Sie haben gelernt, in Harmonie mit ihren Bedürfnissen und Fähigkeiten zu leben und zufrieden zu sein, weil sie erfahren haben, dass Gutes im Leben nicht selbstverständlich ist. So haben sie auch einen neuen Bezug zu ihrer Arbeit und ihrem Handeln gefunden.

Der Charakter eines Menschen kann gerade in schwierigen Zeiten zur Reife gelangen. Er wird gewöhnlich nicht in Zeiten des Erfolges geformt, sondern nutzt sich in solchen Zeiten eher ab. Ein amerikanisches Sprichwort sagt treffend: »Wen die Götter zerstören wollen, dem schicken sie dreißig Jahre lang Erfolg.«

So gesehen täte es unserer Gesellschaft eigentlich nur gut, wenn es mehr Erschütterungen, mehr Zusammenbrüche und einstürzende Gebäude gäbe, damit mehr Neuanfänge, Wiederaufbau und bessere, haltbarere Neubauten entstehen könnten.

Es gibt jede Menge Bücher, die uns den Weg zum Erfolg weisen, aber kaum eines, das uns den Umgang mit Scheitern erklärt. Das ist umso erstaunlicher, als in jedem Leben beides permanent vorhanden ist. Die heutige wirtschaftliche Situation, die durch immer größeren Konkurrenzdruck beherrscht wird, »produziert« geradezu notwendigerweise für die Gewinner ihre Verlierer. Obwohl wir täglich mit beidem gleich oft konfrontiert sind, gehört das Scheitern zu den großen Tabuthemen unserer Zeit.

Erfolg und Scheitern liegen ganz nah beieinander und sie stehen in einer Wechselbeziehung. Sieg und Niederlage, Kraft und Schwäche, Leben und Tod, Berühmtheit und Schmach, Hoffnung und Verzweiflung, Lust und Ekel, Emporsteigen und Hinunterstürzen können sich ständig abwechseln.

Interview

Die Zeit: Sie wollen auch einen Lehrstuhl für gescheiterte Topmanager einrichten. Was sollen die unterrichten?
Daniel Goeudevert: Sie sollen von ihren Erfahrungen berichten, was sie aus dem Scheitern gelernt haben. Von der Grundschule bis zur Universität werden wir mit dem Scheitern nur negativ konfrontiert. Das will ich ändern.
Die Zeit: Was ist am Misserfolg erstrebenswert?

Schmerzvolles?

Goeudevert: Heute erzählen wir den Studenten nur vom Erfolg. Doch dass die Niederlage ebenso zu jeder Karriere gehört, lernen sie nirgendwo. Gerade heute führt eine Karriere nicht mehr wie ein Fahrstuhl nur nach oben. Die Berufsbahnen der Zukunft gleichen einer Achterbahn. Drei- bis viermal werden wir womöglich unseren Beruf wechseln müssen. Wer das früh begreift, wird es später einfacher haben.

Die Zeit: Wer soll die Vorlesungen halten?

Goeudevert: Ich selbst wäre der erste Dozent. Als ich als stellvertretender Vorsitzender des VW-Konzerns geschasst wurde, habe ich mir viele Fragen gestellt: Was habe ich falsch gemacht? War ich zu unbequem? Kann ich in Zukunft noch eine Firma führen? Wie reagiert meine Familie? Noch heute kommen mir diese Fragen immer wieder hoch – wie Zwiebelgeschmack im Mund. Doch das hat seinen Sinn. Ich glaube, man sollte sich über den Sinn des Scheiterns genauso viele Gedanken machen wie über den Sinn des Erfolges.

Daniel Goeudevert
ehem. Stellvertretender Vorstand von VW, 1999. Auszug aus einem Interview der Wochenzeitung »Die Zeit«, 12. Mai 1999.

Der Herbst 2001 *war für Swissair-Piloten ein harter Schlag. Die meisten verloren ihren Job, den nicht wenige Leute jahrzehntelang für den besten Job der Welt gehalten haben. Für Pilot Ernst Frei war dieser Herbst aber das, was Piloten am meisten fürchten: kein Einzelproblem, sondern der Zusammenbruch eines ganzen Systems.*

Ich verlor damals nicht nur einen der besten Jobs der Welt, sondern auch eine der besten Frauen, nämlich meine, an den Krebs. Einen Tag vor dem 11. September und zwei Monate vor dem Tag, an dem ich zum letzten Mal in meinem Leben ein Flugzeug über den Atlantik fliegen durfte und an dem ich zum letzten Mal im ersten Licht des Morgens, rechts vorne, den Montblanc aufleuchten sah.

Ich habe schon mit sechs gewusst, dass ich Pilot werden will. Und ich ließ mich nicht davon abbringen, auch dann nicht, als klar wurde, dass die naturwissenschaftlichen Fächer nicht meine Stärke waren. Auch nicht, als der Rektor es für unwahrscheinlich hielt, dass ich überhaupt das Gymnasium schaffen würde. Auch nicht, als der Berufsberater mir empfahl, Gärtner oder Apotheker zu werden. Mir musste niemand sagen, was ich werden sollte. Mit 23 war ich Co-Pilot.

Mein erster Flug ging nach Madrid. Mein letzter Flug führte von Los Angeles nach Zürich, von der Sonne Südkaliforniens in den Novembernebel des Schweizer Mittellandes. Dazwischen lagen 31 Jahre, 4000 Starts und 4000 Landungen. Mein Stolz ließ es nicht zu, am Schluss in Zürich eine Landung hinzulegen, die auch nur ein bisschen weniger als perfekt gewesen wäre.

Nach meinem letzten Flug gab ich meine Swissair-Uniformen mit den vier goldenen Streifen an die Winterhilfe für Bulgarien. Es lag mir nie viel an den Uniformen. Ich war keiner von denen, die schon mit der Uniform zur Arbeit fuhren und den Pilotenhut hinten im Auto gut sichtbar auf die Hutablage legten. Wurde ich auf einem Grillfest nach meinem Beruf gefragt, sagte ich nicht: »Ich bin Pilot.« Ich sagte: »Ich arbeite bei der Swissair«, und war froh, wenn die Leute nicht weiter fragten. Prestigedenken konnte mir nicht zur Falle werden, doch vor der Frage, was ich mit dem Rest meines Lebens noch anstellen sollte, gab es auch für mich kein Entkommen. Nicht für einen wie mich, für den der Lebenssinn noch nie nur aus Geld, sondern schon immer aus einer Leidenschaft bestanden hatte. Dass ich, Vater von zwei erwachsenen Töchtern, rein finanziell wohl auch ohne neuen Job über die Runden gekommen wäre, machte die Situation kein bisschen leichter.

Schmerzvolles?

Nach ein paar Monaten in Frühpension hatte ich alle Kriminalromane gelesen, die ich jemals lesen wollte, und der Garten meines Hauses in Meilen war wieder einigermaßen in Schuss, wenn auch nicht so perfekt wie der Golfplatz von Augusta.

Dann handelte ich noch einmal aus Freude an der Sache, als ich den Job auf dem Greifensee annahm. Ich spürte ein Gefühl der Unabhängigkeit vom ganzen Statusgehabe.

Ich bin noch immer am Steuer. Nur eben nicht mehr auf einem Jumbo-Jet, dem größten Passagierflugzeug der Welt, das beim Start an die 400 Tonnen wiegen kann. Jetzt bin ich Steuermann eines siebzig Jahre alten Schiffs mit 85 cm Tiefgang, einem Holzsteuerrad, einem halben Dutzend Instrumenten, sieben Sitzbänken und einer Schweizerfahne am Heck. Eigentlich kein großer Unterschied!

Jetzt, an einem Sommermorgen ohne Wolken und ohne Wind, die Sorte Morgen, an denen selbst Nilpferde vom Fliegen träumen, eineinhalb Jahre nach dem Herbst, der über mein Leben hergefallen war wie ein Monsunsturm über ein Flugzeug aus Balsaholz, sitze ich am Ufer des Greifensees als ein Mann, dem man zwar vieles nehmen konnte, was ihm jemals etwas bedeutet hat, aber nicht den inneren Frieden.

Gleich mache ich die nächste Kursfahrt von Maur nach Niederuster. Die Fahrt dauert fünf Minuten und kostet 3 Franken 60. Ich warte nur noch auf den Anschluss des Postautos. Ich muss auf der »Heimat« auch die Billette selber verkaufen. Wenn am Vorabend ein Partyschiff auf dem Greifensee unterwegs gewesen ist, gehört auch das Abwaschen zu meinem Job. Und manchmal bin ich auch nur Matrose, dann, wenn ich auf dem größten Schiff fahre, auf der »Stadt Uster.«

Ich verschicke Mails an alle meine Freunde mit meinem Einsatzplan. Ob ich die Kursfahrt als Kapitän mache oder die

Rundfahrt als Kassier, spielt für mich keine Rolle mehr. Ich beginne diese Mails mit: »Liebe Freunde der christlichen Seefahrt!«, und unterschreibe die Mails mit »Commandante Ernesto«. Ich habe bei der Greifensee-Schifffahrtgesellschaft den alten Swissair-Geist wiedergefunden. Den »Teamgeist«. Bei der Greifensee-Schifffahrtgesellschaft verdienen alle gleich viel. Ob Kapitän, Serviceangestellte oder Matrose.

Die »Heimat« verkehrt für den Zürcher Verkehrsverbund bei jedem Wetter. Bei dickem Nebel besteht meine Navigationsausrüstung aus dem Tourenzähler, einer Omega Speedmaster, die ich vor mich auf den Fenstersims lege, und einem Kompass. Ich fahre die »Heimat« mit 1400 Touren exakt 3 Minuten 30 Sekunden blind Richtung Ostnordost, Kurs 070 Grad. Dann kommt der Steg von Niederuster in Sicht. Bin ich auf einer Rundfahrt unterwegs, mache ich wie früher meine Durchsagen zu verschiedenen Sehenswürdigkeiten.

Ich gehe jedes Anlegen an den Steg mit einer Ernsthaftigkeit an, als müsste ich mitten in einem tropischen Gewitter einen voll besetzten Jumbo-Jet sicher auf den Boden bringen, auch wenn ich nur einen einzigen Fahrgast habe. Eine Kurve mit einem Jumbo-Jet und eine Kurve mit einem Schiff haben Parallelen. Beide Male muss man die Drift zur Seite einkalkulieren. Sonst landet man nicht dort, wo man landen will. Und noch etwas habe ich gelernt: Die Stimmungen am Himmel über dem Greifensee können durchaus mit den Stimmungen über dem Südchinesischen Meer mithalten.

Ernst Frei
CH-Meilen, geb. 1947, Beruf Schiffsführer, verwitwet,
Gespräch mit dem Autor im August 2003.

Wäre alles nach Plan gelaufen, wie es in meinem Leben meistens gelaufen war, dann säße ich jetzt wahrscheinlich als Captain im Cockpit eines Airbus A330, auf dem Weg nach dem nordamerikanischen Kontinent oder nach Indien.

Schmerzvolles?

»Rolf«, sagten meine Freunde aus der Zeit am Technikum immer, »du hast wirklich Glück gehabt und den schönsten Beruf, den es gibt!« Die meisten von ihnen haben Rio de Janeiro oder New York allenfalls aus den Ferien gekannt, und wer von ihnen hatte schon die Gelegenheit, in einem Team zu arbeiten, in dem, als angenehme Nebenerscheinung, regelmäßig auch charmante Damen dazugehörten.

Aber im Herbst 2001 lief es bekanntlich überhaupt nicht nach Plan, und so kam es dann auch, dass ich heute statt beim Krabbenessen in Südostasien etwas bescheidener vor einer heißen Schokolade im Café Blumenstein am Bahnhofplatz in Frauenfeld sitze und versuche, dem Zigarettenrauch des Nebentisches auszuweichen.

Piloten sind Menschen, die nach vorne schauen und versuchen, »langsam zu erschrecken«. Immerhin stand ich im Herbst 2001 zum ersten Mal in meinem Leben nicht nur ohne Plan, sondern auch ohne Herausforderung da. Herausforderungen waren bisher so etwas wie der roten Faden in meinem Leben:

Die Herausforderung (aber auch das Glück ...) ließen mich mit 20 Jahren Militärpilot werden; auf dem Hunter. Später wählte ich eine neue Herausforderung: das Technikum.

»Männer, ihr habt euch freiwillig entschieden, hierher zu kommen. Jetzt geht mir aber keiner mehr raus ohne Ingenieur-Diplom!«, begrüßte uns der damalige Technikums-Direktor am ersten Tag. Gut möglich, dass sich der eine oder andere von so einem barschen Ton erschrecken ließ. Aber um einen wie mich auf Trab zu bringen, war dieser Ton genau der richtige. Er war auch Ansporn und ich habe mich während des Studiums oft an diesen Spruch erinnert.

Ich war so auf Herausforderungen fixiert, dass ich mich nach zwei Jahren als Co-Pilot bei der Swissair mit dem Gedanken befasste, wieder aufzuhören, weil auf absehbare Zeit keine neuen Ziele zu erkennen waren.

Und genau das tat ich denn auch – das Glück spielte wieder mit und um der eher eintönigen Perspektive von vier weiteren Jahren als Co-Pilot auf den Europastrecken zu entkommen, erhielt ich die Gelegenheit, als Bordmechaniker umzuschulen – etwas Neues! Von Bordmechanikern wurde zwar gesagt, ihr Parfum rieche nach Petrol. Aber dafür kam ich so sofort auf die DC-10 und damit aufs Langstreckennetz. Das heißt, die DC-10 flog Destinationen an, von denen man nicht gleich wieder zurückfliegen musste, sondern ein paar Tage folgten, an denen man die fremde Welt kennen lernen konnte, wenn man nur wollte. Ich lebte den Mythos »Herausforderung und/oder Lebensfreude«.

Aber im Herbst 2001, nach dem Swissair-Grounding, als der Mythos Swissair-Pilot beerdigt wurde, ahnte ich, dass meine Lebensdevise zumindest einen Einschnitt erfahren würde. Es gibt Leute, die in so einem Fall zu trinken beginnen, zynisch werden oder depressiv oder alles zusammen. Doch auf mich hatte das alles einen anspornenden Effekt. Ich musste mich neu orientieren, musste neue Ziele und Herausforderungen suchen ... und ich machte die verblüffende Entdeckung, dass nämlich die größte Herausforderung manchmal auch darin bestehen kann, eine Herausforderung anzunehmen, die in der Sozialprestige-Skala »weiter unten« angesiedelt ist: Ich bin heute begeisterter Postauto-Chauffeur.

Ich entdeckte, dass es eine genauso große Herausforderung ist, einen einsamen Velofahrer im Regen frühzeitig zu erkennen oder dafür zu sorgen, dass ein paar verschlafene Schüler rechtzeitig in die Schule kommen, obwohl es geschneit hatte über Nacht, und meine neue Tätigkeit bedingt, ebenso wie meine frühere, ein großes Maß an Verantwortungsbewusstsein. Und ich empfinde großen Respekt gegenüber meinen neuen Arbeitskollegen, die diese Arbeit schon jahrelang unfallfrei und professionell verrichten. Ja, es genügen kleinere

Dinge, um abends mit dem Gefühl nach Hause zu gehen, etwas Sinnvolles gemacht zu haben mit dem Tag. Man muss sich bemühen, diese mit Sorgfalt wahrzunehmen.

Insofern war meine Kündigung eine gute Lektion für mich. Sie hat mich weitergebracht, vor allem menschlich. Ich übe meinen neuen Job mit Freude aus. Mein nächster Kurs geht um zehn Uhr dreißig von Frauenfeld nach Aadorf. Für die anderen Postauto-Chauffeure bin ich immer noch der Pilot. Sie fragen manchmal über Funk, ob ich schon »gelandet« sei.

Wenn ich mit meinem Postauto an einer Haltestelle stehe, habe ich oft Gelegenheit, Flugzeuge zu sehen, denn über die Strecken, die ich bediene, führt ein Flugkorridor des Flughafens Zürich. Ich möchte nicht tauschen, aber ich bin noch immer berührt, wenn ich ein Flugzeug am Himmel sehe. Ich hätte eigentlich gedacht, dass ich die Vergangenheit schneller verarbeiten würde.

Im Handschuhfach meines Postautos liegt die Pilotenbrille, die ich schon als Militärpilot vor dreißig Jahren getragen habe. Ich werde die Brille heute nicht brauchen. Und Flugzeuge werden auch keine zu sehen sein. Kein einziges. Es regnet. Kein Himmel. Keine Vergangenheit. Kein schlechter Tag.

Rolf Ulrich
ehem. Swissair Pilot, heute Postauto-Chauffeur,
Gespräch mit dem Autor im August 2003.

Manchmal, wenn ich Richtung Bombay über der Ostschweiz im Steigflug war, betätigte ich die Landescheinwerfer am Flügel, ohne dass es wirklich nötig gewesen wäre. Das Blinken war das vereinbarte Zeichen an meine vier Söhne, die ein paar tausend Meter weiter unten im Gras lagen und zum Himmel schauten. Ich musste es nicht sehen, um zu wissen, dass die Buben das Blinken mit wildem Geschrei beantworten würden. Es waren solche Momente, in denen ich das Gefühl hatte, die Schwerkraft tatsächlich überwunden zu haben.

Heute morgen sitze ich in einem Straßencafé in Zürich. Ich trage keine Pilotenbrille, sondern irgendeine, und keine Pilotenuhr, sondern eine von Michel Jordi. Es kommt einem bestimmt nicht gerade »Top Gun« in den Sinn, wenn man mich sieht.

Ich war damals, als allen über 52 praktisch fristlos gekündigt wurde, genau 40 Tage zu alt. Die Swissair hatte in Männer wie mich viel Geld investiert, um uns nicht nur das Fliegen beizubringen und die Navigation nach Sternen, sondern auch das Funktionieren im Krisenfall. Piloten lernen auch in Situationen, in denen den meisten Menschen so schwarz vor den Augen wird, als hätte jemand den Sargdeckel über ihnen zugeschlagen, so gelassen zu bleiben, als würden sie gerade ein Kreuzworträtsel lösen.

Solche Männer wie ich sollte im Leben nicht viel aus der Ruhe bringen. Doch die fristlose Kündigung im November 2001 hat auch mich nicht unberührt gelassen. Plötzlich wankte ich durch mein Leben, als hätte ich eine Bleiweste an. Und als meine Frau den Bekannten lachend erzählte, dass Edi jetzt Frühpensionär werde, ging es mir dadurch auch nicht unbedingt besser. Was mir Sorgen machte, war das Haus. Wochenlang war uns nicht klar, ob wir das Bauernhaus im thurgauischen Homburg mit Blick auf den Säntis behalten können. Es gab hohe Schulden – wir hatten in besseren Zeiten eben teuer renoviert.

Und es ist auch nicht so, dass bei einem arbeitslosen Piloten der Telefonhörer vor lauter Jobangeboten von der Gabel fallen würde. Nach meiner Kündigung habe ich mich zuerst noch bei anderen Fluggesellschaften beworben: Emirates, Korean, Singapore Airlines etc. Von Emirates und den Koreanern habe ich nie etwas gehört. Singapore zeigte Interesse, aber nur, wenn ich mit der Familie in Singapur wohnen würde. Das kam für mich nicht in Frage und für meine Frau schon gar nicht. In Singapur hat ein Kapitän Recht, weil er Kapitän ist. Diese Mentalität wäre nichts für mich gewesen. Geschäftsleute oder Ölscheichs im Privatflugzeug herumzufliegen, diese Möglichkeit habe ich zwar am Schluss auch evaluiert, aber nur kurz. Da war für mich die Grenze erreicht. Da musste ich sagen: Immerhin war ich einmal Jumbo-Pilot. Dann mache ich lieber etwas ganz anderes.

Doch für das ganz andere gereichte es für mich nicht zum Vorteil, dass man sich daran gewöhnen kann, 20000 Franken im Monat zu verdienen, und dass man, weil man das ganze Leben bei der gleichen Firma war, noch nie im Leben eine Bewerbung schreiben musste. Eine neue Eisenbahngesellschaft in der Ostschweiz namens Thurbo lud mich immerhin zum Bewerbungsgespräch ein. Ich bin mir bis heute nicht sicher, ob die Einladung zum Gespräch nicht nur deshalb geschah, weil die Leute von der Eisenbahn den Exoten Piloten sehen wollten, der sich tatsächlich um die Stelle eines Lokomotivführers bewerben würde.

Der psychologische Eignungstest ist mir dann »eher leichter« vorgekommen als die Tests, die ich vor 25 Jahren bei der Swissair zu bestehen gehabt hatte. Die Ausbildung und der Job waren dann aber eher schwieriger als erwartet. Aus dem »Ruhige-Kugel-Schieben« wurde nichts. Die ruhige Kugel habe ich 25 Jahre lang geschoben. Beim Fliegen war die Belastung vor allem beim Start und bei der Landung hoch. Bei einem Zug ist die Belastung permanent auf einem hohen Level. Dies vor allem bei Nacht und Nebel. Eine Boeing 747 zu fliegen, wäre für mich auch heute noch weniger anstrengend, als eine Re4/4 zu fahren.

Warum gerade Lokomotivführer? Vielleicht habe ich wieder die Autonomie gesucht – die Kontrolle. Ich fahre heute Regionalzüge in der Ostschweiz. Ich habe gerade noch ein Viertel meines Swissair-Lohns. Ich helfe beim Ein- und Ausladen von Kinderwagen. Der Führerstand ist nicht klimatisiert, und im

Sommer kann die Temperatur dort drin leicht über fünfzig Grad steigen. Und an der Grenze ist für mich heute Schluss, obwohl das Netz der Thurbo eigentlich noch weiter gehen würde. Für Deutschland fehlt mir die entsprechende Ausbildung.

Und trotzdem: Ich kann guten Gewissens sagen, dass ich heute nicht unzufriedener bin als damals als Pilot. Lokführer und Flugkapitän waren in meinen Jugendjahren Traumberufe. Beide im gleichen Leben ausführen zu können, ist schon ein Privileg. Natürlich gab es auch Leute, die sagten: »Aber Edi, das ist doch ein sozialer Abstieg!« Mag sein, aber vom sozialen Status habe ich nicht gelebt, und spannender macht mir der soziale Status den Tag auch nicht unbedingt. Außerdem: Meine Buben sind von mir mehr beeindruckt, seit ich Lokomotivführer bin. Die Eisenbahn sehen sie jeden Tag. Die Fliegerei kannten sie fast nur aus weiter Ferne. Gut, dass meine vier Söhne nicht beeindruckter waren. Ich habe nämlich nur drei Pilotenuniformen auf dem Estrich. Einer der Buben wird einmal ohne auskommen müssen. Ich bin seit meiner Kündigung nur noch einmal geflogen, und zwar als Passagier zum Bewerbungsgespräch nach Singapur.

Manchmal habe ich noch Zweifel, ob ich wirklich richtig gelandet bin.

Wenn ich von St. Gallen nach Romanshorn runterfahre, habe ich manchmal noch das Gefühl von Fliegen – jetzt einfach auf Flughöhe null.

Eduard Wegmann
geb. 1950. Verheiratet, vier Söhne, Ex-Swissair-Pilot, heute Lokführer auf Regionalbahnen; Gespräch mit dem Autor im August 2003.

Ich bin 46 Jahre alt, seit 15 Jahren glücklich verheiratet, habe zwei Kinder im schulpflichtigen Alter und bin, wie man mir immer wieder bescheinigt, eine rheinische Frohnatur – was für einen Vertriebsmanager durchaus Vorteile mit sich bringt.

Mein Beruf: Manager, und das mit Leib und Seele – Schwierigkeiten und Probleme gab es bei mir allerhöchstens, um gelöst zu werden. Ich bekenne mich zur Leistung und leiste gerne mit meinen Teams. Ich halte es bei meinem Beruf durchaus mit der Aussage von Prof. Malik, Uni St. Gallen: Der Beruf des Managers ist der Beruf des Resultate-Erzielens!

Mein Weg hat mich nach oben gebracht. Angefangen habe ich als Elektriker. Zuletzt, vor meiner Kündigung, war ich Bereichsleiter mit dem gut klingenden Titel »Executive Vice President« und Mitglied im Top 70 Executive Committee eines weltweit operierenden, großen deutschen ITK-Systemhauses mit über 40000 Mitarbeitern. Ich hatte Prestige, Ansehen, Status und Macht.

Es war an einem Morgen im Mai. Ich fühlte mich gut, sehr gut eigentlich. Das Wetter war seit Tagen hochsommerlich, was bekanntlich die restlichen Depressionen vertreibt, und ich hatte in den letzten Wochen einige gute Gespräche mit potenziellen neuen Arbeitgebern geführt, die wirklich vielversprechend waren. Zumindest kurzfristig stimmten also die Perspektiven. Als ich aus der Dusche kam, war es 7 Uhr 50 morgens und für meine Verhältnisse schon spät.

Ich hörte noch meine Familie unten beim Frühstück gut gelaunt sprechen, und es schien ein guter Tag zu werden, als ich urplötzlich und unvermittelt in ein emotionales Loch hineinfiel. Ich fühlte mich körperlich fit und frisch und wollte gerade die Treppe in mein Arbeitszimmer hochgehen – in das Zimmer, in dem ich die letzten 14 Monate mehr oder minder täglich darum bemüht war, einen neuen Job zu finden –, als ich plötzlich nicht mehr weiterging und anhielt. Ich bekam wieder einen dieser netten Anfälle, die einen von jetzt auf gleich aus der Welt, aus deiner guten Laune herausreißen. »Was soll bloß werden ...?«

»Deine gesamte Existenz steht auf dem Spiel!« »Es wird nichts, der IT-Markt – mein Markt – ist nachweislich kollabiert und wird sich nicht mehr erholen!« ... und weitere derartige Fragen schossen mir durch den Kopf.

Und auf einmal wurde es still um mich herum, ganz still, so still, dass ich augenblicklich anhielt, anhalten musste, und zwar so, als wenn einer den Motor abgestellt hätte und im gleichen Moment die Handbremse anzieht. Ich stand auf der Stelle. Leicht nach vorn gebeugt, als sollte es weitergehen nach oben, hielt ich an und hielt inne. Ich stand in dieser Haltung da und es wurde noch stiller, immer stiller. Und gleichzeitig machte sich in mir ein nie gekanntes Gefühl der Ohnmacht und der Hilflosigkeit breit – mir wurde es unheimlich, ich hatte Angst. Ich rief innerlich HILFE, erst leise und dann LAUT – wer kann mir jetzt helfen? Aber da war keiner, es gab keinen. Es half mir keiner – KEINER! Meine Familie so nah bei mir, ein Stockwerk unter mir und gut gelaunt, war Lichtjahre entfernt von mir – die Einsamkeit, die ich in diesem Augenblick spürte, war unbeschreiblich und unerträglich.

Wer hilft mir? Jetzt? Wie komme ich aus dieser Ecke wieder raus? Aus diesem Loch?

Doch während dieser Gedanken und Fragen stürzte ich immer tiefer in das Loch, ich stürzte nicht – ich raste in das Loch, ich spürte und fühlte real den freien Fall – ganz eigenartig –, obwohl ich mit beiden Beinen auf dem Boden stand.

Mir wurde klar, dass menschliche Hilfe in diesem Moment viel zu spät kommen würde, wenn überhaupt. Sie hätte mir auch nicht ansatzweise helfen können – ich war in meiner Einsamkeit weit über einen Punkt hinausgelangt, an dem Mitmenschen noch eine Rolle spielen. Ich begriff, dass selbst meine Frau, die ich auf Erden über alles liebe, zu der ich ein sehr inniges Verhältnis habe und die mir schon in so vielen wirklich kritischen Situationen und Fragen eine große Hilfe war, unendlich weit weg war. Ich begriff, dass ich allein war – so ALLEIN, wie es sich nur die vorstellen können, die das mal selbst erlebt haben. Es ist ein vernichtendes Gefühl, Betäubung und unendliche Stille machen sich in einem breit – die völlige Selbstaufgabe, Kapitulation, Paralyse. So stand ich, die Hand am Geländer, einen Fuß auf der ersten Stufe, den anderen auf dem Boden, leicht nach vorn gebeugt ...

Ich begriff ... Ende, fertig, tief, unendlich tief angekommen. Es ging jetzt auch nicht mehr weiter nach unten – noch nicht mal mehr das, noch nicht mal mehr tiefer – ENDE! Diese Bewusstwerdung war nicht hart – schlimmer noch, sie war l e e r. Dieses quälende, ätzende VAKUUM, diese LEERE und TIEFE, diese Einsamkeit kann ich gar nicht in Worte und Bilder fassen. Und als es dann noch nicht mal mehr tiefer ging und mir klar wurde, dass ich irgendwo unten angekommen bin, da sagte – und hier würde eigentlich die Umschreibung »aus heiterem Himmel« sehr gut passen – eine Stimme zu mir:

»D u b i s t n i c h t a l l e i n !« Es war überwältigend!

Eine tiefe, feste und sehr deutliche Stimme. Gar nicht pastoral und belehrend, wie man es sich so vorstellt. Sie war klar und richtungsweisend, etwas respekteinflößend, aber nicht unsympathisch. Eine Stimme, die so überzeugend klang und die ich noch gut im Ohr habe. Ich traute meinen Ohren kaum – aber dort in der Tiefe sagte jemand zu mir: »Du bist nicht allein!« Ich hörte ganz genau hin, ich wollte alles ganz genau hören – denn ich wollte sicher sein, dass es sich nicht um ein Hirngespinst handelt, ich wollte ganz sicher sein, um es weitererzählen zu können. »Du bist nicht allein!« – hörte ich ganz deutlich.

Aus der Tiefe in mir stieg ein Gefühl auf, das ich als eine Mischung aus sagenhaftem Glück, aus unbeschreiblichem Stolz über diese große Gnade und einem sehr kraftvollen Selbstbewusstsein (in positivem Sinne) empfand und beschreiben würde.

Sehr beeindruckt und mit etwas feuchten Augen ging ich die Stufen hoch, in mein Arbeitszimmer. Ich war weder euphorisch noch besonders aufgekratzt. Ich war erstaunlich gefasst und gelassen, fast etwas cool – seltsam. Ich dachte noch länger über dieses ergreifende Erlebnis nach und ging schließlich zur Tagesordnung über – es wurde ein sehr schöner Tag!

Ich frage mich, warum ich mir den wohl wichtigsten Augenblick in meinem bisherigen Leben nicht mit Datum und Uhrzeit festgehalten habe, wo ich doch ansonsten alles, was einigermaßen wichtig ist, notiere – und ausgerechnet meine Begegnung mit Gott nicht. Aber es wird mir auch im Nachhinein wieder ganz klar: Den Zeitpunkt dieses Erlebnisses zu notieren, ist überhaupt nicht relevant, ich brauchte es mir nicht zu notieren, denn Gott ist seit diesem Tag deutlicher als je zuvor und für immer in meinem Leben.

Ulrich Puetz, Leichlingen
geb. 1959.
In einem Brief an den Autor vom November 2005.

Zeit

Zeit

Mehr Effizienz?

In einem Managementsymposium zum Thema »Was kommt auf die Führungskraft von morgen zu und wie stellen wir uns darauf ein?« wurden Schweizer Wirtschaftsgrößen befragt. Ihren Antworten ist gemeinsam, dass nur der Flexibelste und Schnellste und Effizienteste überleben wird. Der neue Mensch muss die Fähigkeit der Früherkennung haben, er muss vernetzt denken können, Visionen entwickeln können, in Kreisläufen denken können, entwicklungsfähige Lösungen gestalten können,unternehmerisch handeln können, Teamwork fördern können, Prozesse optimieren können. Er muss Mut und Nerven haben, Vorstellungsvermögen, Motivationsfähigkeit, die Fähigkeit zur Schaffung eines innovativen Klimas, er muss die ständige Bereitschaft zum Wandel haben und eine internationale Einstellung, er muss zum ständigen Wechsel bereit sein, er muss vielsprachig sein, er muss aufgeschlossen sein, er muss sich ständig weiterbilden etc., er muss, er muss, er muss.

Er muss etwas sein zwischen eierlegender Wollmilchsau und antibiotikaresistenter Kanalratte, ständig neue Ideen produzieren, belastbar und widerstandsfähig, unsentimental und knochenhart sein und gut beißen können.

Die Personalberatungsunternehmen prahlen damit, dass sie die Überflieger, die extrem Effizienten aus ihrem Hut zaubern können, d.h. die ganz wenigen, die die Belastung der Zukunft noch erfolgreich bestehen werden. (Wo bleiben wir, die 98% Mittelmäßigen?)

Mittlerweile wissen wir, wie sich nahezu alle Führungspositionen, die zur ultimativen Effizienzsteigerung der Unternehmen dringend gebraucht werden, als geradezu gefährlich und gesundheitsschädigend erweisen können. Eine Studie von Ärzten des Genfer Universitätskrankenhauses über männliche Herzinfarkt-Patienten im Alter von 32–45 Jahren zeigt, dass keiner erblich für Herzinfarkt disponiert war, sondern dass alle »lediglich« unter übermäßigem Zeitdruck und daraus folgend unter beruflichen und privaten Spannungen gelitten haben. Sie waren auf der Flucht in berufliche Überaktivitäten. Zum Träumen, zur Muße, zur Ruhe, zur Entspannung und zur Reflexion blieb ihnen keine Zeit mehr.

Die nur natürliche Folge der Anforderungen an den Manager, von dem man Superlative erwartet, ist ein schnelles Ausgebranntwerden. Unsere neue Zeit hat dafür das Wort »Burnout« erfunden. Keiner weiß ganz genau, wer der Erste war, aber es passt sehr gut, um den Zustand trefflich zu beschreiben. Ausbrennen ist die Folge davon, dass etwas zuvor gebrannt hat. In den seltensten Fällen ist der zuvor erfolgte Brand als etwas Positives oder Natürliches zu bezeichnen, auch wenn er unbestritten viel Wärme abgegeben hat oder zumindest viel Rauch.

Gemeinsam ist den Ausgebrannten, dass sie in einem Zustand ständiger hoher Energieabgabe bei ungenügendem Energienachschub leben, etwa so, wie wenn eine Autobatterie nicht mehr über die Lichtmaschinen nachgeladen wird, dennoch aber Höchstleistungen abgeben soll.

Das Burnout-Syndrom hat es schon zu allen Zeiten gegeben, nur hat es zu keiner Zeit so viele Menschen und Schichten erfasst wie heute. Das Besondere beim heutigen Burnout-Problem ist der epidemieartige Charakter.

Ein totales Wirtschaftlichkeitsdenken durchdringt längst alle unsere Lebensbereiche.

Welches Menschenbild leitet uns dabei?

Eine geschlossene Gesellschaft von Hochleistungsmenschen erscheint am Horizont, und die Frage wird immer unausweichlicher: Wollen wir das? Ist eine Welt, die unter der alles beherrschenden Überschrift der »Effizienz« steht, die lebenswerte Welt, die wir suchen, die wir brauchen?

Aber der Zeitgeist trägt unsere Handschrift. Wir haben ihn mitverursacht.

Darf das Effizienzprinzip höher bewertet werden als das Prinzip Mensch?

Ist die Wirtschaft für den Menschen da oder der Mensch für die Wirtschaft?

Nach christlich abendländischer Tradition gilt, dass der Mensch von seiner personalen Würde her Krönung der Schöpfung ist und dass er für den wirtschaftlichen und gesellschaftlichen Bereich das Maß der Dinge darstellt. Wo dies nicht mehr gilt, findet ein Prozess einer Entpersonalisierung statt, auf dessen Gestaltwerden wir uns weiter zu bewegen. Die gegenwärtige Marktideologie konstruiert eine weltimmanente Seinsordnung, die den Anschein erweckt, dass alles, was ist, in der Verfügungsgewalt des Menschen steht, der effizient seine Zeit managt. Sie entlarvt sich aber als ein System, das Zwänge ausübt.

Das Vorzeichen der Personenwürde wird sowohl über das wirtschaftliche als auch das politische Wohl einer Gesellschaft entscheiden.

Es gibt es also zwei Unternehmensziele:

1. Die Mehrung von Haben: Im Mittelpunkt steht die Gewinn- und Umsatzmaximierung sowie Produktivitätssteigerung. Der Mensch ist Produktionsfaktor. Der treibende Faktor ist der Egoismus.

2. Die Mehrung von Sein: Im Mittelpunkt des unternehmerischen Handelns stehen die Person und der Sinn ihrer beruflichen Tätigkeit. Diese Einstellung führt im Gegensatz zur irrtümlichen Meinung vieler nicht zur Verarmung, sondern signalisiert, dass das Materielle nicht das allein Glückseligmachende im Leben ist und dass Gewinne und Umsätze nicht Selbstzweck sein können.

Jemand fragte mich, als er zufällig einen Blick in meinen Terminkalender erhascht hatte: »Und wann lebst du?« »Aber ich lebe doch«, fuhr es aus mir heraus. »Jetzt, wann sonst?« Zugegeben, das war eine Plattitüde, aber bekanntermaßen sind die Selbstverständlichkeiten des Alltags häufig Plattitüden. Mein Gesprächspartner wollte mich fragen: »Lebt dich dein Terminkalender? Bist du Sklavin dir aufgezwungener Notwendigkeiten? Ist dein übervoller Terminkalender etwa Symbol vertaner Lebenszeit, Zeichen der Flucht vor dem wahren Leben?«

Ich gestehe, dass mich derartige Skrupel und Zweifel kaum plagen. Sicher sehe ich jeden Tag einen gewaltigen Berg vor mir aufgetürmt, kaum ahnend, was er an Höhen und Tiefen in den Weg stellt, welche Geheimnisse und Schönheiten er birgt, welche Abgründe sich auf dem Wege dorthin auftun und ob sich schließlich Weiten überblicken lassen oder ich kaum mehr werde sehen können als die Hand vor dem Gesicht.

Wir leben, wie die Psychologen so schön zu sagen pflegen, im Hier und Jetzt. »Aber was bleibt auf der Strecke, was würdest du lieber anders machen?«, höre ich fragen. Die Antwort scheint eine Ausrede: »Mein Terminkalender zwängt mich ein wie ein Korsett. Nach Gottes Schöpfungsplan haben Tag und Nacht zusammen 24 Stunden. Und alle Schöpfung, auch jeder Mensch, ist diesem Rhythmus unterworfen.« – »Aber du hast es doch so gewollt?« »Ja, und ich will es auch jetzt.« Aber: »Manchmal würde ich gern mehr Zeit für meine Familie, meine nun erwachsen gewordenen Kinder, für die Menschen, die für mich und mit mir arbeiten, für Gespräche mit einzelnen Bürgern und Diskussionen mit den politisch Verantwortlichen haben wollen.« Auch das ist eine Plattitüde wie der Satz »Man muss sich hin und wieder selbst ein Geschenk machen, vor allem das des stillen Nachdenkens.«

Mir ist es wichtig festzuhalten an meinem christlichen Glauben, dass mein Leben, so wie es mir geschenkt ist, mit seinen Unwägbarkeiten, mit seinen manchmal kaum begreiflichen freudigen Überraschungen, Enttäuschungen und alltäglichen Wundern einen eigenen Sinn hat. Mit Gottes Hilfe versuche ich, nicht nur betretbare, sondern vor allem vertretbare Wege zu finden und zu gehen.

So sehe ich mich als eine Art politische Pilgerin, die in der Verantwortung ihres Amtes möglichst viele Leute mitnehmen will auf dem beschwerlichen Weg in eine durch Demokratie lebenswerte, solidarische, friedvolle und hoffentlich auch gesegnete Zukunft unseres Landes.

Christine Lieberknecht
Jahrgang 1958, Präsidentin des Thüringer Landtages.

ICH SEHE MEINE erwachsenen Kinder, meine Großkinder und meine Musikschüler; ich sehe eure kurz bemessene Zeit; und ich sehe, wie neben all den Aktivitäten so wenig Muße mehr bleibt, das Leben heute zu genießen, Wärme aufzutanken für sich und zum Weitergeben an andere. Ich wünschte, ihr könntet für euch das Rad ein wenig langsamer drehen lassen; ich wünschte, ihr könntet nach rechts und links schauen, da und dorthin ein frohes Lachen schicken und von da und von dort einen frohen Gruß zurückerhalten.

Vreni Hunziger-Häfeli
58, vier Kinder, Musiklehrerin und Leiterin einer Selbsthilfegruppe für Alzheimer-Patienten und ihre Angehörigen. Aus einem Beitrag im Tagesanzeiger, Das Magazin Nr. 30, 29.7–4.8.2000, »Die Werte der Schweiz« entnommen.

Hoffnung ist nicht Optimismus,
nicht die Überzeugung,
dass etwas gut ausgeht,
sondern die Gewissheit, dass etwas einen Sinn hat,
ohne Rücksicht darauf,
wie es ausgeht.

Vaclav Havel

Im Sommer 2004 rief er an: »Es ist dringend!«

In einer Radiosendung hatte er mich gerade kurz zuvor gehört, als ich Hörerfragen zu einem Amoklauf in einer Schweizer Großbank in Zürich beantwortete. Ein leitender Mitarbeiter hatte dort am Vortag einige Kollegen niedergeschossen. Offenbar hatte der Täter dem beruflichen Druck nicht mehr standgehalten. Die schockierten Zuhörer der Sendung im Schweizer Radio DRS beschäftigte besonders die Frage: Was geht in einem Menschen vor, der so etwas tut?

Nun saß er mir gegenüber:

»Ich kann diesen Mann verstehen, der diese Tat begangen hat. Irgendwann ist man zu allem bereit, wenn man inmitten von Drucksituationen und Mobbing keinen Ausweg mehr sieht«, begann er. »Ich bin wohl in einer ähnlichen verzweifelten inneren Situation wie dieser Mann, der diese Tat begangen hat, ich fühle mich der Willkür in meiner Abteilung gnadenlos ausgeliefert und sehe keinen Ausweg.«

In den darauf folgenden Monaten trafen wir uns häufig. Das Gefühl der Ausweglosigkeit schien sich immer mehr abzuschwächen. Doch plötzlich rief er wieder an: »Können wir uns schnell treffen? Heute, am ersten Tag nach meinen Ferien in New York, habe ich erfahren, dass es nicht gut um meinen Arbeitsplatz steht. Ich kann nicht mehr und sehe keinen Ausweg, beeilen Sie sich.«

Ich beeilte mich und kam zu spät!

In der Zeitung las ich einige Tage später am 25. Oktober 2005 den Nachruf seiner Kollegen:

»Wir nehmen betroffen Abschied, ... wir werden ihn als einen hilfsbereiten und humorvollen Kollegen in Erinnerung behalten.«

Heuchelei?

Ich glaube nicht, dass es Heuchelei war. Schlimmer: Sein Umfeld hatte über Jahre die Einsamkeit dieses Menschen gar nicht wahrgenommen.

Wie viele von den Menschen – ganz in unserer Nähe – kennen wir wirklich?

Ist es eine Art von Selbstschutz, oder haben wir die Fähigkeit, Notsignale wahrzunehmen oder Zuwendung zu vermitteln, verloren? Sind wir stumpf geworden?

Zurück bleiben die Ehefrau und zwei Töchter. Immer wieder kreisen ihre Gedanken nun um die Frage: Würde Vater heute noch leben, wenn gegenseitige Achtung und Aufmerksamkeit im Berufsleben nicht dem Effizienz-Prinzip geopfert worden wären? Ja, er würde und könnte heute noch leben!

Nachruf der Ehefrau Beatrice am Grab ihres Mannes

Lieber Schatz!

Ich habe die Kraft, hier zu stehen, weil in diesem Sarg nur deine Hülle liegt. Du hast deinem irdischen Leben ein Ende gesetzt, weil du die negativen Seiten in deinem Beruf nicht mehr ertragen konntest. Du bist deinem Beruf mit viel Herzensblut nachgegangen, weil du ein Mensch warst, der die Wahrhaftigkeit und die Gerechtigkeit über alles stellte, und weil du diese Welt ein klein wenig verbessern wolltest. Du warst ein offener, ehrlicher und direkter Mensch, und bei dir wussten alle, woran sie waren.

Einige hatten Mühe. Wenn du ihnen den Spiegel vors Gesicht hieltest, konnten sie deine Kritik, die nicht immer diplomatisch von dir vorgetragen wurde, nicht ertragen. Dir wurde oft gesagt, du seiest emotional. Sind Emotionen nicht etwas sehr Wichtiges im Leben? Liebe ist auch eine Emotion.

Denise hat gesagt: »Ich wünsche mir, dass Papas Tod etwas bewirkt!

Ich wünsche mir, dass in solchen Berufen regelmäßig verständnisvolle Gespräche zwischen Menschen stattfinden, bei denen die Befindlichkeit wichtig ist und bei denen auch bestärkt und gelobt wird. Ich wünsche mir, dass das Machtgehabe und das ewig männliche Starksein aufhört, dass Chefs und Mitarbeiter in gegenseitiger Wertschätzung ihre Gefühle, Ängste und ihre allfällige Überforderung darlegen dürfen.«

Mein lieber Peter, alle deine Freunde kennen dich als aufgestellten, fröhlichen und unternehmungslustigen Menschen mit viel Humor, Lebensfreude und Energie. Die andere Seite, die ich mit dir zu tragen versuchte, hat nun gesiegt. Für mich warst du ein wunderbarer Ehemann und ein liebevoller und fürsorglicher Vater unserer beiden Kinder. Wir sind ein Team in guten und in schlechten Zeiten gewesen. Und wenn ich auch gewusst hätte, was jetzt auf mich zukommt, ich hätte das Leben mit dir wieder gewählt. Die gegenseitige Liebe in unserer Familie endet nicht durch den Tod. Sie lebt in uns weiter.

Deine Trixli

Nachruf der Tochter Fabienne (12 Jahre alt) am Grab ihres Vaters

»Am 18.11.54 kam Paps zur Welt und hat Omis, Opis und Sylvias Gesicht erhellt.

Er hat sie angelacht und sich nichts dabei gedacht.

Paps wurde größer und frecher, doch war er nie ein Herzensbrecher.

Wenn er flog, wollte er frei wie ein Vogel sein und er fühlte sich glücklich dabei.

Die Luft verwandelte ihn. Er wollte manchmal einfach vor der Welt fliehen.

Dann kam Mami in die Welt. Dieses Mal hat ihm jemand das Gesicht erhellt.

Ihr Zuhause war seins, und die Liebe zu ihr war für ihn Nummer eins.

Nummer zwei sind wir, nun waren es vier.

Eine Familie zu haben war für uns alle die größte aller Gaben.

Am 22. August erblickte Denise die Welt zur goldenen Morgenstund,

sie wog nur 3 Pfund. 17 Monate darauf kam ich aus dem Bauch heraus.

Sieben Wochen lag ich ganz klein im Brutkasten. Paps wollte es nicht lassen.

Er besuchte mich Tag für Tag. Jetzt wisst ihr, warum ich ihn so mag.

Die Jahre vergingen, wir kauften ein Schiff,

mit dem wir raussegelten und der Wind um uns pfiff.

Wir fühlten uns frei wie Vögel im Wind, die Sorgen verschwanden ganz geschwind.

Vor Tagen, fast Wochen ist es her, da waren wir ganz nah am Meer,

in New York war Paps ganz anders, er lächelte und war froh, ja so froh.

Nun sitzen wir hier, die Erinnerungen im Kopf, wir denken so gerne zurück.

Du wirst immer ein Teil in unserem Herzen bleiben.

Du bist dort eingeschlossen und trotzdem ist die Wunde der Trauer offen.

Irgendwann werden wir ebenfalls gehen und dann neben dir stehen.

Wann, das wissen wir nicht, unseren Weg weist uns das Licht.

Im Inneren tragen wir eine Uhr, sie weiß, wann wir kommen, sie nur.

Gott sei mit dir auf deinen Wegen, er soll dir eine sichere Hülle umlegen.

Nun fliege weiter Peti-Bueb, du hast das Fliegen in deinem Bluet.«

Dr. Peter Bulacher wurde im November 1954 geboren. Er schied am 20. Oktober 2005 aus dem Leben, weil er der Einsamkeit im beruflichen Effizienzdruck und einer Atmosphäre fehlender Wertschätzung in seinem Arbeitsleben nicht mehr standhalten konnte.

Ich habe Peter ein Jahr begleitet.
Weihnachten 2005 sind meine Gedanken bei seiner Familie, die in diesem Jahr das erste Mal ohne ihren Vater das Fest der Hoffnung feiert.

Johannes Czwalina
Weihnachten 2005.

Mehr echte Zeit

Unsere Eltern waren stolz auf ihre materiellen Errungenschaften. Heute sind es nicht mehr die vielen »anfassbaren« Dinge, mit denen man seine Statussymbole aufbaut. Der Faktor Zeit ist zu einem zusätzlichen, neuen und materialistischen Statussymbol geworden. Telefongesellschaften verkaufen die Zeit so, wie man in der Nachkriegszeit auf dem Wochenmarkt Kartoffeln anpries. Sie streiten um den Preis jeder Minute und Sekunde. Sie rechnen mit uns die Zeit ab. Jede Zeiteinheit kostet. Als käufliche Telefonkarte lässt sich Zeit auch weiterschenken: »Ich schenke dir zum Geburtstag zwanzig Minuten mehr Zeit.«

Wer über die meiste Zeit verfügt, hat demnach am meisten Wert und wird beneidet. Bei älteren Menschen ist das Zeitkontingent aufgebraucht. Sie kommen allmählich in die »Liquidationsmasse« unserer Gesellschaft.

Ursprünglich ließ sich die Redewendung »Ich habe Zeit« wie ein Fenster verstehen, das uns hin und wieder aus der materiellen Tretmühle des Alltags herausholte. Darin lag und liegt die eigentliche Qualität von Zeit. Mein Großvater hatte immer Zeit für mich. In meiner Erinnerung war dies Zeit mit Qualität, war doch diese Zeit mit ihm nicht materiell definiert.

Es lohnt sich, zwischen der materiell definierten Zeit und der Zeit, die uns aus genau diesen materiellen Zugzwängen zu befreien vermag, zu unterscheiden.

Nie zuvor ersparten die Computer der Gesellschaft so viel Zeit wie heute: Zeit ist Geld. Eigentlich müssten wir in Ozeanen von noch ungenutzter fakturierbarer Zeit schwimmen. Das Gegenteil ist der Fall. Die gesparte Zeit wird lediglich sichtbar an der wachsenden Zahl arbeitsloser Menschen. Den Nichtgebrauch ihrer Zeitreserven können wir nicht etwa als zurückgelegte Reserve betrachten. Die traurige Erfahrung zeigt vielmehr, dass ungenutzte Kapazitäten zu Quellen persönlicher und sozialer Konflikte verkommen, während der Rest der Menschheit mehr denn je den Mangel an Zeit zu spüren bekommt. Immer deutlicher bilden sich zwei leidende Gruppen von Menschen: Die eine Gruppe leidet, weil sie hoffnungslos überarbeitet ist, die andere ist hoffnungslos, weil sie ohne Arbeit leidet.

Die Gegenwart wird immer kürzer, das Intervall von einer Veränderung zur anderen immer kleiner, der Puls des Neuen schlägt schneller und schneller, die Ängste vor dem eigenen Verfallsdatum wachsen, weil die Vergänglichkeit dem Einzelnen durch die im Sekundentakt ablaufende Lebensuhr bewusster wird. So haben viele ein ausgeklügeltes, aber perfides System entwickelt, damit in unseren Gesprächen und in unserem Verhalten das bisweilen schmerzhafte Erkennen unseres unwiderruflichen Verfallsdatums innerhalb einer nur materiell definierten Zeit kaum oder nie zum Ausbruch kommt. Freundlich helfen uns Werbung und Freizeitindustrie beim Prozess der Verdrängung.

Als Folge kann sich eine unversehens auftretende Erfahrung der Vergänglichkeit einstellen. Je weniger wir uns mit der eigenen Endlichkeit auseinander gesetzt haben, desto vehementer bricht dann die Krise herein. Wenn Krankheit und Tod sich plötzlich einstellen, ist die Erfahrung der Vergänglichkeit am stärksten. In einer nie für möglich gehaltenen Dringlichkeit meldet sich dann plötzlich die Frage nach dem Sinn allen bisherigen Lebens. Zahlt es sich aus, das Leben primär von einem materiellen Zeitverständnis her betrachtet zu haben?

Besonders der Manager ist dem Zeitdruck ausgesetzt, erweist sich doch seine Effizienz in direkter Abhängigkeit vom Faktor Zeit. Dank elektronischer Hilfsmittel kann er heute das Doppelte und Dreifache in eine Zeiteinheit packen, aber dieses freundlich fremde Wesen Zeit, das so behandelt wird, als ob es stehen bleiben würde, reagiert merkwürdig, ja unheimlich souverän. Je mehr er sie aufhalten will, desto schneller scheint sie zu entschwinden, leise, höflich, wie durch die Hintertür. Die Bemühungen, sie aufzuhalten, lassen die Zeit unberührt. Unsere Bitten, sie möge ein wenig verweilen, beantwortet sie nicht. Kontinuierlich geht sie weiter, leise, unmerklich, unaufhaltsam.

Ich begegne manchen Menschen über vierzig, die in einer tiefen Resignation stecken, weil sie realisieren, dass bei ihnen die materiell wertvolle Zeit – die Zeit ihres Marktwertes also – bald abgelaufen ist und damit auch ihre Attraktivität zu schwinden droht. Ihr Verständnis von Erfolg war nur von der Sichtweise einer materiell ausbeutbaren Zeit abgeleitet. Dass es auch noch ein anderes Verständnis von Zeit geben könnte und ein anderes Verständnis von Erfolg, dieser Gedanke hat im Alltag keinen Platz und keine Zeit gefunden.

Im Psalm 90, Vers 12 lesen wir: »Lehre uns bedenken, dass wir sterben müssen, damit wir klug werden.«

Wenn wir den Tatbestand der Vergänglichkeit nicht verdrängen, entdecken wir etwas, das uns klug macht. Ganz persönlich könnte das heißen: »Realisiere jeden Tag, dass die dir zur Verfügung stehende materielle Zeit schnell abläuft und zu Ende geht. Mach dein persönliches Wohlergehen nicht abhängig von dieser Zeit, die schnell abläuft und die sich durch ihr Verfallsdatum auszeichnet!« Die effiziente verrechenbare Zeit vergeht, ich kann sie nicht festhalten, auch wenn alle Literatur über Management das Gegenteil behauptet.

Wir wissen oder ahnen es: Es gibt sie noch, jene andere Zeit, nur lässt sie sich nicht bei den Telefongesellschaften kaufen. Das Vorhandensein dieses Gespürs unterscheidet uns vom Tier. Wir sind in der Lage, über das Ende hinaus zu denken. Wir haben ein Vorstellungsvermögen von einer Zeit, die keinem Verfallsdatum unterliegt. Wenn die Vergänglichkeit das letzte Wort haben sollte, begreifen wir die Rastlosigkeit des zeitgenössischen Menschen: gefangen zwischen Antrieb, Sehnsucht und der Angst, dass nur noch wenig Zeit bleibt und dass der Existenzkampf, je länger er dauert, je mehr sich zu Ungunsten des einzelnen entwickelt.

Bei vielen Managern schlägt einem eine Art »materielle Religiosität« entgegen. Wie verlorene Schatzsucher suchen sie nach grenzenloser Wertsteigerung in der begrenzten Zeit. Ihr Streben nach Gewinn kennt kein begrenzendes Prinzip. Es ist die fehlgeleitete Sehnsucht nach jener Zeit, die keine Grenze kennt. Aber statt dieser Sehnsucht zu folgen, dehnen sie unter großer Anstrengung die begrenzte Zeit immer weiter aus. Sie wollen wenigstens ein klein wenig »unendlich« mächtig werden, ein klein wenig »unendlich« reich, einem neuen Produkt wenigstens ein klein wenig »Unendlichkeit« im Qualitätsgütezeichen verleihen, dem eigenen Lebensstandard wenigstens ein klein wenig das Gesicht des Vollkommenen verleihen. Solange kein Zweifel an den Grenzen des materiellen Glücks erlaubt ist, bleibt nichts anderes übrig, als zwischenzeitlich die Wege zu Zielen zu machen. Schöne oder schnelle Fortbewegungsmittel wie Auto oder Motorrad sind für viele ein Ziel, obwohl sie nichts als Fortbewegungsmittel sind. So gilt etwa: »Ich weiß zwar nicht, wohin ich reise, aber dafür bin ich umso bequemer dort.« Oder: »Ich weiß auch nicht, wohin ich reise, aber dafür bin ich umso schneller dort.« Die Aufzählung ließe sich beliebig fortsetzen. Inmitten der Gefangenschaft in der begrenzten Zeit scheint doch überall die Sehnsucht nach bleibenden Werten auf, nach einer Dauer, die die Verfallszeit nicht kennt.

Nach der christlich-abendländischen Auffassung bedeutet das Kreuz die Schnittstelle von zwei Zeitwirklichkeiten. Die materielle, endliche Zeit wird durchkreuzt von der nicht materiellen, unbegrenzten Zeit. Sichtbares und Nichtsichtbares, Aussprechbares und Nichtaussprechbares, Endlichkeit und Ewigkeit begegnen sich. An dieser Kreuzung ist mit Geld nichts zu kaufen.

Paulus schreibt an die Korinther (2. Kor. 4, 18):

»Da wir nicht schauen auf das Sichtbare, sondern auf das Unsichtbare. Denn das Sichtbare ist zeitlich, das Unsichtbare aber ist ewig.« Wir dürfen von dieser unsichtbaren, bleibenden Zeit schöpfen, um die sichtbare und begrenzte Zeit richtig zu verstehen und weise leben zu können. Nur wer in der nicht fakturierbaren Zeit lebt, kann die fakturierbare Zeit gehaltvoll leben.

Schauen wir auf die Dichter der alten Lieder. In fast jedem Kirchenlied kommt Trauer über das Vergängliche zum Ausdruck, aber auch die Zuversicht, jetzt schon aus der unverrechenbaren Zeit Kraft zu schöpfen. Viele von unseren Vorfahren haben verstanden, dass insgesamt unser Dasein unvollständig bleiben muss und unmenschlich, wenn die »effiziente« Zeit allein unser Denken und Handeln prägt.

Rückblickend haben auch viele Menschen, die in diesem Buch zu Worte kommen, bedauert, dass sie nicht mehr Zeit investierten für Menschen, die ihnen ihren Zeitaufwand nicht finanziell entschädigen wollten oder konnten. Diese Menschen hätten echte Freunde werden können und wären treu geblieben, nachdem man ihnen auf dem »Markt« keinen Wert mehr zuschrieb. Die Addition von Arbeit, Urlaub, Kegelabend, RTL-Nachtschau und einem schnellen Büroflirt kann unser Leben nicht ausmachen und nicht alles sein. Aus vielen Briefen, die ich bekomme, und aus unzähligen Gesprächen weiß ich: Die Menschen sind im Aufbruch, sie sind auf der großen Suche, wünschen sich Kostbares, Unverkäufliches, Vertrauen und Geborgenheit.

Wenn Sie sich auf den Weg machen wollen, diese Zeit wieder zu erobern, möchte ich Ihnen einen banalen Rat geben: Nehmen Sie sich pro Woche eine Stunde Zeit zum Nachdenken. Rüsten Sie sich mit einem Stuhl aus und begeben Sie sich allein in den Garten oder in ein abgesondertes Zimmer. Nehmen Sie kein Telefon mit, kein Buch, keine Musik, keine Zeitung, keine Agenda, nur sich selbst. Sie befinden sich in einer wichtigen Vorstandssitzung mit sich selbst. Denken Sie über Ihre Pläne nach, über Ihre nächsten Schritte und darüber, welche Folgen diese Schritte für Sie und Ihre Familie haben und welche Folgen die Folgen haben und welche Folgen die Folgen der Folgen haben. Haben Sie nun den Mut, eine eigene, intime Bilanz aufzustellen, bei der Sie neben Ihrem eigentlichen Berufsleben auch Ihr Privatleben, Ihre Motive und die Entwicklung Ihres eigenen Charakters mit einbeziehen.

Zu dieser Bilanz gehört auch, sich selbst einige selbstkritische Fragen zu stellen:

Welches sind meine persönlichen Lebensmotive?

Ehrgeiz? Macht? Selbstverwirklichung? Geld? Verantwortungsbewusstsein?

Welchen Preis bin ich bereit, für meine Karriere zu bezahlen?

Zeit? Familie? Hobby? Gesundheit? Ethische Handlungsmaximen?

Welche Rolle spielt mein Gewissen in meinem Alltag?

In welchen Bereichen bin ich abgestumpft und habe früher sensibler empfunden?

Bin ich vorbereitet, einen Erfolg hinzunehmen, ohne überheblich zu werden?

Einen Misserfolg zu erleben, ohne mich entmutigen zu lassen?

Eine Kritik zu ertragen, ohne beleidigt zu sein?

Ungerechtfertigte Verleumdung auf mich zu nehmen und richtig darauf zu reagieren?

Den Verlust meiner Arbeit zu erleben, ohne damit meinen Lebenssinn einzubüßen?

Einsamkeit zu gestalten?

Kann ich die Frage nach dem Sinn meines Lebens beantworten?

In einer Zeit, die von Produktivität und Wachstumsraten, von Geld und Lebensstandard spricht, in einer Zeit, die in den Kategorien von Macht und Erfolg denkt, die einem übersteigerten Machbarkeitswahn und Fortschrittsglauben huldigt, heißt es, jene vita contemplativa entgegenzuhalten, die es uns ermöglicht, Distanz und Zeit zu gewinnen, damit wir uns auf das Wesentliche unserer Existenz besinnen können.

Erfolgreiche Menschen finden immer wieder Zeit für Stille und Entspannung. Wer denken und sich konzentrieren will, muss abseits von Dingen und Sachzwängen und auch von Menschen stehen. Die Fähigkeit zur Entspannung bedeutet die Bereitschaft, Distanz zu nehmen. Wer Stille konsequent praktiziert, findet leichter zur Konzentration. Positive Veränderungen ohne Zeit zum Nachdenken sind fast immer unmöglich.

In den alten Orden, z.B. bei den Jesuiten, ist die Zeit zum Nachdenken ein wesentlicher Bestandteil des klösterlichen Lebens. Zweimal täglich wird 15 Minuten in Stille nachgedacht, jährlich einmal eine Woche und zweimal 30 Tage in einem Leben. Darüber hinaus legt jeder, der dem Orden angehört, einmal ein Sabbatjahr ein. Diese Art von Meta-Reflexion fehlt in den Unternehmen und im Leben der oft so kurzfristig erfolgreichen Manager.

Das jüngste Buch des deutschen »Zeitmanagement-Papstes« Lothar J. Seiwert mit dem Titel »Wenn Du es eilig hast, gehe langsam. Das neue Zeitmanagement in einer beschleunigten Welt« [51] greift dieses Problem ebenfalls auf. Es stellt den Übergang vom reinen Zeitmanagement zu einem ganzheitlichen Lebensmanagement dar, dessen Ziel die Balance zwischen den vier wichtigsten Lebensbereichen – Beruf, Familie, Gesundheit und der Frage nach dem Sinn – ist. [52]

Auch zwischen den verschiedenen Lebensabschnitten neigen viele dazu, sich übergangslos sofort in neue Aktivitäten, Bindungen und Beziehungen zu stürzen. Doch diese Übergangszeiten sind äußerst wichtig für die Psyche. In diesen Zeiten kann Selbsterkenntnis wachsen. Man kann manches schärfer sehen und seine Umwelt sensibler wahrnehmen. Man kann Distanz zum Alltag gewinnen und Lebensmuster ändern. Man kann hinter die Dinge schauen und Lebensweisheit lernen. Viele können das aber nicht und setzen sich in diesen Auszeiten selbst unter Druck. Sie können das Gefühl der Leere, vielleicht der Melancholie, nicht ertragen. Welche Pflichten haben mich bisher beeinflusst? Habe ich gelebt, um Erwartungen zu erfüllen? Was wäre, wenn mein Leben heute endete? Was bliebe ungelebt, was wäre vollendet, was würde ich in einem Nachruf über mich selbst schreiben? Wir sollten diese Auszeiten als wichtige Erziehungsprozesse annehmen. Nach der Erziehung durch die Schule und das Elternhaus kommt ja zunächst eine leere Zeit, eine Zeit ohne fremde Erziehung. Wir sollten uns dann als erwachsene Menschen nicht nur von unserer Arbeit, unserem Chef, unseren Kunden oder unserem Umfeld erziehen lassen. Wir sollten vielmehr die Selbsterziehung als Prozess aktiv mitgestalten. Gerade in solchen Prozessen des Wandels lässt uns die Selbsterziehung reifen. Sie ist ein unersetzbarer Gewinn für unsere Charakter- und Herzensbildung.

Wenn ich noch einmal leben könnte, würde ich von Anfang an mehr darauf achten, meine tiefste Lebensmelodie zu erspüren und dieser Spur zu folgen. Durch meine Eigenwilligkeit habe ich manches verzögert, innere gute Impulse und Warnungen habe ich oft überhört.

Schwester Käthe
geb. 1929, Kommunität Schloß Craheim/Unterfranken,
in einem Brief an den Autor vom 8. Mai 1999.

Mehr Loslassen

Ein Mann fragte den anderen bei der Beerdigung eines gemeinsamen Freundes: »Wie viel hat er hinterlassen?« Antwortet der andere: »Er hat alles hinter sich gelassen.«

Der amerikanische Franziskanerpater Richard Rohr meint hierzu: »Alle Spiritualität ist die Lehre vom Loslassen: Alle kontemplativen Lehrer führen uns in diese Richtung, und wir müssen endlich auch den Mut haben, uns auf einen eigenen Weg zu schicken, und zwar mit allen Risiken. Der Weg führt in die Freiheit, und er heißt: »Letting go!«[53]

Nur das innere »Loslassen-Können« gibt uns schließlich die nötige Freiheit und Souveränität, damit sich auch unser Blick für andere Menschen ändern kann. Der Mensch, der loslässt, stellt nicht mehr Platzhalter auswechselbarer Schnittpunktfunktionen dar, die allein nach dem Prinzip momentaner Nützlichkeit definiert sind.

Loslassen fällt demjenigen leicht, der sich nicht selbst als letzte Instanz betrachtet, sondern als Verwalter eines Gutes, das ihm anvertraut ist, auch wenn einen Niederlagen schmerzen und Siege stolz machen können.[54]

Viele stellen sich viel zu wenig die Frage, was sie loslassen müssen.

Der Wandel erfordert es, dass das Alte schnell abgelegt werden muss. Der Abschied von dem, was früher einmal nützlich war, muss heute ganz schnell, gründlich und ständig neu geschehen. Viele sind voll von Schutt und Stress des Alltags, nehmen sich keine Zeit der Abfallentsorgung, und sie wissen auch nicht, wie es funktioniert. Wie soll man denn z.B. Verletzungen, Demütigungen, Verleumdungen, Verurteilungen einfach so loswerden. Dass der innere Prozess genauso wesentlich ist und eingeübt werden muss wie das Aufräumen und tägliche Entsorgen im eigenen Büro, ist vielen nicht bewusst, aber man sieht ihnen an, dass sie an dem Unvermögen, dies zu tun, leiden.

Menschen werden in der Zukunft viel häufiger in Situationen des Abschiednehmens und des Loslassens kommen. Auch wenn viele diese Veränderung theoretisch durchaus gelassen zur Kenntnis nehmen, sind sie doch täglich mit ihrem Unvermögen dazu in der Praxis konfrontiert. Leider sind wir in unserer Erziehung vor allem auf Sicherheiten geprägt worden. Die Folge dieses Unvermögens ist, dass Menschen Verletzungen und Verbitterungen konservieren und jahrelang nicht überwinden können. Es bedarf darum einer neuen Kultur des Loslassens.

Psychische Gesundheit und Lebensglück für die kommenden Phasen hängen davon ab, wie man die Übergänge zwischen den Phasen meistert. Umzüge, Trennungen, Arbeitslosigkeit, Scheidung, Berufswechsel und Krankheiten folgen ständig aufeinander, und der Einzelne hat immer weniger Zeit, die innere Verarbeitung zu bewältigen.

Besonders die Phase des Loslassens in den Wendepunkten des Lebens ist immer eine kritische Phase. Diese Übergänge kann man verpatzen. Man kann im Alten stecken bleiben und den ganzen Ballast in die neue Lebensphase hinüberschleppen. Dem modernen Menschen sollten nicht nur ständige Wechsel zugemutet werden, die ja geradezu ein Markenzeichen postmoderner Lebensläufe sind, sondern ihm sollten für die Wechsel auch die Handwerkszeuge mit auf den Weg gegeben werden. Wer eine gravierende Veränderung zu schnell hinter sich bringt, riskiert psychische Probleme.

Wirksame Menschen reservieren sich Zeiten, in denen sie sich gründlich die Frage stellen: »Was sollte ich nicht mehr tun?« Sei es, dass sich die Dinge überlebt haben, dass man über die Dinge hinausgewachsen ist, sei es, dass man sich in eine andere Richtung entwickeln will, sei es, dass es bessere Methoden gibt, sei es, dass es Wichtigeres zu tun gibt. Was muss ich loslassen und wie kann ich es loslassen?

Man sollte nicht nur eine Liste anfertigen, auf der alles steht, was man in nächster Zeit erreichen will, sondern auch eine Liste, auf der aufgeführt ist, was man ablegen und streichen möchte. Wir haben durch unsere Erziehung zu sehr gelernt, Sachen zu sammeln und anzuhäufen, und viel zu wenig gelernt, loszulassen, zu geben und Ballast abzuwerfen.

Loslassen heißt: Erst muss etwas verlernt und entsorgt werden, bevor etwas Neues gelernt werden kann. Wir haben ein Entsorgungsproblem. Es liegt so viel Müll auf den Seelenstraßen der Menschen herum. Der Verlust der Gewohnheiten muss verkraftet werden (Wohnungswechsel, Trennung, Ortswechsel, veränderte Lebensumstände etc.). Der Verlust der Identität muss verkraftet werden, die mit dem anderen Lebensbild verbunden war. Der Verlust von Illusionen muss verkraftet werden. Treuebrüche von Freunden und Vorgesetzten, die ihr Wort nicht hielten, müssen verkraftet werden. Menschen, die das nicht geschafft haben, bleiben oft ihr Leben lang verbittert, zynisch und chronisch misstrauisch.

Konsequenz des Loslassens: Gelassenheit.

Wer loslassen kann, kann Gelassenheit entwickeln. Voraussetzung für Gelassenheit ist eine Haltung, die nicht auf den eigenen Vorteil bedacht ist. Es geht um Uneigennützigkeit zu Gunsten des größeren Ganzen. Eine solche Persönlichkeit kann annehmen, was kommt und was geht, und kann annehmen, wie es kommt und wie es geht. Sie hindert weder das Vergehende am Gehen noch das Kommende am Kommen. Derjenige, der gelassen ist, hat somit die Hände nicht voll, sondern ist frei für das, worauf es ankommt.

Unser gemeinsames Leben war wunderschön, und ich denke jetzt oft darüber nach. Manchmal schließe ich die Augen und sehe dich vor mir, wie du auf der Veranda sitzt und Gitarre spielst, während die Kleinen um dich herumsitzen und zu deiner Musik klatschen.

Du bist ein weit besserer Vater, als du weißt.

Es gibt so vieles, das ich an dir liebe, besonders deine Leidenschaft für die Dinge, die das Leben lebenswert machen. Liebe, Poesie, Freundschaft, Schönheit, Natur. Und ich bin glücklich darüber, dass du auch die Kinder diese Dinge gelehrt hast, denn ich weiß, dass es ihr Leben bereichern wird.

Ich weiß, dass es oft nicht leicht mit mir war. Es bedarf eines ganzen Mannes, mit so jemandem wie mir zusammenzuleben. Und du hast es ertragen. Fünfundvierzig Jahre. Wundervolle Jahre.

Du bist mein bester Freund und mein Geliebter, und ich weiß nicht, welche dieser beiden Seiten ich am meisten schätze. Wenn ich dich heute anschaue, sehe ich so viel Güte in dir.

Ich weiß wohl, du hieltest mich für verrückt, als ich darauf bestand, unsere Lebensgeschichte aufzuschreiben, bevor wir schließlich unser Haus für immer verließen. Aber ich hatte meine Gründe, und ich danke dir für deine Geduld. Und obwohl du mich danach fragtest, habe ich dir den Grund nie verraten. Aber jetzt, so glaube ich, ist es an der Zeit, dass du ihn erfährst.

Wir haben ein Leben gelebt, von dem die meisten Paare nur träumen können, und dennoch fürchte ich, wenn ich dich ansehe, dass dies bald zu Ende sein wird. Denn wir beide kennen den Verlauf meiner Krankheit und wissen, was das für uns bedeutet. Ich sehe Tränen in deinen Augen und mache mir mehr Sorgen um dich als um mich, weil ich den Schmerz fürchte, den du durchleben wirst. Mir fehlen die Worte, um meinen Kummer darüber auszudrücken.

Ich liebe dich so sehr, dass ich, trotz meiner Krankheit, einen Weg finden werde, um zu dir zurückzukehren, das verspreche ich dir. Und hier nun kommt unsere Geschichte ins Spiel. Wenn ich verloren und einsam bin, dann lies mir diese Geschichte vor; und sei gewiss, ich werde irgendwie merken, dass es unsere Geschichte ist. Und vielleicht, ja, vielleicht, finden wir einen Weg, wieder zusammen zu sein.

Bitte sei mir nicht böse, wenn ich dich an manchen Tagen nicht erkenne. Wir beide wissen, dass uns solche Tage bevorstehen. Sei gewiss, dass ich dich liebe, dich immer lieben werde, und dass ich, was auch kommen mag, das denkbar schönste Leben gelebt habe. Mein Leben mit dir.

Und wenn du diesen Brief aufbewahrst, um ihn wieder zu lesen, so glaube, was darin steht. Ich liebe dich jetzt, während ich ihn schreibe, und ich liebe dich jetzt, während du ihn liest. Und es tut mir leid, dass ich es dir nicht mehr sagen kann. Ich liebe dich aus tiefstem Herzen, du bist und warst stets mein Traum.

Brief einer Frau an ihren Mann zu Beginn ihrer Alzheimer-Krankheit
Sparks, Nicholas: Wie ein einziger Tag, München 1996, S. 216–218.

Es scheint ein Ausdruck der Selbstgefälligkeit zu sein, wenn ich sage, ich bin für mein Leben dankbar und ich bin mit meinem Leben zufrieden. Ich meine damit nicht, dass ich immer richtig gehandelt und recht entschieden habe. Und es gibt sicher auch Menschen, die ich enttäuschte. Aber ich durfte in meinem Leben Wege gehen, die ich nie erwartet habe, und Höhepunkte erleben, ohne hierfür den Preis einer Selbstaufgabe bezahlen zu müssen.

Ich hatte den Segen einer glücklichen Partnerwahl und das Glück einer Familie, die noch diesem Namen gerecht wird.

Verglichen mit diesen großen Geschenken des Lebens sind die Grenzen an Gesundheit und körperlicher Leistungskraft nur kleine Erinnerungen an die dem Leben von Natur aus zugehörenden Begrenzungen, die es erleichtern, von der Vergangenheit loszulassen, schlicht und ehrlich danke zu sagen und zu hoffen, dass in der Endabrechung des Lebens das Gute, das ich nicht getan habe, nicht zu schwer wiege.

Dr. Rudolf Kirchschläger
1915–2000. Alt-Bundespräsident von Österreich 1974–1986, Wien. In einem Brief an den Autor vom Oktober 1998.

WAS ICH ANDERS machen würde? Ich würde mich weniger treiben, bedrängen lassen.

Ich habe immer dann alles gründlich falsch gemacht, wenn ich unter Druck stand oder Angst hatte. Gewusst habe ich von dem Grundvertrauen, das aus dem Glauben erwächst. Gelebt habe ich es nur unvollkommen. »Gelassenheit«, ein Wort aus der christlichen Mystik: loslassen und sich absolut verlassen können – das widerspricht der gängigen Selbstrechtfertigung durch Leistung, dem fatalen Hang zur Selbstverteidigung im Zwischenmenschlichen. Erfolg und Versagen, Glück und Unglück, Freude und Schmerz in der offenen Hand zu halten, ganz unverkrampft, ganz gelöst, »haben, als hätte man nicht«, wie Paulus sagt, und doch das Haben genießen – das hätte ich gern gekonnt, also gern anders gemacht. Ich hätte dann nicht so oft auf ein unerfülltes Soll, auf eine imaginäre Gefahr gestarrt, hätte einen freieren Blick gehabt für meine Frau, meine Kinder, den Moment des Glücks. In meiner Kindheit habe ich oft den Satz gehört: »Man muss!« Ich würde gerne nach dem Motto leben: »Man darf!«

Dr. Werner von Hoerschelmann
geb. am 29. Mai 1938, Propst a.D. Direktor der Kindernothilfe e.V. Duisburg, am 26. März 2003 auf Anfrage des Herausgebers.

LIEBE AMERIKANISCHE MITBÜRGER, kürzlich habe ich erfahren, dass ich zu den Millionen Amerikanern gehöre, die an der Alzheimerschen Krankheit leiden. Nancy und ich mussten nun entscheiden, wie wir mit dieser Nachricht umgehen sollten –

ob wir sie für uns behalten oder sie veröffentlichen sollten ... Im Augenblick fühle ich mich noch hervorragend. Ich habe vor, in den Jahren, die Gott mir auf dieser Erde noch schenkt, so zu leben wie immer. Ich werde meinen Lebensweg mit meiner geliebten Nancy und meiner Familie weitergehen. Ich werde weiterhin die freie Natur genießen und mit meinen Freunden und Unterstützern in Verbindung bleiben. Das Traurige an der Alzheimer-Krankheit ist, dass sie, je weiter sie fortschreitet, der Familie des Betroffenen oft eine schwere Last aufbürdet. Ich wünsche nur, ich könnte Nancy diese schmerzliche Erfahrung ersparen. Aber ich bin überzeugt, sie wird sich, wenn die Zeit kommt, dem mit Ihrer Hilfe und mit Gottvertrauen stellen. Zum Schluss möchte ich Ihnen, dem amerikanischen Volk, für die große Ehre danken, dass ich Ihnen als Präsident dienen durfte. Wenn der Herr mich heimruft, wann immer das sein wird, so werde ich mich verabschieden mit der größten Liebe zu unserem Land und mit ungebrochenen Hoffnungen für seine Zukunft. Ich beginne nun die Reise, die zum Sonnenuntergang meines Lebens führt ... Vielen Dank, meine Freunde. Möge Gott Sie immer schützen.

Ronald Reagan
von 1980 bis 1988 Präsident der Vereinigten Staaten.
Zeitungsartikel aus »Die Zeit« vom Oktober 1994.

Zukunft

Zukunft

Mehr Bleibendes

Alles, was wir tun, ist gewissermaßen ein Ausdruck unseres Bemühens, die »Endlichkeit« zu überwinden. Was unsere Unruhe vorantreibt, ist: Wir können weiter denken, als der Raum es zulässt, in dem wir stehen. Gleichzeitig nehmen wir die Unfähigkeit wahr, den Raum zu durchbrechen. Das ist unser menschliches Dilemma.

Das Verlangen nach bleibenden Ersatzwerten hat nun viele »Fenster«:

Im Bedürfnis nach Qualität und Lebensdauer:

Wir möchten am liebsten, dass ein produzierter Gegenstand »unendlich« lange hält (unser Haus, unser Auto, unsere Firma, unser Lebenswerk etc.).

Im Bedürfnis nach Liebe:

»Ich liebe dich ›unendlich‹. Liebe mich! Aber wisse, dass mein Liebesbedürfnis unbegrenzt, unstillbar ist.« (Weil viele bei diesen Ansprüchen überfordert sind, zerbrechen so viele Beziehungen.)

Im Bedürfnis nach Lebensstandard:

Wir möchten unsere »unendlichen« Bedürfnisse am liebsten in unseren 70 bis 80 Jahren Lebensdauer unterbringen. (Die Folge ist der Egoismus, unter dem wir alle leiden.)

Im Bedürfnis nach Haben:

Die Habsucht kennt kein begrenzendes Prinzip. Sind Gier und Habsucht fehlgeleitete Sehnsucht nach »Ewigkeit«?

Im Bedürfnis nach Macht:

Das Streben nach Einfluss und Größe ist oft eine Kompensation gegenüber dem Gefühl der Ohnmacht, der Bedürftigkeit und der Sterblichkeit.

Als Brückenbauer bin ich gewohnt, bei der Konstruktion drei Fragen zu stellen: Hält das? Trägt das? Bleibt das? Diese Fragen gelten auch für unser Leben. Ein Brückenbauwerk muss in sich selbst genügende Festigkeit aufweisen, eine bestimmte Verkehrslast tragen und auf lange Sicht seinen Aufgaben gerecht werden. Es gibt Parallelen zwischen unserem Leben und dem Weg über eine Brücke, die wir selbst errichten. Die meisten Menschen verdrängen die Frage nach dem Ende und Ziel des Lebens. Wer ihr aber unvoreingenommen nachgeht, der gelangt an die Grenzen jedes politischen, wirtschaftlichen oder auch psychologischen Bemühens. Ziel und Sinn des Lebens gehören ihrem Wesen nach in einen anderen Bereich. Die Frage geht an uns: Hält das Gedanken- und Weltanschauungsgebäude unseres Lebens? Trägt es die gegenwärtigen und die zukünftig möglichen Belastungen? Bleibt es bestehen? Zur Antwort brauchen wir mehr als den Versuch eines Brückenschlages. Wir müssen glauben und schließlich in einer innersten Gewissheit erkennen, dass von dem anderen – scheinbar so unbekannten – Ufer, dem wir entgegengehen, eine Brücke schon errichtet ist, auf die wir die unsere ausrichten müssen und von der es dann im umfassenden Sinne gilt: Sie hält, sie trägt, sie bleibt!

Professor Dr. Ing. Sörensen
Aus Anlass des 12-jährigen Bestehens der in Deutschland bekannt gewordenen Telefonseelsorge von Dr. Dr. Klaus Thomas begann Professor Dr. Ing. Sörensen aus Freudenstadt im Oktober 1986 seine Ansprache mit diesen Sätzen.

Ich bin kurz vorm Durchdrehen, ich sah gerade Tausende Menschen sterben. Heute Nacht gehen Tausende allein zu Bett, weil ihre Liebsten ermordet wurden. Jetzt beginnt es zu regnen und es ist, als würde eine Wunde gewaschen, damit sie besser heilt. Noch wissen wir nicht, wer von unseren Freunden tot ist. Also warten wir. Und weinen. Und trinken. Am Himmel ist ein großes Loch, wo die Türme standen. Man sollte sie wieder aufbauen, oben mit einer Brücke, die an die Solidarität erinnert, die wir im Angesicht dieses Wahnsinns brauchen ...

Kultmusiker Moby
September 2001. Er schrieb diese Sätze in sein Internet-Tagebuch (www.mobyonline.com) im September 2001.

Ein Leitgedanke des Christentums besteht doch gerade darin, zwar die letzten und die vorletzten Dinge unterscheiden zu können, aber sie doch zusammen zu sehen, und zwar so, dass es nichts Vorletztes gibt, das nicht unter dem Wissen um das Letzte betrachtet werden müsse. Löwenthal hatte einmal gesagt: Wem keine transzendente Perspektive zur Verfügung stehe, der dürfe deswegen aber nicht die Welt beschimpfen, dass sie endlich ist; und ich ergänze: »und darf auch keine falschen Heilserwartungen an die Endlichkeit aufbauen!« Was bleibt? Die Erfahrung der Endlichkeit. Nicht die Erfolgsgeschichten zählen, sondern die Fähigkeit, immer alles noch einmal ganz anders zu sehen. Erfolge zeigen sich als Niederlagen, Niederlagen erweisen sich als Erfolge. Und was wird? Warum fragen wir überhaupt so? Wir jedenfalls sollten es doch wissen, insofern alles »Werden« immer mehr nur noch durch uns selbst und unsere Umtriebigkeiten vorangetrieben wird. Die Frage fällt darum unweigerlich auf uns selbst zurück. Es sind die Fragen der Verlierer und Unterlegenen der Geschichte vor uns, heute und nach uns, die an uns gestellt werden, die wir an uns heranlassen müssen – im Wissen um das Letzte und in einer Welt des Vorletzten, in der es sich für alle immer zu leben lohnt. Ja, es hat sich gelohnt, ein erfülltes Leben und immer alles noch einmal ganz anders sehen können!

Werner Remmers
geb. 3. Dezember 1930, Politiker. Festrede: »Was bleibt, was wird.«, Werner Remmers zum 70. Geburtstag, November 2000.

SIR PETER, SIE engagieren sich an der UNICEF für Kinder. Was ist Ihre Motivation?

Zunächst ganz einfach, weil ich UNICEF-Botschafter bin. Natürlich liebe ich Kinder. Es geht aber auch darum, den Kindern Respekt zu verschaffen, der zurzeit nicht existiert. Ich kann nicht verstehen, dass gewisse Menschen Kinder nicht respektieren, sogar solche, die selbst welche haben. Das finde ich unverzeihlich.

Frage: Sie selbst sagen, Sie seien ethnisch unrein und sind erst noch stolz darauf.
Was ist der Vorteil?

Was ist denn gut daran, ethnisch rein zu sein? Nichts davon. Das sieht man schon bei reinrassigen Hunden, die sind meistens sehr nervös. Man beurteilt sie nur nach der Länge ihrer Nase und nicht ihrer Intelligenz wegen. Betrachte ich den Hund einer Trottoirmischung, so weiß ich, der ist intelligent und hat mehr Möglichkeiten als ein rassenreines Tier, und wenn man mir nun sagt, ich sei auch jüdisch, so kann mich das nur freuen. Es ist von großem Vorteil, gemischtes Blut zu haben. Das hat mich zu dem gemacht hat, was ich heute bin. Dafür bin ich sehr dankbar. Anders könnte ich gar nicht funktionieren.

Frage: Die Kinder liegen Ihnen seit jeher am Herzen. Was gibt es noch zu tun?

Ich bin seit 1968 bei der UNICEF aktiv, habe sie aber bereits vorher unterstützt, weil ich Uno-Generalsekretär Dag Hammarskjöld gut kannte. Es gibt täglich immer neue Aufgaben zu bewältigen. Eine völlig neue Entwicklung sind die Kindersoldaten. Es fängt schon bei den Kriegsspielsachen an, die man den Kindern zu Weihnachten schenkt, dann die Begeisterung für Uniformen, und plötzlich haben die Kinder eine echte Kalaschnikov in Händen und töten damit Menschen. Es wird erst noch zur Gewohnheit. Das ist absolut scheußlich. Der Fehler liegt bei den Erwachsenen.

Frage: Wieso kann die Weltgemeinschaft nicht verhindern, dass heute Kinder in vielen Ländern, wie jetzt im kolumbianischen Bürgerkrieg, zwangsrekrutiert werden?

Wir bei der UNICEF machen, was wir können, um das zu verhindern. Man soll nicht nur immer kritisieren, man muss handeln. Man kann Einfluss ausüben. Es ist wichtig, dass sich die Menschen besser kennen. Ich habe gerade ein Buch mit dem Titel »Achtung Vorurteile« auf Deutsch veröffentlicht. Hier ist aller Anfang und endet bei der Erniedrigung, so wie man dies bei diesem unmöglichen Konflikt im Nahen Osten täglich erlebt.

Frage: Gibt es einen Unterschied der Kinder von heute verglichen mit Ihrer Kindheit? Haben die Kinder von heute ein besseres Leben?

Ich glaube, die heutigen Kinder sind junge Erwachsene. In unseren Zeiten waren wir bloß überentwickelte Kinder. Die Kinder lernen voneinander, und das ist ein Vorteil, und nicht nur von sich selbst, denn das endet sowieso meistens korrupt.

Woran liegt es, dass immer wieder Kinder von Erwachsenen missbraucht und gequält werden?

Die Jungen wissen instinktiv, was die Alten durch Erfahrung kennen. Also sind sie nicht so sehr entfernt voneinander. Doch die Menschen mittleren Alters, die voll im Leben stehen, sind so beschäftigt, dass sie oft blind sind und nicht wissen, was sie tun. Sie haben vor lauter Aktivitäten keine Visionen. Laut einem Bericht ist die Quote von Misshandlungen in den USA besonders hoch.

Frage: Sie haben eine Stiftung gegründet. Was bezwecken Sie damit?

Es handelt sich um Wohltätigkeitsprojekte: ein Waisenhaus in St. Petersburg für Kinder, die ihre Eltern durch Aids verloren haben, eine Schule in Afghanistan, eine Rollstuhlfabrik in Katmandu, ein Spital in Afrika, wo jene schreckliche Hautkrankheit Noma behandelt wird, und verschiedene Aktivitäten in Indien und Südamerika. Ich habe auch drei Lehrstühle ins Leben gerufen: in Durham, Budapest und Wien. Dort wird die Wirkung der Vorurteile auf Menschen und in der Politik studiert.

Interview Sir Peter Ustinov
Das Gespräch mit Sir Peter Ustinov führte Regula Rosenthal am 5. Oktober 2003 in Basel.
Fünf Monate später, am 28. März 2004, starb Sir Peter Ustinov.

Zur Person:

Sir Peter Ustinov wurde 1921 in London geboren. Sein Vater war halb Russe, halb Deutscher, seine Mutter halb Russin, ein Viertel Französin und eine Viertel Italienerin. Als Multitalent war er in vielen Sparten erfolgreich. Er war ein Schauspieler, Regisseur, Entertainer, Stückeschreiber, Prosaschriftsteller und Karikaturist. Er inszenierte Opern und engagierte sich für die UNICEF. Zwei Oscars erhielt der Weltenbürger für seine Rollen in den Filmen »Spartacus« und »Topkapi«. Er hat in über 40 Filmen mitgewirkt und über 20 Theaterstücke verfasst. Ustinov sprach elf Sprachen und war seit 1972 mit der französischen Schriftstellerin Hélène du Lau d'Allemans verheiratet und lebte bis zuletzt in Bursin am Genfer See VD.

Sir Peter Ustinov erlag am 28. März 2004 in einer Klinik bei Genf einem Herzversagen. Das Wohl der Kinder lag ihm sehr am Herzen. Seine von ihm gegründete Stiftung für Wohltätigkeitsprojekte war weltweit tätig. Neben vielen anderen Projekten unterhielt er in St. Petersburg ein Waisenhaus, eine Schule in Afghanistan, eine Rollstuhlfabrik in Katmandu und ein Spital in Afrika.

Sohn Igor, 47

»Ich war die ganze Nacht vor seinem Tod bei ihm und hielt seine Hand bis zum Schluss. Mein Vater spürte, dass er sterben wird. Wir werden ihn als Vorbild in Erinnerung behalten. Die kommenden Generationen werden die in unserer Familie verankerte Tradition der guten Werte fortsetzen.«

Mehr Glauben

Es gehört zu unserem menschlichen Wesen, dass wir hoffen. In der Brockhaus-Enzyklopädie findet sich die Definition: »Hoffnung ist eine zukunftsgerichtete Form der Erwartung ersehnter oder erwünschter Zustände.«

Eine das Leben tragende Hoffnung kann nicht von uns selbst ausgehen und können wir uns nicht selbst machen oder einreden, sie kann nur von dort aus begründet sein, wo unsere Grenzen überwunden werden. Diese Hoffnung kann auch die größte Hoffnungslosigkeit überwinden und gibt uns die Kraft zu sagen: »Die unbegründetste Hoffnung ist immer noch begründeter als die berechtigtste Verzweiflung.«

Christen und Juden glauben, dass Gott uns bedingungslos liebt – samt unserer Abgründe und dunklen Seiten. Darum brauchen wir uns selbst nicht auszuweichen. Im Licht dieser Liebe kann der Schmerz der Selbsterkenntnis zugleich der Beginn unserer Heilung und Ganzwerdung sein.

Die Zweifel waren immer da. Aber mein Glaube ist das Produkt einer Abwägung: Wenn ich die Gründe für Gott und die Gründe gegen Gott aufliste, überwiegen die Gründe für seine Existenz.

Ja, ich glaube, es geht nach dem Tod weiter. Man kommt mit dem Verstand an eine gewisse Grenze, wie Kierkegaard gesagt hat, an ein diesseitiges Ufer. Dann öffnet sich der Abgrund oder der breite Fluss. Und wenn man wirklich an Gott glaubt, dann muss man über den Fluss rüber. Der Verstand widerspricht nicht der Existenz Gottes. Es gibt Dinge, die über den Verstand gehen und die auch wichtiger sind als das, was man mit dem Verstand erkennen kann. Ob ich geliebt werde oder nicht, ist für mich viel wichtiger als die Relativitätstheorie oder der gekrümmte Raum. Für die ganze Welt sind wir zwei nur irgendjemand. Aber für irgendjemanden sind wir möglicherweise die ganze Welt.

Heiner Geißler
geb. 1929, Politiker, verheiratet, Vater dreier Söhne, Generalsekretär der CDU von 1977 bis 1989.[55]

Bei einem Besuch in Leningrad vor einigen Jahren versuchte ich mich auf dem Stadtplan zurechtzufinden, es gelang mir nicht. Zwar hatte ich einige Kirchen gesehen, doch keine Spur von ihnen auf dem Stadtplan. Schließlich kam mir ein Dolmetscher zu Hilfe und sagte: »Wir verzeichnen auf unseren Plänen keine Kirchen.« Ich widersprach und wies auf eine, die deutlich gekennzeichnet war. »Das ist ein Museum«, sagte er, »keine richtige Kirche. Nur richtige Kirchen zeigen wir nicht.« Da ging mir auf, dass ich hier zum ersten Mal eine Karte in den Händen hielt, die vieles von dem, was ich unmittelbar vor mir sehen konnte, nicht zeigte. Meine ganze Schul- und Universitätszeit hatte man mir Karten vom Leben und Wissen gegeben, auf denen nicht die kleinste Spur von den Dingen zu sehen war, die mir am meisten bedeuteten und mir von größter Wichtigkeit für mein weiteres Leben zu sein schienen. Ich erinnere mich, dass ich jahrelang völlig ratlos war, und kein Dolmetscher kam mir zu Hilfe. Diese Ratlosigkeit dauerte an, bis ich nicht mehr an der Vernunft meiner Wahrnehmungen zweifelte, sondern die Richtigkeit der Karten in Frage stellte. Diese Karten beantworten keine der Fragen, auf die es wirklich ankommt, sie zeigen nicht den Weg zu einer möglichen Antwort. Sie leugnen schon die Berechtigung der Fragen.

E. F. Schumacher[56]

Ich vertraue darauf, dass Gott uns immer persönlich zu Erfahrungen führt, die er für uns zu machen wichtig und notwendig hält. Meine Sicherheit und Zuversicht, mich in Gott geborgen zu fühlen, ist mit dem Alter viel größer geworden.

Während mein Glaube bislang immer mittelbar stattfand und sich meist mit der Hand am Geländer kluger Erkenntnisse und Betrachtungen anderer vollzog, findet jetzt mein Verhältnis zu Gott in mir selbst und durch ein tiefes Miteinander mit meiner Frau statt, und ich erfahre das in dem Maß immer mehr, wie ich immer weniger Kluges darüber sagen oder formulieren kann. Für mich ist es schwieriger geworden, sich Gott zu nähern. Ich glaube aber, dass Gott sich uns nähert. Wir sind nicht die Aktiven.

Weil mir unsere Endlichkeit so deutlich geworden ist, empfinde ich die Welt von heute als glatter werdend. Wir unternehmen alles, um uns über unsere realen Gebrechen hinwegzutäuschen, wo doch die Liebe zum Nächsten immer notwendiger wird. Dieser Wettlauf der Verbesserungen und Innovationen darf uns nicht immun machen gegenüber dem Zweifel, der Ethik und dem Glauben an Gott, seine Liebe, seine Gnade und seinen Zorn. Der Machbarkeitswahn der heutigen Gesellschaft, dieses großspurige Gerede, dieses Gerechne, dieses Getue, müsste uns eigentlich eher zum Wort an den anderen, zum Zuhören, zur Hinwendung zu Gott führen. Das Gespräch Christi mit Nikodemus fand bekanntermaßen auch in der entlegenen Stille statt.

Die heutige offizielle Amtskirche scheint mir heute eher eine ethisch-moralische Anstalt mit Diplomatenhabitus zu sein, eine Sinnvermittlungsagentur ohne Gottsuche mit sehr begrenztem Annäherungswillen an Gotteserfahrung. Auch für die Amtskirche gilt die Demut. Und daran fehlt es ihr aus meiner Sicht. Demut heißt ja nichts anderes, als von sich absehen zu können, sich nicht zum Maßstab der Dinge zu machen und die Liebe zum Nächsten in ein Gleichmaß mit der Liebe zu sich selbst zu bringen. Wenn ich an die Kirche denke, scheint es mir manchmal so, als habe sie davor Angst. Wenn sie ihre Stimme erhebt, entfernt sie sich zu oft von ihrem Herzen und dem ihrer Gläubigen.

Werner Remmers
geb. 3.12.1930, Politiker,[57]
er erlitt am 4. November 1999 einen Schlaganfall.

WENN WIR DIE Uhr noch mal zurückstellen könnten, würde ich die wirklich wichtigen Dinge noch mehr zur Priorität machen: Hinwendung zu Gott und Zuwendung zum Menschen, und noch mehr meine Mitmenschen zur großen GmbH ermutigen, zur »Gemeinschaft mit begründeter Hoffnung«.

Peter Hahne
Berlin, Fernsehmoderator und Bestsellerautor, stellvertretender Leiter des ZDF-Hauptstadtstudios. In einem Brief an den Autor vom 7. Mai 2001.

WENN ICH NOCH einmal leben dürfte – was würde ich anders machen, anders sehen oder ebenso machen? Mir den vorgegebenen Willen Gottes für mich zeigen zu lassen und ihm zu gehorchen – darauf kommt es an.

Heinrich VII. Prinz Reuss
geb. 1927. Dr. jur. Bankdirektor, Oberhaching bei München.
In einem Brief an den Autor vom 11. Mai 1999.

UNSER LEBEN IST nicht planlos und kein Zufallsprodukt. Unser Leben wird ein erfülltes sein, wenn wir diesen Plan erkennen und unsere Lebensführung daran orientieren. Darin verwirklicht sich auch unser Leben. Es ist also nicht Verwirklichung durch unsere Zielsetzungen und unsere Maßstäbe, sondern Gott verwirklicht und erfüllt es, indem wir seinen Willen tun.

Unter diesem Gesichtspunkt würde ich, wenn ich noch einmal anfangen könnte, noch konsequenter und mit größerer Sensibilität leben. Hier wäre noch weit mehr Stille nötig, als ich sie mir in meinem Leben gewährt habe.

Ich habe gelernt, dass ich nie an der Liebe Gottes zweifeln muss. Vielmehr möchte ich, anstatt an Gott zu zweifeln, mehr danken und vertrauen. Die Lebensverbindung zu Gott ist für mich das Wichtigste, demgegenüber alles andere nachgeordnet ist.

Es geht dabei nicht um eine Weltanschauung oder Ideologie, sondern eben um das Leben selbst. So sehe ich mein Leben – auch durch Versagen hindurch – als Bereitung für das ewige Verbundensein mit Gott, ohne Einfluss destruktiver Kräfte, ohne Tränen, in Harmonie.

Dies ist ein knappes Resümee nach einem halben Jahrhundert des Lebens, das Erfahrungen von Höhen und Tiefen einschließt.

Dr. theol. Dr. phil. Paul Toaspern
geb. 1924, Berlin-Hohenneuendorf, in einem Brief an den Autor vom November 1998.

EINE VON DREI wichtigen Erfahrungen in meinem Leben hätte ich früher machen wollen, weil sie wesentliche Veränderungen in meinem Leben bewirkt hat.

1959 – ich war 34 Jahre alt – hörte ich, dass Christen ihren Glauben durch eine persönliche Entscheidung zu einer Lebensübergabe an Jesus Christus festigen und lebendig machen können. Weil mir das eingeleuchtet hat, habe ich das getan. Seitdem weiß ich, dass es stimmt: Jesus als Person und Gottessohn ist mein Herr.

Albrecht Fürst zu Castell-Castell
geb. 1925. Privatbankier Castell/Unterfranken, in einem Brief an den Autor vom 24. November 1998.

Wenn ich noch einmal leben könnte, würde ich viel früher mein Leben bewusst unter Gottes Führung stellen, denn im Nachhinein stellte sich für mich klar heraus, dass dies eine große Weichenstellung bedeutete, durch die alles andere eine tiefere Dimension bekommen hat. Leider habe ich diesen Schritt sehr spät in meinem Leben getan. Wenn ich eine neue Chance hätte, dann wünschte ich mir, diese Entscheidung viel früher getan zu haben. Gern würde ich versuchen, gradliniger, konsequenter, kompromissloser meinen Weg zu gehen.

Christa von Hantelmann
geb. 1928, ehemalige Herausgeberin der Zeitschrift »Schöner Wohnen«, Hamburg, in einem Brief an den Autor vom 15. März 1999.

Wir warten darauf, runterzukommen. Hab keine Angst, wir sind in Gottes Hand.

Roko Camai
gestorben 11. September 2001. Roko Camai, Fensterputzer, meldete sich aus dem 105. Stockwerk. Er telefonierte mit seiner Frau, unmittelbar nachdem am 11. September 2001 um 8.45 Uhr die AA-Maschine Flug 011 in den nördlichen der über 400 Meter hohen Bürotürme des World Trade Centers in New York stürzte und ein Loch in das Gebäude riss. Einsturz des Gebäudes um 10.27 Uhr. (Stern, Nr. 39, 20.9.2001, S. 200)

Mit 82 Jahren habe ich das Alter der Starken (Psalm 90,10) überschritten. Natürlich habe ich rückblickend schon einmal gedacht: Hätte ich dies und das anders gemacht, hätte ich damals so und so gehandelt, dann wäre manches besser verlaufen. Schon vor Jahren habe ich dies als ein müßiges Konjunktivdenken empfunden, denn stattdessen hätte ich ebenso viele andere Fehler gemacht. Ich verabscheue das Böse, aber ich tue es dennoch. Für Gottes Verheißung: »deiner Sünden will ich nicht mehr gedenken« (Hebräer 8,12), gibt es beim Propheten

Micha (7,19) ein wunderbares Bild: Ich habe sie alle in die Tiefe des Meeres geworfen! Was Gott so tief und so endgültig weggetan hat, danach soll der Mensch (mit seinem Konjunktivdenken) nicht mehr angeln!

Mein Rückblick durch viele Jahrzehnte ist ein Blick zurück in Dankbarkeit. Dankbar bin ich für die geistigen Werte, die mir Dichter, Denker und Künstler mit Form und Farbe gegeben haben. Wenn ich drei Namen nenne: Hermann Hesse, Ernst Wiechert und Marc Chagall, so stehen sie stellvertretend für alle, die tiefe Spuren in meinem Herzen hinterlassen haben.

Joseph Grotenhuis
Geschäftsführer i.R. – Nijmegen/Niederlande. Jahrgang 1920, arbeitete unternehmerisch in verschiedenen Sparten des Maschinenbaus und entwickelte mehrere Patente.

Wir lebten in äußerst ärmlichen Verhältnissen am Rande der Favelas von São Paulo. Unser Haus war so wie in Deutschland die Geräteschuppen für Gartengeräte aussehen. Wir teilten uns mit sieben Personen eine solche Hütte. Wenn es regnete, spielte es keine Rolle, ob wir im Haus oder draußen waren. Nass wurden wir in jedem Fall.

Mein Vater war Alkoholiker und stritt sich jeden Tag mit meiner Mutter. Und eines Tages war er einfach nicht mehr da. Er hatte uns von heute auf morgen verlassen. Meine Mutter war auf sich allein gestellt und versuchte, die Familie so gut es ging durchzubringen.

In dieser Zeit begegnete ihr Gott, und diese Begegnung hat ihr Leben so verändert, dass ich wissen wollte, woher das kam. Ich begann, die Bibel zu lesen, und merkte, dass ich eine Beziehung zu Gott brauchte. Seitdem bekam mein Leben eine andere Richtung. Ich habe erkannt, dass viele Dinge, die mir bisher in meinem Leben begegnet sind, von Gott so gewollt waren. Auch aus Fehlern konnte ich lernen. Zum Beispiel habe ich mit einem Weltklasseverein in Spanien einen Vertrag gemacht, ohne das vorher mit Gott zu besprechen. Ich wollte selbst groß rauskommen und berühmt werden. Bei diesem Verein habe ich fast eineinhalb Jahre nur auf der Ersatzbank gesessen. Aber auch diese Erfahrung musste ich machen, um in Zukunft die Dinge vorher mit Gott zu besprechen, bevor ich Entscheidungen traf.

Als ich angefangen habe, das zu schätzen, was in der Bibel steht, hat Gott angefangen, meine Träume zu schätzen. Er hat viele meiner Träume wahr werden lassen. Ich habe immer geträumt, aber bevor ich eine Beziehung zu Gott hatte, war die Erfüllung meiner Träume immer sehr weit weg. Als ich angefangen habe, Gott ernst zu nehmen, hat Gott sich an die Erfüllung meiner tiefsten Träume begeben. Ich wollte immer Fußballprofi werden, und heute spiele ich bei einem der besten Vereine der Welt.

Ich führe das darauf zurück, dass ich mit Gott ernst gemacht habe und meine Lebensgestaltung auf ihn ausrichte. Ab dem Zeitpunkt hat Gott mein Leben verändert und ich kann es dankbar aus seiner Hand nehmen.

Zé Roberto
brasilianischer Fußballprofi beim FC Bayern München,
bei einem Gespräch mit Steve Volke am 22. Mai 2003.

Hoffnung

Wenn einst Blitz und Donner jagen
über arg zerfurchtes Land
wenn die Seelen Trauer tragen

liegt die Welt im letzten Brand.

Endlos werden Vögel fliegen
kreischend im Neutronenqualm
und die Weltenmeere sieden
Kontinente – sie zerfall'n.

Alle Menschen auf der Reise
in die vierte Dimension
der Planet wird wieder Waise
ohne Platz für Gottes Sohn.

Seelen kommen an die Schwelle
wo sich Spreu vom Weizen trennt
schmal der Weg zurück zur Quelle
mancher bleibt da wo es brennt.

Und aus jenem Treiben
fern von Raum und Zeit
wächst bei mir beim Schreiben
still die Hoffnung: Ewigkeit.

Eckhard Meier-Hardy

Mehr vom Ende als vom Anfang her denken

Unser Leben wird also einmal durch ein unvorstellbares Ereignis beendet sein. Angesichts dieser unverrückbaren Tatsache stelle ich mir häufig die Frage: Welches ist meinem gegenwärtigen Alter gemäß die weiseste Lebensform? Sobald ich mich mit dieser Wahrheit auseinander setze, sobald ich nicht fitter erscheinen muss, als ich bin, sobald ich nicht jünger aussehen muss, als ich bin, sobald ich mich nicht schöner machen muss, als ich bin, sobald ich mit den oft an Lügen grenzenden Höflichkeiten wie: »Ach, wie jung sehen Sie heute wieder aus« aufhöre, stehe ich auf dem Boden der Wahrheit und gleichzeitig damit auf einer Basis, die Frieden ins Leben bringen kann. Diesen Frieden gönne ich auch meinen Kunden. Auf diesem Fundament ist es möglich, ein größtmögliches Kontingent an individueller Beratung zu vermitteln, denn nur eine wahrhaftige Beratung ist auch eine gute Beratung.

Das Konzept in meiner Unternehmensberatung geht von der Frage aus, wie viel Zeit ich noch vor mir habe und was ich am sinnvollsten mit dieser übrig bleibenden Zeit anfange. Bei den Vorbereitungen für dieses Buch bin ich darauf aufmerksam geworden, dass man diesen Denk- und Beratungsansatz sogar mit einem modernen philosophischen Konzept hinterlegen könnte, nämlich der Existenzphilosophie Martin Heideggers, in der das – wie er es in den zwanziger Jahren nannte – »Sein zum Tode« einen zentralen Ausgangspunkt darstellt. Die Suche der Existenzialisten nach Authentizität und Echtheit kann unter unserer Leitfragestellung auch als eine Gegenbewegung zu der oben erwähnten Ablösung der Charakter-Ethik durch die Image-Ethik aufgefasst werden. Lange vor Heidegger freilich hat bereits der Psalmist das memento mori in die einfachen

Worte gefasst: »Herr, lehre uns bedenken, dass wir sterben, auf dass wir klug werden« Psalm 90, 12.

Die Menschen gehen heute meist vollkommen unvorbereitet ins Älterwerden und Sterben. Sie verdrängen beide Themen und unterdrücken ihre Angst davor mit Tabletten oder anderen Mitteln, wie zum Beispiel Überbeschäftigung. Die Jahre unseres aktiven Schaffens sind aber gezählt. Es ist wichtig, dass wir uns diesen Tatbestand bewusst machen und nicht verdrängen. Sich die Lebenszeit, die ablaufende Lebensuhr bewusst zu machen, ist mit Schmerz verbunden, führt aber auch in eine große Freiheit.

Ein Professor in den USA hat seine Studenten gebeten, eine Woche lang mit folgender Übung zu leben: »Nehmen Sie an, Sie hätten nur dieses eine Semester zu leben. Während dieses Semesters sollen Sie als Student an der Uni bleiben. Visualisieren Sie, wie Sie dieses Semester verbringen würden, und führen Sie über diese Zeit Tagebuch.«

Es tauchten plötzlich Werte auf, die vorher nicht einmal erkannt worden waren. Die Studenten schrieben plötzlich ihren Eltern, wie sehr sie sie liebten und schätzten. Sie versöhnten sich mit Geschwistern oder Freunden, zu denen die Beziehung schlecht geworden war. Das dominante Thema ihrer Aktivitäten waren Taten der Liebe. Gedanken der Rache und Anschuldigungen schmolzen, als sie daran dachten, dass sie nur noch kurz zu leben hatten. Werte wurden für jeden Einzelnen viel klarer und deutlicher. Wenn Menschen ernsthaft versuchen zu identifizieren, worauf es in ihrem Leben in der Hauptsache ankommt, wer sie wirklich sein und was sie tun wollen, dann beginnen sie, in größeren Begriffen als Heute und Morgen zu denken.

Was für unser gesamtes Leben gilt, hat auch bei der Planung kurz- oder mittelfristiger Aktivitäten seine Gültigkeit. Wenn Sie keine Angst davor haben, bei der Planung Ihrer Vorhaben schon deren Ende ins Auge zu fassen, können Sie die einzelnen Schritte am Tag anders ausrichten und bewerten. Sie können die Ihnen zur Verfügung stehende Zeit souveräner füllen und Ihre Prioritäten besser bewerten. Es ist möglich, sehr viel zu erreichen und dabei im Grunde sehr wenig effektiv zu sein.[58] Wenn wir unser Ziel und unser Ende vor Augen haben, können wir unsere Prioritäten jeden Tag auf das richten, worauf es ankommt.

Solange die ästhetische Distanz funktioniert, erscheint uns der Tod als Gast. Was passiert aber, wenn er näher kommt und dann mitten in unser Leben hineintritt? In unserer Gesellschaft fehlt letztlich die Grundlage zur Reifung und zur ausgewogenen Sicht der Dinge, solange der Tod permanent nur verdrängt wird. Die Schnelligkeit des menschlichen Verfalls tritt heute wesentlich krasser und nackter nach außen. Die immer kürzer gewordene Zeit, in der man beruflich aktiv sein kann, beschäftigt viele. Sie sind unfähig, darüber zu sprechen. Sie schämen sich. Die Folge unseres Denkens der Kurzfristigkeit richtet sich gegen uns selbst.

In einer Schweizer Fernsehsendung über meine Arbeit unter »ausgebrannten« Managern bat mich die Redakteurin der Sendung, die letzte Szene auf einem Friedhof zu drehen, da sie wusste, dass ich regelmäßig Beerdigungen neben meinem beruflichen Alltag abhalte. Ich tue dies, um mir auch zwischendurch immer wieder zu vergegenwärtigen, dass trotz aller Faszination meines Alltags auch meine Zeit begrenzt ist. Mir drängt sich dann auch immer die folgende Frage auf: Könnte ich die Trauernden auch nur andeutungsweise mit dem trösten, was mir vorher im Gespräch noch so dominant, lebensbejahend und fordernd entgegengekommen ist, als ich mit dem vor Leben und Ehrgeiz sprühenden Jungmanager sprach? Wie tragfähig sind die Fundamente unseres Lebensgebäudes angesichts der immer kürzer bemessenen Jahre, in denen unser Marktwert noch zählt? Ein mir bis dahin unbekannter Unternehmensberater aus Zürich sah zufällig die Sendung, fotografierte die Szene vom Bildschirm ab und sandte mir das Foto mit dem Kommentar darunter: »Unsere Friedhöfe sind voll von unentbehrlichen Managern«.

Der du die Zeit in Händen hast,
Herr, nimm auch dieses Jahres Last
und wandle sie in Segen.
Nun von dir selbst in Jesu Christ
die Mitte fest gewiesen ist,
führ uns dem Ziel entgegen.

Da alles, was der Mensch beginnt,
vor seinen Augen noch zerrinnt,
sei du selbst der Vollender!
Die Jahre, die du uns geschenkt,
wenn deine Güte uns nicht lenkt,
veralten wie Gewänder.
Wer ist hier, der vor dir besteht?
Der Mensch, sein Tag, sein Werk vergeht:
Nur du allein wirst bleiben.

Nur Gottes Jahr währt für und für,
drum kehre jeden Tag zu dir,
weil wir im Winde treiben.

Der Mensch ahnt nichts von seiner Frist.
Du aber bleibst, der du bist,
in Jahren ohne Ende.
Wir fahren hin durch deinen Zorn,
und doch strömt deiner Gnade Born
in unsere leeren Hände.

Und diese Gaben, Herr, allein
lass Wert und Maß der Tage sein,
die wir in Schuld verbringen.
Nach ihnen sei die Zeit gezählt;
was wir versäumt, was wir gefehlt,
darf nicht mehr vor dich dringen.

Der du allein der Ewige heißt
und Anfang, Ziel und Mitte weißt
im Fluge unserer Zeiten:
Bleib du uns gnädig zugewandt
und führe uns an deiner Hand,
damit wir sicher schreiten!

Jochen Klepper, 1938

Mehr für die Kommenden als für die Gehenden

Wir sind aufgefordert, der kommenden Generation eine Gesellschaft zu hinterlassen, die es ihr erlaubt, in Würde zu leben. Wir machen uns wenige Gedanken darüber, dass wir gerade dabei sind, eine Welt zu schaffen ohne geborgene Plätze, ohne Ruheorte, ohne Inseln der Rekonvaleszenz. Die nächste Generation wird nicht in Würde leben können, wenn sie ständig rennen muss. Sie könnte eines Tages ohne Achtung auf ihre Eltern blicken, die ihr eine Welt hinterlassen haben, in der sie nicht mehr die Glücksquellen der Geborgenheit finden kann, wie es einige ihrer Eltern noch vermochten.

Ich kenne einige Väter und Mütter, die sogar sehr unglücklich sind, dass sie es nicht geschafft haben, ihre Kinder in dieser schnelllebigen Zeit auf Erfolg zu trimmen. Ich möchte diesen Eltern den Satz eines Vaters entgegenhalten: »Der einzige, eindeutige Erfolg, den wir bei der Erziehung unserer Kinder in dieser unersättlichen Konsumgesellschaft verbuchen konnten, bestand darin, dass wir es nicht geschafft hatten, sie zum Erfolg zu erziehen.«

Es gibt junge Menschen, die dem Frust der Einseitigkeit als Kinder schon ausgesetzt waren. Ihre Lebensauffassung, ihre Hoffnung und ihr Glaube in Werte beeindruckt mich oft, denn sie weisen in die richtige Richtung und sie lassen sich nicht mehr mit Argumenten der älteren Generation genügen wie: »Wir hatten damals keine andere Wahl, der Markt hat uns gezwungen, wir mussten Arbeitsplätze abbauen, damit später wieder für euch Jungen neue geschaffen werden können.« Sie haben keine Lust mehr, sich nach dem Muster ihrer Eltern durch Arbeit allein Anerkennung zu schaffen und setzen ganz bewusst das Thema Lebensqualität auf ihre Prioritätenliste. Sie wollen, dass ihre eigenen Kinder sie nicht genauso vermissen werden, wie sie selbst ihre Eltern vermisst haben.

Während in der Vergangenheit Fragen der Wirtschaft das gesellschaftliche Klima bestimmten, so hoffe ich, dass durch die nachfolgende Generation eine Phase eingeleitet wird, die mehr von der Sinnfrage beherrscht und von der Faszination bestimmt sein wird, die aus diesem Fragekomplex entsteht. Jene Menschen und jene Eltern, die hierauf glaubwürdige, zukunftsweisende Antworten zu geben vermögen, werden davon profitieren.

Ich beschwere mich nicht über das, was mir auferlegt ist. Du kannst dir nicht denken, wie bereit ich bin, diese Prüfung zu tragen. Überhaupt ist es nicht die Gegenwart, die mich am meisten beschäftigt, vielmehr ist es die Zukunft. Das, was heute ist, ist ein Übergang.

Julius Leber
geboren am 16. November 1891, ermordet am 5. Januar 1945 in Berlin Plötzensee, sozialdemokratischer Reichstagsabgeordneter.[59]

Wenn ich noch einmal leben könnte, würde ich mich ganz früh darauf einzustellen versuchen, Politik für die Themen Bildung, Ausbildung, Erziehung, Vorbereitung auf die Zukunft zu machen, das also, was man heute am ehesten mit dem so wenig animierenden Wort »Schulpolitik« zu verbinden pflegt. Nicht also wie diesmal Umweltpolitik, Planungspolitik, Marketing, sondern die Frage, wie wir am besten mit unseren Kindern umgehen, damit sie und alle anderen die besten Zukunftsvoraussetzungen haben.

Dr. Volker Hassemer
geb. 1944, Geschäftsführer der »Partner für Berlin GmbH«.
In einem Brief an den Autor vom 12. Oktober 1998.

Ich habe so von Herzen gerne Sport betrieben, dass selbst Entbehrungen in Freude übergingen. Diese Einstellung an andere Menschen weiterzugeben, vor allem der Jugend, und dadurch selbst aktiv zu bleiben, ist doch erstrebenswert. So würde ich, wenn ich noch einmal leben könnte, das wieder tun, das mir in meinem Leben Erfüllung brachte: anderen, wenn sie es wollen, gerne das weiterzugeben, was für mein Leben von Bedeutung war.

Horst Eckel
geb. 1932, Fußballspieler der deutschen Nationalmannschaft u. a. bei der Fußballweltmeisterschaft 1954 in Bern. In einem Brief an den Autor vom 4. Oktober 1998.

Steve Jobs begann seine Rede damit, dass er den Absolventen erklärte, dass er ihnen die Wahrheit sagen müsse:

Ich habe meine College-Ausbildung nie abgeschlossen. Warum nicht? Das hat mit meiner Lebensgeschichte vor meiner Geburt zu tun. Meine biologische Mutter war eine unverheiratete Studentin, die sich entschloss, mich zur Adoption freizugeben. Es war ihr größter Wunsch, dass ich von Akademikern adoptiert würde, denn sie wollte, dass ihr Kind einmal studiert. Bei meiner Geburt gab es dann eine Überraschung. Ich war nicht das erhoffte Mädchen, sondern ein Junge und wurde deshalb von einer Arbeiterfamilie adoptiert, die meiner Mutter aber versprechen musste, mich später einmal studieren zu lassen.

Mit 17 Jahren entschloss ich mich dann, auf das teure Reed College zu gehen. Dann wurde mir klar, dass dieses Studium alle Ersparnisse meiner Eltern aufbrauchen würde. Zudem hatte ich keine Freude an den Kursen und Seminaren, die ich belegte. Ich gab mein Studium auf, lebte danach sehr einfach und besuchte nur die Kurse, die mich wirklich interessierten. Zurückblickend bin ich der Meinung, dass der Abbruch meines Studiums eine der besten Entscheidungen meines Lebens war.

Ich begann am Reed College Kalligraphie-Kurse zu belegen und fand diese unwahrscheinlich faszinierend. Ich lernte z.B. Dinge wie Serif und Sans-Serif-Schriftarten kennen oder wie man den Abstand zwischen den Buchstaben verändern kann. Ich rechnete nicht damit, dass ich das Erlernte jemals praktisch irgendwo anwenden könnte. Aber zehn Jahre später war ich dabei, mit einem Kollegen den ersten Macintosh Computer zu entwickeln. Es war der erste Computer mit wunderschöner Typographie. Wenn ich also diese Kalligraphie-Kurse an der Universität nicht besucht hätte, dann hätten wahrscheinlich alle heutigen PCs keine verschiedenartigen Schriftarten oder Fonts mit proportional richtigen Abständen. Wenn ich das Studium nicht abgebrochen hätte, hätte ich niemals diese Kalligraphie-Kurse besucht.

Als ich noch an der Universität studierte, war es nicht möglich, die wichtigen Punkte meines Lebens durch Vorwärtsblicken zu verbinden, aber man konnte sie beim Zurückblicken nach zehn Jahren sehr deutlich erkennen. Die wichtigen Punkte des Lebens lassen sich nur beim Zurückblicken verbinden. Diese Weisheit gibt uns den Mut, unserem Herzen zu folgen, auch wenn dies bedeutet, dass wir nicht das tun, was jeder von uns erwarten würde.

Nachdem Apple sich in ein 2-Billionen-Dollar-Unternehmen mit 4000 Angestellten entwickelt hatte, wurde mir gekündigt. Wie kann man von einem Unternehmen entlassen werden, das man selbst gegründet hat? Wir hatten jemanden angestellt, den ich für sehr begabt hielt, das Unternehmen zusammen mit mir zu leiten. Ein ganzes Jahr lang ging alles gut. Dann begannen unsere Visionen für die Zukunft auseinander zu klaffen. Schließlich hatten wir eine große Meinungsverschiedenheit, und das Direktorium stellte sich dann auf die Seite dieses Mannes. Mit dreißig Jahren war ich aus dem Unternehmen draußen. Das war eine sehr öffentliche Angelegenheit. Ich war ein Versager. Der Fokus meines gesamten Lebens war plötzlich nicht mehr da. Es war eine Katastrophe für mich. Ich wäre am liebsten von allem davongelaufen. Dann wurde mir aber ganz langsam immer klarer, dass ich meine Arbeit immer noch liebte. Ich wurde abgelehnt, aber liebte diese Arbeit immer noch. Deshalb entschloss ich mich, nochmals von vorne anzufangen.

Ich sah es damals nicht, aber es stellte sich heraus, dass dieser Hinausschmiss aus dem Apple-Unternehmen das Beste war, was mir jemals passieren konnte. Die Schwere des Erfolgreich-sein-müssens wurde durch eine Leichtigkeit, wieder ein Anfänger zu sein, ersetzt. Dies befreite mich dazu, in eine der kreativsten Phasen meines Lebens einzutreten.

Während der ersten fünf Jahre gründete ich zwei neue Unternehmen, NeXT und Pixar, und lernte die Frau meines Lebens kennen. Pixar schuf den ersten Spielfilm der Welt, der mit dem Computer animiert wurde, »Toy Story«, und ist nun das erfolgreichste Zeichentrickstudio der Welt. Auf Umwegen kam ich dann auch wieder ins Apple-Unternehmen zurück, denn Apple kaufte NeXT. Ich bin mir ziemlich sicher, dass all dies nicht geschehen wäre, wenn mir Apple nicht gekündigt hätte. Es war furchtbar schmeckende Medizin, aber der Patient brauchte sie wohl.

Ihr müsst die Liebe eures Lebens finden, auch in Bezug auf eure Arbeit. Eure Arbeit wird einen beträchtlichen Teil eures Lebens ausfüllen und ihr werdet nur dann zufrieden sein, wenn ihr das tut, was eurer Meinung nach eine bedeutende Arbeit ist. Um diese bedeutende Arbeit zu leisten, müsst ihr das, was ihr tut, wirklich lieben. Wenn ihr diese Liebe eures Lebens noch nicht gefunden habt, müsst ihr weiter danach suchen, gebt euch nicht zu früh zufrieden. Wie bei allen Herzensangelegenheiten wisst ihr es erst dann, wenn ihr sie gefunden habt, und wie bei jeder großartigen Beziehung wird es immer besser und besser, je mehr die Jahre vergehen. Also, sucht weiter danach und gebt nicht auf.

Als ich 17 Jahre alt war, las ich ein Zitat: »Wenn du jeden Tag so lebst, als wenn es dein letzter wäre, wirst du eines Tages äußerst recht damit haben.« Dies machte einen großen Eindruck auf mich. Seit der Zeit, während der letzten 33 Jahren, sehe ich jeden Morgen in den Spiegel und frage mich: »Wenn heute der letzte Tag deines Lebens wäre, würdest du das tun, was du heute zu tun gedenkst?« Wann immer die Antwort zu viele Tage lang »Nein« war, wusste ich, dass ich etwas ändern musste. Die allerwichtigste Angelegenheit, der ich je begegnet bin und die mir hilft, die großen Entscheidungen in meinem Leben zu treffen, ist die Erinnerung daran, dass ich bald tot sein werde. Beinahe alles – alle fremden Erwartungen, aller Stolz, alle Angst davor, sich zu blamieren, alle Angst zu versagen –, all diese Dinge fallen von uns im Angesicht des Todes ab. Was bleibt ist das, was wirklich wichtig ist. Wenn wir uns daran erinnern, dass wir sterben werden, werden wir nicht mehr fälschlicherweise denken, dass wir etwas zu verlieren haben. Wir sind ja schon nackt. Es gibt keinen Grund mehr, nicht unserem Herzen zu folgen.

Vor etwa einem Jahr wurde bei mir Bauchspeicheldrüsenkrebs festgestellt. Die Ärzte sagten mir, dass diese Art Krebs mit allergrößter Wahrscheinlichkeit nicht heilbar ist und dass ich damit rechnen kann, nicht mehr länger als drei bis sechs Monate zu leben. Mein Arzt gab mir den Rat, nach Hause zu gehen und alle meine Angelegenheiten zu regeln, was mit anderen Worten hieß: »Bereite dich auf deinen Tod vor!«. Nun musst du plötzlich versuchen, deinen Kindern all das in ein paar Monaten zu sagen, was du ihnen in den nächsten zehn Jahren hofftest sagen zu können. Es bedeutet, alle Angelegenheiten zu regeln, damit es für deine Familie so einfach wie nur möglich wird. Es bedeutet, Abschied zu nehmen.

Ich lebte mit dieser Diagnose einen ganzen Tag lang. Später am Abend hatte ich dann eine Biopsie und es stellte sich heraus, dass ich an einer sehr seltenen Form von Bauchspeicheldrüsenkrebs litt, die heilbar ist. Ich wurde operiert und bin jetzt gesund. Noch nie kam ich dem Tod so nahe wie damals und ich hoffe, dass es noch Jahrzehnte dauern wird, bis ich ihm wieder so nahe kommen werde.

Nach diesem Erlebnis kann ich euch dies nun mit mehr Sicherheit sagen, als wenn der Tod nur ein reines intellektuelles Konzept ist: Niemand möchte sterben, sogar Leute, die in den Himmel wollen, möchten nicht sterben, um dahinzugelangen, und doch, der Tod ist unser aller gemeinsames Ziel. Niemand konnte dem Tod jemals entrinnen. Und so sollte es wohl auch sein, denn der Tod ist wohl eines der besten Erfindungen des Lebens. Er ist für alle Veränderung verantwortlich. Er räumt das Alte weg und macht Platz für Neues. Das Neue seid ihr im Augenblick. Aber eines Tages, und es wird nicht lange dauern, werdet ihr allmählich zum Alten und weggeräumt werden. Entschuldigt bitte, dass ich so dramatisch bin, aber es ist wahr. Eure Zeit ist begrenzt, also vergeudet sie bitte nicht damit, das Leben einer anderen Person zu leben. Lasst euch nicht von irgendwelchen Grundsätzen gefangen nehmen. Lasst euch nicht durch das bestimmen, was andere Menschen denken. Lasst es nicht zu, dass der Lärm der Meinungen anderer Menschen eure eigene innere Stimme, euer Herz, eure Intuition übertönt. Denn euer Herz weiß eigentlich schon, was ihr wirklich werden wollt. Alles andere ist zweitrangig.

Steve Jobs
Verkürzte und zusammengefasste Rede von Steve Jobs, Mitbegründer von Apple Computer und Pixar Animation Studios, zum Studienabschluss an der Stanford Universität in Kalifornien, 11. Juni 2005.

Wenn ich mein eigenes Begräbnis mitbekommen würde und eines meiner Kinder das Wort ergreifen würde, dann würde ich mir wünschen, dass es mein Leben eher als eine Bereicherung durch Lehren, Übung und liebevolle Disziplin darstellen würde, als dass es die Narben, die die vielen Gefechte hinterließen, beschreiben würde.

Ich würde mir wünschen, dass sein Herz und sein Geistvoller angenehmer Erinnerungen an gemeinsame tiefe und bedeutungsvolle Zeiten wären. Ich würde mir wünschen, dass es mich als liebenden Vater in Erinnerung behält, der die Freude und den Schmerz des Erwachsenwerdens mit ihm geteilt hat. Ich würde mir wünschen, dass es sich an die Momente erinnert, in denen es mit seinen Problemen und Fragen zu mir kam, in denen ich zugehört, ihm Liebe geschenkt und geholfen habe. Ich würde mir wünschen, dass es weiß, dass ich nicht vollkommen war, aber dass ich alles eingesetzt habe, was ich konnte. Und dass ich es, vielleicht mehr als sonst irgendjemanden auf der Welt, geliebt habe.

Der Grund dafür, dass ich mir solche Dinge wünschen würde, ist der, dass ich meine Kinder in meinem tiefsten Inneren schätze. Ich liebe sie, ich möchte ihnen helfen. Ich mag meine Rolle als ihr Vater.

Aber ich sehe diese Werte nicht immer. Ich verheddere mich. Das Allerwichtigste wird unter Schichten von drückenden Problemen, unmittelbaren Anliegen und äußerem Verhalten verschüttet. Die Art, wie ich tagtäglich mit meinen Kindern umgehe, birgt oft wenig Ähnlichkeit mit dem, was ich tief innen für sie empfinde. Ich erkenne, dass das Skript, das ich lebe, nicht in Harmonie mit meinen Werten steht, dass mein Leben nicht das Produkt meines eigenen Entwurfs ist, sondern das Ergebnis der Phase des Entstehens, die ich den Umständen und anderen Menschen überlassen habe.

Stephen R. Covey
Covey, Stephen R.: Die sieben Wege zur Effektivität, München 1999, S. 88.

Das einzig wichtige im Leben sind die Spuren von Liebe, die wir hinterlassen, wenn wir Abschied nehmen

Albert Schweitzer

Anhang

Der Herausgeber und Autor

Johannes Czwalina

geboren 1952 in Berlin, lebt seit 1973 in der Schweiz, wo er Theologie studierte. Nach seinem Studium arbeitete er zehn Jahre als Großstadtpfarrer, bevor er 1990 sein Institut, die Czwalina Consulting AG, in Riehen bei Basel gründete. Das Institut mit einem Team von Spezialisten konzentriert sich auf die Beratung von Führungskräften national wie international. Johannes Czwalina ist Autor des Buches »Der Markt hat keine Seele – Zwischen Leistungsdruck und Lebensqualität«, das im Verlag WHO'S WHO Media Projektgruppe OHG, D-61440 Oberursel, erschienen ist.

Personenverzeichnis

Anmerkungen

1 Verfasser unbekannt, Harley-Davidson Werbung 1999.
2–15 Aus dem Tagesanzeiger »Das Magazin« Nr. 30, 29.07.-04.08.2000, »Die Werte der Schweiz«.
16 Günther Sauder, ehemaliger Bildungschef Daimler Benz.
17 Sprüche 18, 21.
18 Vgl. Johannes 2, 1–12.
19 Vgl. 1. Kor 2, 4.
20 Herrhausen, Alfred: Denken, Ordnen, Gestalten, Berlin 1990.
21 Sigmund Freud/Marie Bonaparte, Frankfurt 1977.
22 Hillmann, James: Psychologie heute, Weinheim.
23 Idea Spektrum, 18/1998.
24 In einem Leserbrief an die Zeitschrift »Zeitlupe« Nr. 5, 2001, Zürich zum Thema »Wenn ich nochmal leben könnte« (www.zeitlupe.ch).
25 Auszug aus einem Interview von Regula Horisberger in: Meyers Modeblatt 7/2000, S. 36–39.
26 Covey, Stephen R.: Die sieben Wege zur Effektivität, München 1999.
27 Der große Brockhaus, Bd. 12, Wiesbaden 1981.
28 Covey, ebd.
29–30 Föllmi, Anton: Die moralische Verantwortung des Ökonomen in einer Zeit des Umbruchs. Vortrag im Rotary Club Lörrach vom 1. Februar 1999, Hektographie.
31 Adenauer, Briefe 1945–1947 Röhndorfer Ausgabe, Berlin 1983, S. 172 f.
32 Tuchel, Johannes/Steinbach, Peter: Widerstand gegen den Nationalsozialismus, Akademie-Verlag, Berlin 1984.
33 Ende 1942 in der Schrift »Nach zehn Jahren«.
34 Lebert, Norbert/Lebert, Stephan: Denn Du trägst meinen Namen. Das schwere Erbe der prominenten Nazi-Kinder, München 2000.
35 Schmidt, Arthur P.: Alfred Herrhausen – Vorbild mit Visionen, in: Q-Magazin 4/95, S. 18.
36 In einem Aufsatz 1939.
37 Denken, Ordnen, Gestalten, Berlin 1990.
38 Andrew J. Oswald, Professor für Ökonomie an der Universität Warwick, England, gilt als einer der führenden Köpfe einer Generation von Ökonomen, denen der Umgang mit den Fakten wichtiger ist als die rein mathematische Weiterentwicklung von Theorien. Oswalds breit abgestützte Untersuchungen auf dem Arbeitsmarkt gelten unter Wirtschaftswissenschaftlern als wegweisend. Er gilt als Pionier auf dem Weg der Ökonomie des Glücks.

Eine Zusammenfassung seiner wichtigsten Erkenntnisse kann in »Happiness and oeconomic performance« nachgelesen werden. Oswald umschreibt das Leitmotiv seiner Forschungsrichtung so: »Die Bedeutung ökonomischer Leistungen liegt darin, dass sie Mittel zum Zweck sein können. Dieser Zweck ist weder der Verzehr von Beefburgern noch das Anhäufen von Fernsehgeräten. Ökonomie ist nur insofern wichtig, als sie dazu beitragen kann, die Menschen glücklicher zu machen.«

39 Aristoteles: Politik, München 1986.
40 Psalm 37, 16.
41 Utsch, Raimund: Das Kreuz mit der Arbeit, Moers 1995.
42 Bayreuther, E.: Die Geschichte des Pietismus, Stuttgart 1978; Jöhr W.A.: Die Leistungen des Konkurrenzsystems und seine Bedeutung für die Wirtschaft unserer Zeit, Schweizerische Zeitschrift für Volkswirtschaft und Statistik,1950/5.
43 Burneleit, Heinz, ebd.
44 Blanchard, Kenneth/Hybels, Bill/Hodges, Phil: Das Jesus-Prinzip. Führen mit biblischer Weisheit, Asslar 2000.
45 Vgl. Merkle, Hans L.: Dienen und Führen, Frankfurt 1979.
46 Vgl. Goeudevert, Daniel: Die Herausforderung der Zukunft, München 1990, S. 26.
47 Was bleibt, was wird ..., Werner Remmers zum 70. Geburtstag, Gross Düngen, November 2000.
48–49 In einem Leserbrief an die Zeitschrift »Zeitlupe« Nr. 5/2001 zum Thema »Wenn ich nochmal leben könnte« (www.zeitlupe.ch).
50 Schischkoft, Georgi: Philosophisches Wörterbuch, Stuttgart 1981.
51 Frankfurt/New York 1999.
52 Ebd., S. 76.
53 Rohr, Richard: Von der Freiheit loszulassen. Letting go, München 1997.
54 Vgl. dazu 1. Korinther 7, 29–31 und 16, 19 ff.
55 Quelle: Tagesanzeiger 8.6.2001 »Das Magazin« S. 7, Ausschnitt aus einem Gespräch mit Peter Teuwsen, Titel des Artikels: »Glauben oder Saufen«.
56 »A Guide for the Perplexed«, London 1977.
57 Festrede: »Was bleibt, was wird.«, Werner Remers zum 70. Geburtstag, November 2000.
58 Covey, Stephen R.: Die sieben Wege zur Effektivität, München 1999, S. 88.
59 In einem Brief aus der Untersuchungshaft in Lübeck, 27. Juni 1933. Julius Leber pflegte Kontakte zum Kreisauer Kreis um Helmuth James Graf von Moltke.